四川省高等教育人才培养质量和教学改革项目："新质人才培养：数智化管理人才培养的探索与实践（项目编号：JG2024-0765）"

西华大学校级教改项目："适应区域经济发展的数智化管理人才'1243'培养模式探索与实践（项目编号：XJJG2023008）"

西华大学校级教改项目："新商科背景下地方院校工商管理专业复合型人才培养模式改革研究（项目编号：XJJG2021041）"

教育部产学合作协同育人项目："新文科建设背景下数智化管理人才培养模式的探索与实践（项目编号：231004978303617）"

新质人才培养

数智化管理人才培养的思考与实践

肖东华　赵修文　牟绍波　姚世斌　著

新华出版社

图书在版编目（CIP）数据

新质人才培养：数智化管理人才培养的思考与实践 /
肖东华等著 . -- 北京：新华出版社，2025. 4. -- ISBN
978-7-5166-7920-3

Ⅰ . G649.2

中国国家版本馆 CIP 数据核字第 2025L01S97 号

新质人才培养：数智化管理人才培养的思考与实践

作者：肖东华　　赵修文　　牟绍波　　姚世斌

责任编辑：徐文贤
封面设计：人文在线
出版发行：新华出版社有限责任公司
　　　　　（北京市石景山区京原路 8 号　邮编：100040）
印刷：三河市龙大印装有限公司

成品尺寸：170mm×240mm　1/16　　　　印张：15　　字数：215 千字
版次：2025 年 6 月第 1 版　　　　　　印次：2025 年 6 月第 1 次印刷
书号：ISBN 978-7-5166-7920-3　　　　定价：75.00 元

微店　　　视频号小店　　　抖店　　　京东旗舰店

微信公众号　　喜马拉雅　　　小红书　　　淘宝旗舰店　　　扫码添加专属客服

CONTENTS

目 录

001　第一章　绪　论

002　第一节　研究背景与问题提出

009　第二节　研究目的与意义

013　第三节　研究内容与方法

016　第四节　创新点

018　第二章　数智化管理人才培养的缘起

018　第一节　数智化管理人才是教育理论发展的新方向

039　第二节　党和国家领导人对数字化与教育高质量发展的论述

046　第三节　数智化管理人才是数字经济的核心要素

055　第三章　数智化管理人才的内涵与相关素养

055　第一节　新质生产力发展对数智化管理人才的需求

060　第二节　数智化管理人才的核心内涵与研究图谱

064　第三节　数智化管理人才的特质分析

068　第四节　数智化管理人才的核心素养

075　第五节　小结

077　第四章　数智化管理人才培养的现状分析

077　第一节　人才培养理念

098　第二节　人才培养目标与数智化管理人才的需求不匹配

110　第三节　课程融合不足无法支撑数智化管理人才的培养

121　第四节　单一学院和单一学科的教学保障机制难以满足
　　　　　　复合型人才培养的要求

137　第五章　数智化管理人才培养的要求

137　第一节　更新人才培养理念

142　第二节　管理人才复合型知识结构与企业发展高度契合

148　第三节　学科交叉融合的课程体系

157　第四节　新质数智化管理人才培养的保障机制需更加健全

164　第六章　数智化管理人才培养的模式探索

164　第一节　确立人才培养理念

167　第二节　以数智化环境下的人才需求为导向，确定培养目标

171　第三节　跨学科深度融合，定制培养方案

175　第四节　构建管工复合、进阶引领的课程体系

180　第五节　推进产教融合科教融汇，打造支撑平台

186　第六节　强化师资、资源建设，完善全方位教学保障

195　第七章　西华大学数智化管理人才培养的实践

195　第一节　人才培养的顶层设计

201　第二节　人才培养目标及素质要求

204　第三节　课程体系

209 第四节 培养方式

212 第五节 教学制度

214 第六节 文化环境

217 参考文献

233 后记

第一章

绪　论

　　高等学校人才培养是国之大计，党之大计。高等学校对人才培养的思考与实践从来就没有间断过，因为这是一个亘古不变、常说常新的话题。党的二十大报告指出："教育、科技、人才是全面建设社会主义现代化国家的基础性、战略性支撑。"[①] 高等院校在加快建设教育强国、科技强国、人才强国，坚持为党育人、为国育才，全面提高人才自主培养质量的过程中具有举足轻重的作用，必须全面贯彻党的教育方针，落实立德树人根本任务，培养德智体美劳全面发展的社会主义建设者和接班人。同时，高等学校人才培养作为科技第一生产力、人才第一资源、创新第一动力的重要结合点，在提升人才培养质量、培养德智体美劳全面发展的社会主义建设者和接班人方面肩负重要使命。

　　"新质生产力"理论的提出对促进和推动我国高等学校人才培养工作具有重要的战略意义和现实意义。"新质生产力"[②] 这个概念最先是 2023 年

---

　　① 新华社.高举中国特色社会主义伟大旗帜为全面建设社会主义现代化国家而团结奋斗——在中国共产党第二十次全国代表大会上的报告［J］.党史博采，2023（22）：46.

　　② 新华社.习近平主持召开新时代推动东北全面振兴座谈会强调牢牢把握东北的重要使命奋力谱写东北全面振兴新篇章［J］.新青年（珍情），2023（10）：14-17.

9月7日习近平总书记在哈尔滨主持召开新时代推动东北全面振兴座谈会时提出来的。2024年1月31日，习近平总书记在中共中央政治局第十一次集体学习时，全面阐述了新质生产力的特征、基本内涵、核心标志、特点、关键和本质等基本理论问题，这些系统性阐述，深刻指明发展新质生产力的重大意义和实践要求，形成了系统的新质生产力理论。[①]2024年3月，习近平总书记在十四届全国人大二次会议上进一步强调"因地制宜发展新质生产力"[②]，对发展新质生产力又一次作出重要论述。"新质生产力"理论，是马克思主义生产力理论中国化的最新成果，对推动和拓展中国式现代化以及促进教育的高质量发展具有深刻的指导意义，为我国创新发展提供了更为清晰的行动方向，成为当前教育强国、科技强国、人才强国战略的重要理论基础。"新质生产力"理论是高等学校培养新质人才的理论基础，对高等学校的人才培养具有十分重要的指导意义。本研究探讨的新质人才培养，就是在新质生产力理论指导下，对数智化管理人才培养的重要探索。

第一节　研究背景与问题提出

一、本研究对新质生产力和新质人才的界定

本研究的背景是：在习近平总书记提出新质生产力理论之后，高等院校应该深入思考如何培养促进新质生产力发展的新质人才。本研究所要探索的主题是：新质人才培养——数智化管理人才培养的思考与实践。诚然，高校各个专业都在积极思考新质人才的培养。我们课题组围绕管理类专业

---

① 新华社.习近平在中共中央政治局第十一次集体学习时强调加快发展新质生产力扎实推进高质量发展［J］.支部建设，2024（8）：4-5.

② 新华社.习近平在参加江苏代表团审议时强调：因地制宜发展新质生产力［J］.协商论坛，2024（4）：9-10.

人才培养的相关问题，前期对部分高校、企业及政府部门进行了深入的调研。结合现有文献对管理类人才培养的研究，本研究认为，地方本科院校的管理学院（商学院）管理类专业新质人才的培养就是要培养数智化管理人才。基于此，本研究的研究对象是：数智化管理人才，在这里需要特别说明的是，数智化管理人才既是我们管理类专业的人才培养目标，也是管理类不同专业需要探索的人才培养模式。可以说，数智化管理人才是新质人才的一种类型，或者是新质人才的一个重要组成部分。基于此，我们探讨数智化管理人才的培养首先要弄清楚什么是新质生产力，什么是新质人才，弄清楚这些概念是研究数智化管理人才的基础。

如何界定新质生产力？如何界定新质人才？现有文献从不同的视角给出了不同的界定。新质生产力理论是以习近平同志为核心的党中央作出的重大决策部署，是在深入分析世界科技和产业发展大势、深刻总结我国科技进步和高质量发展实践经验的基础上提出的。新质生产力是在新一轮科技革命和产业革命变革的基础上发展形成的生产力。其最鲜明的特征就是在数字经济条件下，智能技术、数字技术和绿色技术赋能劳动者、劳动资料、劳动对象，促成三者优化组合，形成新质态的生产力。因此，新质生产力可以理解为：在数字经济条件下，由智能技术、数字技术、绿色技术赋能劳动者、劳动资料、劳动对象所形成的征服自然、改造自然、保护自然并创造物质生活资料的能力，是数字经济时代居主导地位的先进生产力[1]。新质生产力理论的科学内涵十分丰富，主要体现在：新质生产力是跃升的生产力；新质生产力是创新生产力；新质生产力是绿色生产力。

在本研究中，我们参考杨德广教授2024年发表于《教育发展研究》中《努力培养与新质生产力相适应的新质人才》一文的相关论述。什么是新质生产力？新质生产力就是以数字化为特征，以科技创新为主导，追求高效能、高效益、高质量的生产力，是以新技术、新经济、新业态为主要

① 何自力. 新质生产力理论的科学内涵和时代意义［J］. 中国高校社会科学，2024（3）：4-14，157.

内容，以实现自立自强的关键性、颠覆性技术突破为龙头的生产力。发展新质生产力，必须依靠新质人才，要依靠人的高素质、高品质、高技能，这就要求当今教育要着力培养与新质生产力相适应的新质人才。所谓新质人才，一要具有崇高理想信仰和家国情怀，二要具有超强创新思维和战略眼光，三要具有广博的复合型知识和高深的学术造诣，四要具有拼搏进取和苦干实干精神。只有具备以上四点，才能勇攀科技高峰，战胜艰难险阻，取得科技成果[①]。

二、高校肩负着培养促进新质生产力发展的新质人才的使命

高等学校以人才培养、科学研究、社会服务、文化传承创新、国际交流合作为基本职能，人才培养在这五大职能中居于首位。党的二十大提出高校要提升人才培养质量。本研究认为，在发展新质生产力的大背景下，地方本科院校的管理学院要把这项工作落到实处，最重要的抓手是数智化管理人才的培养。高等学校新质人才的培养既是加速新质生产力形成的重要智力来源，又是引领新质生产力发展的重要推动力量。正因如此，发展新质生产力必须培养与之相适应的，能够设计、开发、运用新质生产工具，产生创新生产价值的新质人才。

高等学校作为教育科技人才的交汇点，是助力加快发展新质生产力的重要力量，要努力成为培育、发展新质生产力的重要策源地。发展新质生产力，必须加强新质人才的培养。在新质生产力理论提出之后，高等学校必须适应新一轮技术变革，深刻认识到培养新质人才是新质生产力形成的决定因素，把培养掌握科技知识和技能与驱动高技术化的劳动资料与对象相结合，从而创造新的劳动资料，推动产业升级与技术突破。在未来人才培养中，高等学校肩负着重要使命，培养新质人才是数智时代的应有之义。因此，发展新质生产力必须加强新质人才培养，这是探讨数智化管理人才必须回应的首要问题，也是加速新质生产力发展的重要路径选择，更

---

① 杨德广.努力培养与新质生产力相适应的新质人才［J］.教育发展研究，2024，44（8）：3.

是探索数智化管理人才培养理论和实践必须回应的问题。

三、人才培养目标是专业性要求与政治性要求的有机统一

探索数智化管理人才培养绕不开的一个话题就是人才培养目标，弄清一般意义上的人才培养目标的内涵，是做好数智化管理人才培养的前提和基础。人才培养目标既涉及"培养什么人"的问题，又涉及"为谁培养人"的问题，它是人才培养的专业性要求与政治性要求的有机统一，在人才培养活动中具有重要地位和作用。自党的十八大以来，习近平总书记围绕培养什么人、怎样培养人、为谁培养人的教育根本问题发表了关于教育的系列重要论述，成为科学确立新时代高等教育人才培养目标的根本遵循。

人才培养必须确定适应区域经济发展、符合专业人才培养定位的"人才培养目标"，又称"培养目标"，它是与"教育目标"相关的概念。文辅相认为：人才培养目标是"对培养什么人的规定"[①]。关于人才培养目标在人才培养活动中的地位和作用，眭依凡认为：人才培养目标是人才培养的标准，是人才观在高校的集中反映，是关于培养什么人的价值主张及具体要求，也是人才培养活动得以发生的基本依据和人才培养制度安排的基本原则[②]。张应强提出："高校人才培养目标是依据国家教育目的和大学教育的性质和使命，根据经济社会发展变化对人才的要求，根据人才成长规律和教育教学规律提出的关于大学生成长和发展的价值观、知识结构、能力结构、素质结构等方面的目标、标准和要求"[③]。可以说，讨论什么是人才培养目标，实际上就是要弄清楚人才培养目标的结构。从这些相关论述可以看出：人才培养目标包括价值观、知识结构、能力结构和素质结构等方面的目标和要求。我国高校与西方国家高校人才培养目标的最大不同，在

[①] 文辅相，赵月怀.教育目标是教育思想的核心——兼析我国社会主义的高等教育目标［J］.高等教育研究，1990（2）：20-26.

[②] 眭依凡.素质教育：高校人才培养体系的重构［J］.中国高等教育，2010（9）：10-13.

[③] 张应强，王平祥."双一流"建设背景下我国本科教育人才培养目标的思考［J］.湖南科技大学学报（社会科学版），2019（6）：148-154.

于人才培养目标中的价值观和素质结构方面。2024 年 4 月 19 日，四川省普通本科高等学校新文科教学指导委员会成立大会暨"人工智能赋能新文科建设"研讨会在四川大学望江校区召开，本次会议系统分析了数智时代新文科建设面临的机遇与挑战，提出了新文科建设要坚持价值引领、守正创新、交叉融合，切实提升学生的政治认同、家国情怀、文化素养、法治意识和道德修养，着力培养担当民族复兴大任的时代新人。这次会议上提出了新文科人才培养目标。作为新文科范畴的管理类专业，我们要把管理类专业的人才培养目标寓于新文科人才培养目标之中。可以说，我国高校人才培养目标包括了政治性要求与专业性要求两大部分，是政治性要求与专业性要求的有机统一。

四、人才培养目标在高校人才培养中的地位和作用

关于人才培养目标在人才培养活动中的重要地位和作用，不同的专家学者从不同的视角进行了研究，积累了大量的研究文献。我们认为，其一，人才培养目标是教育目的的体现，教育目的是确定人才培养目标的基本依据。潘懋元教授认为：教育目的制约各级各类学校的培养目标，各级各类学校通过各自的培养目标来实现共同的教育目的和各自的特殊任务[①]。但同时，也有专家认为，人才培养目标不同于教育目的，不能用教育目的来代替人才培养目标。其二，人才培养目标是确定科类和专业人才培养目标、专业培养规格的依据。我国本科教育主要体现为具体科类和专业的教育。因此，在总的人才培养目标的指导之下，还有具体科类和专业的人才培养目标。在我国，与人才培养目标相关的还有"专业培养规格"。专业培养规格主要包括专业的业务工作总要求、知识结构要求、能力结构要求、素质结构要求等内容，它也具有培养目标的意义。其三，专业的人才培养目标是专业和课程设置的基本依据。具体来讲，人才培养目标有学校层次的人才培养目标、学院层次的人才培养目标、

---

① 潘懋元 . 新编高等教育学［M］. 北京：北京师范大学出版社，1996：60.

各个专业的人才培养目标。专业的人才培养目标支撑学院的人才培养目标，学院的人才培养目标支撑学校的人才培养目标。基于此，人才培养目标是高校人才培养活动的总纲领，它指导学校和学院制订具体的人才培养方案和教学计划，设置课程体系，确立教学内容，制定相应的教学管理制度，组织实施教育教学活动及建立人才培养目标的实施体系、反馈系统和评价体系等[①]。这就是说，人才培养目标对人才培养和教育教学活动具有统领作用，对培养规格、教学内容、课程体系、教师教学、学生学习、教学制度规范等有着重要影响。

五、教育数字化催生数智化管理人才培养

2023年5月，习近平总书记在中共中央政治局第五次集体学习时特别强调："教育数字化是我国开辟教育发展新赛道和塑造教育发展新优势的重要突破口。进一步推进数字教育，为个性化学习、终身学习、扩大优质教育资源覆盖面和教育现代化提供有效支撑"[②]。高等教育信息化协会（EDUCAUSE）将教育数字化的发展脉络划分为三个阶段：数字化变换、数字化升级和数字化转型。这三个阶段分别代表了近半个世纪以来发生的三次数字革命：信息数字化、业务数字化和组织数字化。中华人民共和国教育部牵头和指导编写的《无限的可能——世界高等教育数字化发展报告》提出了教育数字化发展的转化、转型、智慧三阶段论，并从办学模式、育人方式、管理体制、保障机制四个方面来分析高等教育数字化的进展与挑战[③]。欧盟在《数字教育行动计划（2021—2027）》中指出，高校推行数字化转型就是要为不同禀赋和兴趣的学生规划个性化发展道路，提供包含知

① 张应强，王平祥."双一流"建设背景下我国本科教育人才培养目标的思考［J］.湖南科技大学学报（社会科学版），2019（6）：148-154.
② 中华人民共和国教育部，充分发挥教育数字化的重要突破口作用［EB/OL］.［2023-10-13］. http://www.moe.gov.cn/jybxwfb/s5148/202310/t20231013_1085366.html.
③ 世界高等教育数字化发展报告课题组，王烽，王繁.无限的可能——世界高等教育数字化发展报告（2023）［J］.中国高等教育，2024（Z1）：13-18.

识、技能、专业实践的数字教育生态系统。与数智化相对应的有数字化和数智时代，在弄清楚数智化管理人才培养的过程中，应首先弄清楚这几个概念的关系①。

数字化，是指将许多复杂多变的信息转变为可以度量的数字、数据，再以这些数字、数据建立起适当的数字化模型，把它们转变为一系列二进制代码，引入计算机内部，进行统一处理②。数智化（Digital Intelligence）是指利用数字技术实现智能化、高效化、自动化的生活方式和工作方式。数智化涵盖了人工智能、物联网、云计算、大数据等多个领域，旨在提高生产效率、改善人民生活、推动社会进步。数智时代（Digital Intelligence Era 或 Age of Digital Intelligence）是人类社会进入数字化、智能化时代的统称。

《加快数字人才培育支撑数字经济发展行动方案（2024—2026 年）》指出："扎实开展数字人才育、引、留、用等专项行动，提升数字人才自主创新能力，激发数字人才创新创业活力，增加数字人才有效供给，形成数字人才集聚效应，着力打造一支规模壮大、素质优良、结构优化、分布合理的高水平数字人才队伍，更好支撑数字经济高质量发展"③。当前，教育数字化已成为我国教育强国建设的必然趋势。技术与教育的深度融合加速推动高等教育领域的数字化变革④，数字化和智能化的加速迭代升级，强有力地推动了管理人才需求从单一职能型向复合型的巨大转型⑤。

① 郭广生，董庆华. 高校人才培养工作的数字化转型路径［J］. 中国高等教育，2024（5）：57-60.

② 王竹立，吴彦茹，王云. 数智时代的育人理念与人才培养模式［J］. 电化教育研究，2024，45（2）：13-19.

③ 国家数据局. 加快数字人才培育支撑数字经济发展行动方案（2024—2026 年）［J］. 工业信息安全，2024（3）：84-85.

④ 林琳. 从数字化到数智化：智能技术赋能高校智慧教育高质量发展路径研究［J］. 林业科技情报，2024，56（4）：236-238.

⑤ 靳庆鲁，朱凯，曾庆生. 数智时代财会人才培养的"上财模式"探索与实践［J］. 中国大学教学，2021（11）：28-34+45. 28-34，45.

21世纪初开启的数字化和智能化的科技革命与产业变革，对知识复合、集成应用和跨界创新能力兼备的管理人才培养提出了迫切需求[①]。面对时代赋予的重大课题，高校需要将管理类本科生培养的核心从专注于传授专业知识，转移到让学生成长为复合型人才，能融会贯通地掌握管理和工科两个学科的知识。当前，伴随着国家经济和企业管理活动持续深入的数智化进程，以工科为主的高校的管理学科应当结合学校的学科与科研优势，瞄准培养什么人、如何培养人、如何保障人才培养三个主要问题，探索数智化环境下数智化管理人才的培养模式。在这样的背景下，我们提出了"数智化管理人才"的培养，以满足时代发展对人才培养的要求。基于此，我们提出：数智化管理人才就是利用数字技术和数字化手段，着力培养数据处理能力、智能优化分析能力以及智能协同决策能力等，能够助力组织决策的专门人才。数智化管理人才培养应当突出复合知识、战略思维和创新能力。数智化管理人才的特征：知识复合、集成应用和跨界创新能力兼备。数智化管理人才培养的抓手：管理＋数字技术，管理与工学深度融合。

第二节　研究目的与意义

一、构建数智化管理人才的培养方案

一般来讲，本科人才培养方案由专业基本信息、培养目标、毕业要求、毕业条件、课程体系等主要内容构成。在制订数智化管理人才培养方案的过程中，最关键的是确定人才培养目标、毕业要求和课程体系。培养目标是对学生毕业后5年左右能够达到的职业和专业成就的总体描述。培

---

① 王磊，苗春雨．数字经济背景下高校数字人才培养的路径探究［J］．中国大学教学，2023（7）：25–33.

养目标定位是否科学、合理、精准，直接关系到专业人才培养目标的达成度和培养质量[①]。专业在制定人才培养目标时必须充分考虑学校定位、专业具备的资源条件、社会需求和利益相关者的期望等内外部需求和条件。毕业要求指学生通过本科阶段的学习能够获得的能力和素养，通过学生的学习成果和表现判定其达成情况。课程体系一般包括公共教育、学科基础、专业教育、实践教育、个性化发展课程五种类型，具体的课程体系，各个学校可能略有差异。

我们认为，数智化管理人才的培养目标是：管理与工学复合、具有战略思维、具备跨界创新能力的管理专门人才。为什么确定这一目标呢？因为管理类专业人才的培养存在人才培养目标与新质生产力的要求有差距，与教育数字化环境下的需求不匹配，课程高阶性不够、融合性不足等问题。从最微观的层面讲，数智化管理人才培养需要构建学科交叉融合的课程体系，能够为管理人才引领理论与实践的创新提供全面的知识储备和理论方法支持。数智化管理人才培养就是要培养具有跨界创新能力的大学生，这不是我们头脑发热，是新质生产力的特点和深刻变革、快速融合的时代决定的。

二、培养具有跨界创新能力的管理专门人才

习近平总书记指出：新质生产力由技术革命性突破、生产要素创新性配置、产业深度转型升级而催生，以劳动者、劳动资料、劳动对象及其优化组合的跃升为基本内涵。新质生产力的特点是创新，关键在质优，本质是先进生产力。"[②] 在这个愈发多元且充满变化的世界，要实现技术革命性突破、生产要素创新性配置、产业深度转型升级，需要各种类型的主体进行"跨界"，这里的跨界不只是简单地跨越物理边界，而是需要跨界垂直

[①] 赵斌，陈鸿宇，高源.师范类专业认证背景下我国特殊教育师范专业本科人才培养方案的文本分析［J］.中国特殊教育，2024（6）：3-9.

[②] 新华社.习近平在中共中央政治局第十一次集体学习时强调加快发展新质生产力扎实推进高质量发展［J］.支部建设，2024（8）：4-5.

边界（如层级和等级）、利益相关者边界（如合作伙伴、供应商和客户）、人口统计边界（如性别和文化）等[①]。与此同时，当今正处于一个深刻变革和快速融合的"跨界"时代，各种类型的主体要想获取竞争优势，实现可持续发展，必须进行跨界；要实现有效跨界，必须拥有具有跨界创新能力的专门人才。大学，特别是大学的管理学院义不容辞地要承担起这个培养专门人才的任务。

提出数智化管理人才培养是在发展新质生产力的背景下，新质生产力要求培养新质人才，数智化管理人才的培养就是管理类专业新质人才的培养。培养具有跨界创新能力的管理专门人才的抓手就是课程体系。公共教育课程类由学校层面制定。学科基础课程主要指某学科各专业学生必须掌握的学科基础课程，就数智化管理人才培养而言，就是管理类相关专业的学生均要学习的课程，由各个学院根据 2018 年出版的《普通高等学校本科专业类教学质量国家标准》，同时结合经济社会发展实际确定。专业教育课程类是指体现专业教育核心要求的专业必修类课程，由各专业根据人才培养目标、2018 年版《普通高等学校本科专业类教学质量国家标准》和各专业实际情况设置。实践教育课程类是指与强化专业能力相关的实践课程与实习实训。个性化发展课程类是指学生根据自己的学术兴趣、专业志趣、职业发展规划等，自主选择修读的课程，包括专业（方向）选修课和跨专业教育课程两个模块。要体现数智化管理人才的特征——知识复合、集成应用和跨界创新能力兼备，在专业教育的必修课程中增加数字类课程和技术类课程，同时，在个性化发展课程中开设跨专业、跨学科的相关课程，鼓励学生选修。

三、加强学生跨学科的交融与协作能力的培养

伴随着知识体系的持续拓展与社会实践的广泛深入，大学生们正面

---

① CROSS R, ERNST C, PASMORE B. A Bridge too Far? How Boundary Spanning Networks Drive Organizational Change and Effectiveness [J]. Organizational Dynamics, 2013, 42（2）: 81–91.

临着愈发错综复杂且需要跨领域融合的极大挑战。这要求他们不仅要具备扎实的专业知识，还需运用系统化的思维方式，从跨学科的视角去审视和解决问题。在这种情况下，只有通过构建"多专业学习、跨学科培养"的复合型管理人才培养模式，才能为学生提供更广阔的学习空间和更深入的学术探索机会[①]。要实现这一目标，只有通过实施跨学科人才培养项目，同时开设跨学科融合课程等举措，方能有效促进文科与文科、文科与理科、文科与工科、工科与理科之间的交叉融合，为学生提供更为丰富的学习体验。本项目在探讨培养数智化管理人才时，坚持成果导向教育理念（outcome based education，OBE），基于学科交叉融合设计培养方案、重组教学体系、搭建课程体系，着力加强学生跨学科的交融与协作能力的培养。

构建跨学科的教学体系，可以使大学生接触到不同学科的知识体系和研究方法，从而拓宽大学生的学术视野和思维方式。同时，以问题或课题为导向的教学方法也是培养大学生多学科思维习惯的有效途径。通过引导大学生围绕具体问题进行深入探究，可以帮助大学生建立知识之间的关联，促进知识的迁移和应用[②]。同时，数智化管理人才培养就是要鼓励自由探索与个性发展，设置灵活多样的课程体系，赋予大学生更多选课自主权，激发大学生学术潜力与创造力。同时，营造开放包容的学习环境，鼓励大学生勇于尝试，即使是他们遭遇失败亦能从中学习成长。这样的教育环境将助力大学生多元发展，探索适合自己的成长道路。

---

① 郑昱，蔡颖蔚，徐骏. 跨学科教育与拔尖创新人才培养［J］. 中国大学教学，2019（Z1）：36–40.

② 于慧，张丽莉. 新质生产力条件下高校拔尖创新人才培养研究［J］. 教育理论与实践，2024，44（27）：3–8.

第三节　研究内容与方法

一、研究主要内容

弄清楚数智化管理人才培养的缘起。主要内容包括，从教育学和高等教育学的视角，对与人才培养的相关概念进行界定，包括但不限于人才培养理念、人才培养模式、人才培养体系、数智化管理人才等。采用文献研究法，对国内外关于数智化管理人才培养的相关文献进行收集、整理和分析，了解本研究的现状、空白和未来议题等。

1. 数智化管理人才的内涵辨析与特质分析。主要内容包括新质生产力发展对数智化管理人才的需求、数智化管理人才的关键内涵、数智化管理人才的特质分析、数智化管理人才的核心素养分析等相关内容。

2. 数智化管理人才培养的现状分析。主要内容包括人才培养理念、管理类专业的人才培养目标、与数智化环境下管理类专业人才的需求如何匹配、课程体系建设，以及教学保障机制等相关内容。

3. 数智化管理人才培养的要求。主要内容包括更新人才培养理念、培养目标要适应经济社会发展的需求、建立学科交叉融合的课程体系、健全数智化管理人才培养的保障机制等相关内容。

4. 数智化管理人才培养的模式探索。主要内容包括确立人才培养理念，确定培养目标，深度融合两个学科的不同专业，研制培养方案，构建管工复合、进阶引领的课程体系，推进科教融通和产教协同，打造支撑平台，复合型师资、跨学院协同，加强全方位教学保障。

5. 西华大学数智化管理人才培养的实践。主要包括人才培养的顶层设计、人才培养目标、课程体系、培养方式、教学制度、文化环境等相关内容。

二、研究方法

1. 知识图谱分析法。本研究运用知识图谱分析法对数智化管理人才培养的相关文献进行深入研究。通过结合文献计量法、词频分析法、引文分析法和共词分析法，选取知识图谱软件 Citespace 进行数据处理和分析，最终形成一系列关于"数智化管理人才培养"的知识图谱。这些知识图谱包括关键词共线图、关键词聚类图以及发文量等内容，用以展现这些内容与数智化管理人才培养的相互关系。

2.内容分析法。本研究主要应用文本论述分析和文本内容分析方法，以国家图书馆、四川省图书馆、西华大学图书馆以及电子数据库等专题资料库为基础，对国内外政府关于数智化管理人才的文献进行了梳理和搜集。运用文本内容分析法，广泛搜集国内外关于数智化管理人才的文献资料，重点采集政策文本的高频词汇和关键段落，结合语句语境，把握政策文本的基本变量，重点关注的是语句、评价语句、行动语句和后果语句四个语句形态，分析数智化管理人才培养的模式探索及培养实践。

3.深度访谈法。本研究主要访谈地方本科院校管理学院的班子成员、系主任及教师代表，主要了解管理类专业人才培养的现状；访谈企业各个职能管理部门的负责人、企业员工代表，主要了解企业的用人需求；访谈政府职能部门的负责人及其工作人员，主要了解公务员应该具备的知识素质和能力结构情况。

4.案例分析法。本研究通过对选取的典型案例（高校、企业和政府）的实际情况进行分析，可以更好地了解高校中管理学院关于数智化管理人才培养的现状，企业和政府对数智化管理人才的需求与期望，获得真实和有意义的数据。

三、技术线路

技术路线图如图 1-1 所示。

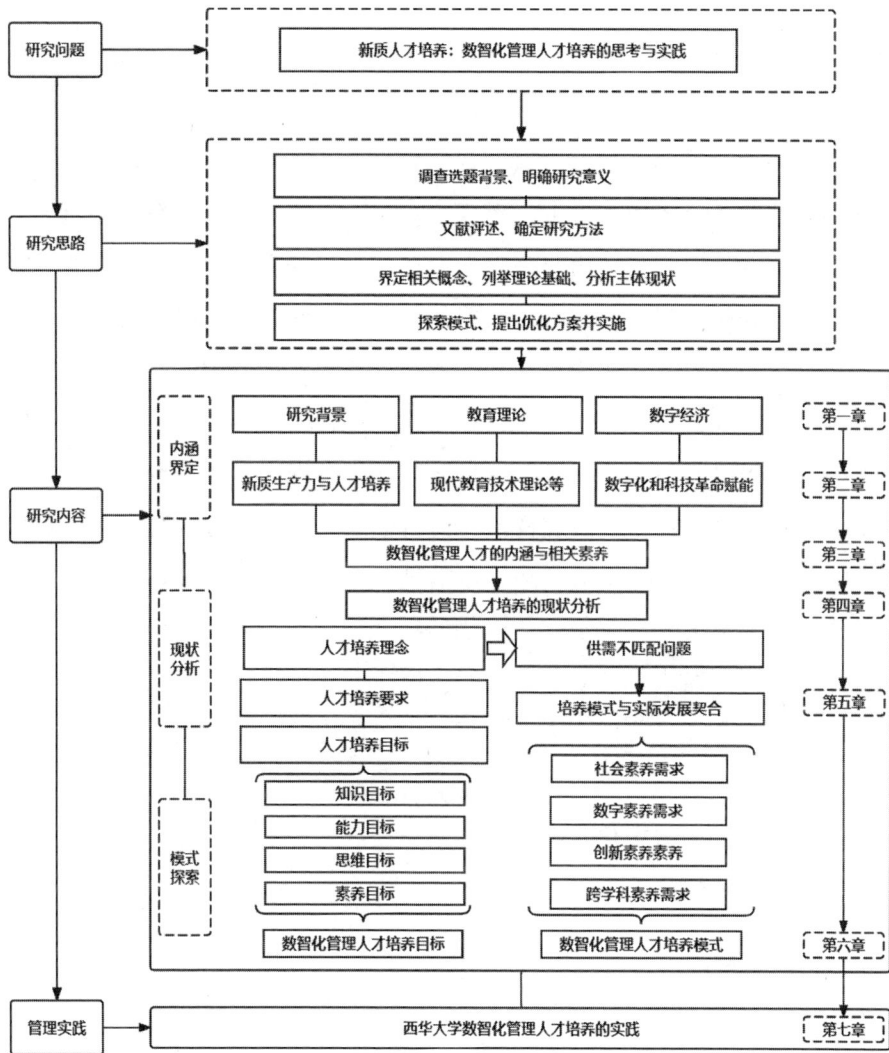

| 研究问题 | → | 新质人才培养：数智化管理人才培养的思考与实践 | |

研究思路：
- 调查选题背景、明确研究意义
- 文献评述、确定研究方法
- 界定相关概念、列举理论基础、分析主体现状
- 探索模式、提出优化方案并实施

研究内容：

内涵界定
- 研究背景 ── 第一章
- 教育理论
- 数字经济
- 新质生产力与人才培养 ── 第二章
- 现代教育技术理论等
- 数字化和科技革命赋能
- 数智化管理人才的内涵与相关素养 ── 第三章
- 数智化管理人才培养的现状分析 ── 第四章

现状分析
- 人才培养理念 ⇒ 供需不匹配问题
- 人才培养要求 ── 培养模式与实际发展契合 ── 第五章
- 人才培养目标

模式探索
- 知识目标
- 能力目标
- 思维目标
- 素养目标
- 社会素养需求
- 数字素养需求
- 创新素养素养
- 跨学科素养需求
- 数智化管理人才培养目标 ── 数智化管理人才培养模式 ── 第六章

管理实践
- 西华大学数智化管理人才培养的实践 ── 第七章

图 1-1　技术路线图

第四节　创新点

一、理论层面

本研究将立足现有的研究成果，充分运用新质生产力理论、建构理论、胜任力理论等相关理论，对数智化管理人才培养进行深入研究。通过对这些理论的综合分析和整合，形成一个相对完整的研究框架。在研究过程中，本研究将回顾和分析国内外学者在数智化管理人才培养领域的研究成果，深入分析数智化管理人才培养的重要性。同时，本研究还将结合实际情况，深入探讨数智化管理人才培养在高校人才培养中的应用场景、机制和效果。此外，本研究还将关注数智化管理人才培养与其他相关理论的交叉点，如组织学习、领导力等，探索数智化管理人才培养对这些领域的影响和启示，进一步拓展研究视角，提出更全面、深入的理论观点。

随着教育数字化时代的到来，跨学科的研究技术、工具和方法为本研究注入了新的活力。教育数字化时代的到来，推动着整个社会对提升人才培养质量的强烈需求，开启了数字经济模式下的全新思维模式，无论是国家、政府、社会还是公民个人，都无法依赖传统的思维模式来应对现有的重大变局。基于此，本研究紧扣教育数字化时代的思维，发挥系统观念，打破时空隔阂，为数智化管理人才的培养提供思想来源，开拓新的研究视角，突破路径依赖。

二、实践层面

本研究注重现实情况的考量。在理论层面的梳理和逻辑关联的基础上，结合实际调查，通过对现实情况的深入观察和分析，厘清数智化管理人才培养的相关研究的作用机制，并对其进行补充和完善。这种综合的研究方式可以使研究结果更加接近实际情况，有助于探讨数智化人才的培养模式。在实践层面，本研究将重点关注以下两个方面：第一，选择一些具有代表性的样本（高校、企业、政府部门），通过实地调研的方式，深入了解数智化管理人才培养中存在的主要问题。通过交流和观察，获取一手的实践数据和信息，为研究提供可靠的实证基础。第二，邀请相关领域的专家学者、行业从业者等进行深入交流和讨论。通过专家的意见和建议，获取更加权威和专业的观点，为研究提供有力支持。

第二章

数智化管理人才培养的缘起

第一节　数智化管理人才是教育理论发展的新方向

数智化管理人才的概念是随着经济社会的发展而出现的，但是教育学理论一直都强调复合型人才培养的重要性，数字经济的发展同样对教育领域产生了深远影响，教育理论中人才培养的要求也必然与时俱进。本节通过梳理重点教育理论，分解数智化人才培养理论内涵，从理论视角对数智化管理人才培养的缘起进行分析。

一、重点教育理论梳理

在教育的历史长河中，各个时代的教育家通过对教育目标、方法、内容和评价等方面的深刻思考，提出了各自的教育理论。这些理论不仅反映了当时的社会需求，也预见了未来教育的趋势。从古希腊的苏格拉底、柏拉图，到美国的约翰·杜威和本杰明·布鲁姆、意大利的玛丽亚·蒙台梭利，再到巴西的保罗·弗莱雷，教育家们的理论为人才培养提供了多角度的视野和方法。这些理论综合来讲主要有对话教学法、做中学、自主学习以及教育目标分类等理论。

（一）对话教学法的教育理论

对话教学法是一种强调教师与学生之间互动交流的教学方法。它历史悠久、现状多样化，且未来发展前景广阔。这种方法通过提问和探讨来激发学生的批判性思维，这对当今注重创造力和独立思考能力培养的教育模式具有显著的现实意义。下文将从对话教学法的理论支撑、历史及现状来介绍对话教学法对于人才培养的影响。

对话教学法以认识论和本体论哲学内涵、弗莱雷的解放教育理论、现代教育技术理论以及对话哲学等多种教育理论为支撑。对话教学法强调师生之间的互动，与认识论和本体论的知识是在主体之间互动的过程中生成的[①] 理论相匹配。这意味着在对话教学法中，教师和学生是平等的交流主体，通过对话共同建构知识，而非单向传递知识，同时开放性的对话促进知识的深度理解和应用[②]。对话教学法在弗莱雷解放教育理论中得到了发展。该理论倡导通过对话教学帮助底层群体觉醒并赋予他们发声的能力，强调教育的公平性和对弱势群体的关注，同时，该理论赋予对话以人性化功能，认为教育不仅仅是知识的传递，更是促进个体意识和社会变革的工具[③]。随着科技的发展，对话教育法在现代教育技术理论中也得到了体现。现代教育理论强调利用现代技术手段增强师生之间的互动和沟通，通过对话式教育法为教育技术的创新设计提供理论支撑，使教学更加生动活泼，提高学习效果[④]。此外，随着对话教育法的发展，对话主义形成相应的对话主义哲学。巴赫金的对话主义哲学认为思想只有通过与他人的重要对话关系才能形成和发展[⑤]。这一理念强调了对话在促进思维活跃和知识生成

---

① 史圣朋，韦格里夫，袁莉.人工智能时代的对话式教育技术理论［J］.开放教育研究，2024（1）：24-33.

② 李家黎.对话教学的理论思考［J］.现代中小学教育，2008（6）：20-22.

③ 汤美娟.从代言到行动：教育底层研究的跃迁——弗莱雷对话教学思想的方法论启示［J］.南京师大学报（社会科学版），2019（6）：51-61.

④ 弗莱雷.被压迫者的教育学［M］.顾建新，赵友华，向曙荣，译.上海：华东师范大学出版社，2001.

⑤ 巴赫金.诗学与访谈［M］.石家庄：河北教育出版社，1998.

中的重要作用①。因而，对话教学鼓励师生在平等的基础上进行双向互动和交流，确保每个声音都能被听见和理解。布伯的对话主义哲学强调"我—你"关系的重要性，认为真正的对话是建立在直接性和交互性关系的基础上②。这为对话教学中师生关系的构建提供了理论基础。同时，布伯的理论还指出，对话不仅是一种教学方式，更是一种教育精神，是对生命体验和个性的充分尊重。为了更好地进行教学实践，日本教育学者多田孝志提出了"对话型教学"实践的十二个要素，包括创造活跃对话的氛围、设定多样见解的对话机会、尊重差异性等。这些要素全面细致地指导了对话教学的具体实施。在这些要素的指导下，对话教学能够激发学生的深度思考和批判性思维，从而提升他们的学习质量和综合能力。因此，对话教学法依托于丰富的教育理论，从教育理论到教育实践，共同构成了其坚实的理论基础。这些理论不仅提供了对话教学的方法论指导，也揭示了其深层次的教育意义。

对话教学法的起源可以追溯到古希腊，苏格拉底通过提问和回答的方式引导人们思考，这种教学方式后来被称为"苏格拉底式对话"。随着时间的流逝，苏格拉底的对话方法被他的学生柏拉图记录并传播，影响了整个中世纪的欧洲教育③。文艺复兴时期，人文主义者重新发现并推广了对话教学法，强调个体理性思考和自由探索④。进入现代，对话教学法被更多教育理论家和实践者所采纳，其中，弗莱雷的"解放教育"就大量使用对话的方法⑤。弗莱雷是巴西著名的教育家，他的对话教育理念强调教育过程中的互动和对话，认为教育应该是一个双向的、共同成长的过程。弗莱雷在

① 钟启泉.教学心理十讲［M］.上海：华东师范大学出版社，2020.
② 布伯.我与你［M］.陈维纲，译.北京：三联书店出版社，1986.
③ 夏青.苏格拉底的"问答法"及其教育启示——以苏格拉底与格劳孔关于"美"的讨论为例［J］.武汉纺织大学学报，2014，27（2）：62-64.
④ 夏剑.从人文主义到后人文主义：后人类时代的教育学之思［J］.当代教育科学，2022（1）：3-12.
⑤ 陈向明.从实践到文本：对话教育法的本土化探索［J］.教育研究与实验，2013（3）：45-50.

其著作《被压迫者的教育学》中批判了传统的"储蓄式"教育模式，认为这种方式把学生视为被动的知识接受者。弗莱雷提出了对话教育的概念，主张教育应该是一个师生之间相互交流和合作的过程[①]。弗莱雷在巴西开展了广泛的成人扫盲工作，通过对话教育实践，成功地提高了成人的文化水平和批判意识。弗莱雷的教育实践与当时的政治环境紧密相关，他的工作也被视为一种社会和政治解放的工具。弗莱雷的理念和实践对全球教育产生了深远的影响，尤其是在解放教育和成人教育领域。

当前，许多国家的教育体系已经开始融入对话教育的理念，不仅在哲学和文学领域内运用，还广泛运用于科学、工程、商学等多个学科。对话教学法已经从传统的口头对话演变为包括书面对话、网络交流等多种互动形式，同时是教师培训的重要组成部分，教师被鼓励采用更多的互动和对话方式来促进学生的参与和思考。随着信息技术的发展，对话教育也开始与在线学习平台、社交媒体等数字工具结合，形成更加灵活和广泛的对话空间。互联网的普及使得跨国、跨文化的对话教学成为可能，促进了国际教育合作和学术交流。联合国教科文组织提出的可持续发展目标中，强调培养全球公民意识和对全球问题的责任认识，这与对话教育理念高度契合。

综上所述，对话教学法作为一种古老而生动的教学互动方式，在过去几千年中不断发展和演化。它在当前的教育实践中具有重要地位，并且随着科技的进步和社会的发展，其应用范围和深度都将继续扩大。

（二）做中学的教育理论

杜威的"做中学"理念，提倡通过实践活动进行学习，强调学习与生活的联系。他的教育思想影响了项目式学习、合作学习等现代教育模式的发展，这些模式在培养创新人才方面起到了关键作用。下面将从"做中学"的理论支撑、历史及现状来介绍其对人才培养的影响。

"做中学"这一理论不仅在教育实践中具有重要指导意义，而且其背

---

① 弗莱雷.被压迫者的教育学［M］.顾建新,赵友华,向曙荣,译.上海:华东师范大学出版社,2001.

后的理论支撑丰富多元，跨越了教育学、社会学和认知心理学等多个领域。在教育学领域，杜威是"做中学"理论最重要的倡导者之一。他的实用主义教育哲学认为，教育应当与实际生活紧密相关，强调通过实践来培养学生的学习兴趣和解决问题的能力。个体的学习过程需与实际行动相结合，以实现知识的完整吸收和应用[①]。杜威将"做中学"理论视作应对社会转型中冲突的一种策略。在他看来，这一理论不仅是教学方法论的创新，也是解决前现代社会向现代社会过渡中遇到的种种社会问题的一种手段[②]。"做中学"还能够培养学生民主和合作的精神，通过自治和交流的实践，塑造学生现代社会需要的公民素质和社会责任感。同时，认知心理学领域的研究表明，通过实际操作和体验，学生能够更有效地构建知识框架，实现深层次的学习。真实情境下的体验和反思，促进了知识的内化和技能的自动化。此外，建构主义学习理论强调学生通过与环境的互动，主动构建个人知识体系。"做中学"正是提供了这样的学习环境，让学生通过实验、操作和探索等方式，积极参与到学习过程中，从而实现知识的深层建构。在社会学领域，"做中学"的理论也与冲突论紧密相关。冲突论强调社会结构中的不平等和冲突，而"做中学"提倡通过民主和合作的教育方式，解决社会中的冲突和问题，实现社会的和谐与进步。另外，在教育心理学中，自主学习理论强调学生自我驱动的学习过程，"做中学"通过提供自主探索和实验的机会，增强学生的自主学习能力和内在动机。同时，情境学习理论认为，知识和技能的获取是在特定社会和文化背景中进行的，"做中学"通过提供真实的学习场景，使学生能够在实际的社会实践中获得知识与技能[③]。

[①] 赖红梅.浅论杜威"从做中学"的理论内涵及对我国基础教育的启示[J].当代教育论坛（宏观教育研究），2008（8）：32-34.

[②] 涂诗万，朱凯.作为社会理论的"做中学"——深化杜威研究的一个新尝试[J].华东师范大学学报（教育科学版），2023，41（6）：14-25.

[③] 陶海萍.论"从做中学"学习理论对我国基础教育改革的启示[J].科技视界，2014（16）：150，261.

　　杜威提出"做中学"理念反对传统课堂中学生静坐、依托教科书的学习方式，提倡通过实际操作和实践来促进学生的认知发展。杜威在芝加哥大学创办实验学校，将"做中学"理念付诸实践，学校设置车间、实验室、农场等场所，让学生在实际活动中学习[①]。杜威把相关经验写入其教育著作《民主主义与教育》，至今仍被视为教育领域的经典作品，对教育学的发展产生了深远影响[②]。

　　杜威的教育思想不仅在美国广泛传播，在欧洲的应用和影响也非常广泛，尤其在教育理念、学生中心以及教育方法等方面。教育理念方面，他提出的"儿童中心"理念在欧洲得到了广泛应用，强调教育应以儿童的需求和兴趣为中心，而非传统教育中的教师或教材中心。他主张教育活动应以学生的实际操作和体验为中心观点在欧洲各国的基础教育改革中被广泛接受，并影响了课堂教学模式。他提出的教育应基于学生的实际经验的观点，强调实际操作和生活中学习的重要性，在欧洲国家被大量教育改革实践所采纳。在学生中心方面，他强调民主化与教育的结合，促进了欧洲对教育民主化和平等化的深入探讨。提出的"学校即社会"的观点，在欧洲推动了校园开放政策和社会资源整合进教育体系的尝试。在教育方法方面，"做中学"这一教学方法在欧洲得到了极大的推广，改变了传统的以讲授为主的教学方式，使学习过程更加生动和实际。"问题解决学习"被引入课程设计中，特别是在科学和数学教育领域。在教育创新方面，受杜威芝加哥实验学校的启发，欧洲多国开展了类似的实验学校项目，探索新型教育模式。此外，杜威的教育改革与广泛的社会改革密切相关的观点在欧洲引发了教育革新与社会变革的结合实践。在道德教育方面，他强调道德教育在整体教育中的重要性，这一理念影响了欧洲学校的道德教育和公民教育课程。此外，通过团体活动培养儿童道德品质的方法在欧洲得到广泛应用，增强了学生的社会责任感和合作精神。在教育研究方面，杜威对教育

---

①　MAYHEW K C, EDWARDS A C, MCCLUSKY H Y. The Dewey School：The Laboratory School of the University of Chicago 1896-1903 ［J］. Elementary School Journal，2007，16（1）：22-23.

②　DEWEY J. Democracy and Education ［M］. London：Macmillan，1916.

科学的贡献促进了欧洲教育研究的发展，特别是在教育心理学和教学法方面的深入研究。他将实证研究方法引入教育领域，为欧洲教育研究提供了新的方法论支持。

在亚洲，杜威的思想基本上是在 20 世纪初被引入，在亚洲各国有着深远的影响。在日本，教育改革强调学生的个性化发展和实践经验，这与杜威的教育理念相契合。学生被鼓励参与各种实践活动，如社会实践、实地考察等，以培养学生的实践能力和创新精神。在韩国，杜威的教育思想体现在注重学生的全面发展，强调实践和体验的重要性，让学生有机会在实践中成长[①]。在中国，杜威的教育思想由胡适等学者引入，杜威的"做中学"理念与中国的传统教育理念相结合，促进了中国教育从传统的应试教育向更加注重实践和学生主动参与的方向发展[②]。陶行知的教育思想就受到了杜威的启发，他提出了"生活即教育，社会即学校"的理念，并在中国推广了实验教育[③]。

综上所述，杜威的教育理论，尤其是"做中学"理念，不仅在美国具有深远的影响，其思想和实践也在世界各国产生了广泛而深刻的影响。

（三）自主学习的教育理论

蒙台梭利的教育法则重视儿童的自主学习和个性化发展。她认为教育环境应考虑到儿童发展的自然规律，为其自我构建提供条件。这一理念在现代教育中被广泛运用于学生个性化学习路径的设计和学习空间的布局中。下面将从自主学习的理论支撑、历史及现状来阐述其对于人才培养的影响。

自主学习的理论支撑主要包括自我调节学习理论、社会认知理论、人

---

① JONES R S. Education Reform in Korea［J］. Oecd Economics Department Working Papers，2013.

② TANNER D. Curriculum Development：Theory into Practice［M］. City of kent：Prentice Hall，2007.

③ 龚世琳 . "实用主义"：如何成为一种"国家哲学"——论杜威《德国的哲学与政治》［J］.政治思想史，2021，12（3）：143-162，199-200.

本主义学习理论等，这些理论为自主学习提供了坚实的心理学和教育学基础。自我调节学习理论强调学生能够主动控制自己的学习进程，包括元认知、动机和行为方面。这一理论与自主学习者会设定个人学习目标，选择适当的学习策略，并对学习过程和结果进行自我监控与评估的结果非常匹配①。社会认知理论重视观察学习（模仿）和社会互动在学习过程中的作用。该理论认为，个体的行为、外部环境和个体的认知三者之间存在动态交互作用，自主学习正是这种交互作用的体现。社会认知理论的核心在于自我效能和观察学习。自我效能影响个体面对挑战时的决心和努力程度，而观察学习则通过榜样的示范作用，激发学生的学习兴趣和模仿行为。人本主义学习理论强调学生的主体性和自我实现的重要性，认为教育应关注培养学生的全面发展，重视学生的情感、态度和价值观②。其核心在于自我发起和全面发展。它提倡在教学中鼓励学生自主选择学习内容和方式，支持个性化学习路径，从而培养学生的自主学习能力，促进学生的自我实现③。自主学习在此框架下强调自我监控、自我指导和自我强化的过程。其核心在于外部奖惩的内化，有效支撑了自主学习者学会自己设定奖励和惩罚，以维持学习的持续进行和效果的达成。建构主义学习理论认为知识是通过个体与环境互动构建出来的，主张学生在学习过程中应主动参与和反思。该理论强调情境学习、协作学习和意义建构的重要性④。其核心在于主动建构和情境互动。在自主学习中，自主学习者通过实际操作、实验和项目工作，将新知识与现有知识结构融合，形成深刻理解。1907 年，蒙台梭利在罗马开设了第一所"儿童之家"，实践她的教育理念，取得了显著

---

① 汤敬安，吴玲英."自主学习"的定义与理论研究［J］.湖南医科大学学报（社会科学版），2007，9（2）：198-201.

② 周炎根，桑青松.国内外自主学习理论研究综述［J］.安徽教育学院学报，2007（1）：100-104

③ 黎国丹.大学生自主学习的相关理论与策略研究［J］.教育进展，2023，13（9）：6964-6969.

④ 翟睿.自主学习的理论与实施策略研究［D］.长春：东北师范大学，2006.

的成功①。自主学习理论丰富了多个方面的基础理论内涵。在环境适应论方面，蒙台梭利认为，人从出生开始就具备适应环境的本能，这有助于人类生存和发展未来生存所需的生理和心理机能。她主张为儿童设计量身定做的环境，帮助其适应并促进其自然发展。在独立成长论方面，蒙台梭利教育法鼓励儿童独立成长，强调放手让孩子自由探索，尊重他们的个别发展速度，提出教育者应耐心等待儿童身心发展的协调过程，提供适时的指导和鼓励。在生命自然发展论方面，蒙台梭利研究指出，儿童在敏感期对学习具有高度适应性，如果得到适宜的环境支持，会顺其自然地实现发展目标。但如果儿童在敏感期缺乏适宜的环境，可能会失去关键的学习机会。在吸收性心智方面，蒙台梭利提出儿童具有吸收性心智，他们会像海绵一样从环境中吸取信息，这种学习方式主要在潜意识层面进行。这种潜意识的学习方式使儿童能够快速积累知识，形成心理基础。在工作人性论方面，蒙台梭利认为每个儿童都有工作的本能需求，并通过在"有准备的环境"中与环境互动来满足这种需求。工作欲被视为生命的本能，会在适宜环境下自然流露。在奖惩无用论方面，蒙台梭利教育法反对使用奖励和惩罚，认为这会破坏儿童的内在动机和自我约束能力。她提出教育者应引导儿童通过自我选择和自我约束来满足内在需求。

蒙台梭利的教育理念迅速传播到世界各地，她的方法被翻译成多种语言，并在不同国家得到应用。专业的蒙台梭利教师需要经过严格的培训，这一传统至今仍然被保持，以确保教学质量。经历了多次迭代的蒙台梭利教育法，其核心原则——尊重儿童的自主性和自然发展节奏一直保持不变。首先，蒙台梭利教育法强调通过儿童自己的探索和操作来学习。这种自主学习的理念符合当前素质教育的基本要求，有利于提高教育质量。其次，蒙台梭利教育鼓励儿童的自主学习和独立思考。这一理念在现代教育

---

① 幼儿园幼师园长联盟.蒙特梭利教育的六大理论［DB/OL］.［2017-09-12］. https：//www.sohu.com/a/193884777_377359.

中被广泛运用于学生个性化学习路径的设计和学习空间的布局中[1]。现代蒙台梭利教育在实践中不断与其他教育理念和技术整合，如融入信息技术和跨学科学习。近年来，多项研究支持蒙台梭利教育法对儿童发展的积极影响，包括社交技能、自我调节能力和学术成就。蒙台梭利教育鼓励家长参与孩子的学习过程，家庭环境也被视作教育的一部分。总之，蒙台梭利的自主学习理念自提出以来，一直在教育实践中发挥着重要作用。

（四）教育目标分类的教育理论

教育目标分类学将教育目标分为认知、情感和心理动力三个领域，每个领域又细分为不同层次。这一分类为制订教学计划和评价学生学习成果提供了科学依据，尤其在多元化人才培养中显示了其价值。

教育目标分类学是在 20 世纪 50 年代布卢姆及其同事提出的三个领域的教育目标分类，即认知领域、情感领域和心理运动领域的基础上发展起来的。认知领域包括知识、理解、应用、分析、综合和评价六个层次，这一分类至今仍被广泛使用[2]。情感领域涉及态度、价值观和信念的形成，这一领域的分类有助于培养学生的情感和道德发展。心理运动领域关注身体技能的发展，这一领域的分类对于体育和艺术教育尤为重要。

布卢姆的教育目标分类很快被广泛应用于课程设计、教学评估和标准化测试中[3]。随着信息技术的发展，布卢姆的教育目标分类也开始与在线学习平台、自适应学习系统等数字工具结合。联合国教科文组织提出的可持续发展目标中，强调培养全球公民意识和对全球问题的责任认识，这与布卢姆的教育目标分类理念高度契合。总之，布卢姆教育目标分类的理念自提出以来，一直在教育实践中发挥着重要作用。

综上所述，历史上的教育家们不仅是教育理论的奠基人，也是人才培养实践变革的引领者。他们的教育理论在当今数智化背景下依然具有强大

①　幼儿园幼师园长联盟.蒙特梭利教育的六大理论［DB/OL］.［2017-09-12］.https：//www.sohu.com/a/193884777_377359.

②　安德森.布卢姆教育目标分类学［M］.北京：外语教学与研究出版社，2009.

③　格尔森.如何在课堂中使用布卢姆教育目标分类法［M］.北京：中国青年出版社，2019.

的生命力，提供了丰富的资源去重新审视和改进人才培养的模式。在数字技术日益融入教育的今天，借鉴这些教育家的理论，结合现代教育技术和环境，能够更有效地促进学生全面发展，培养适应未来社会的创新型人才。在未来将更加注重满足个体学习需求，如通过数据分析和人工智能技术提供定制化的学习体验[①]，与虚拟现实（VR）和增强现实（AR）技术结合，提供沉浸式的学习环境以及在智能辅助系统支持下，让教师在进行对话教学时能更有效地管理和引导学习过程。"做中学"的模式也将进一步发展，如游戏化学习、社区服务学习、全球化、平台化、跨国界协作项目等多样化方式将进一步提升学习效果。利用人工智能技术，布卢姆的教育目标分类将进一步为学生提供定制化的学习路径，支持个性化学习。随着终身学习理念的普及，对话教学法将成为成人教育和职业培训中的重要工具[②]。成人教育和职业培训也将更加注重实践能力的培养，"做中学"将在这些领域发挥重要作用。布卢姆的教育目标分类将帮助人们适应不断变化的社会和工作环境。同时，这些理论方法有望进一步推动教育公平，使更多人获得高质量的教育资源，特别是偏远地区和资源匮乏的群体。

二、教育理论新要求

随着人工智能、大数据、云计算等数字技术的飞速发展，社会对于人才的定义和需求发生了根本性转变，从传统的知识记忆和技能操作转向了创新能力、批判性思维、跨领域协作以及持续学习的能力。教育系统面临重塑人才培养模式的挑战。要重塑人才培养模式，就需要清晰数智化背景下人才培养的需求。在数智化时代，技术快速迭代，要求人才不仅要掌握当前的技术，更要具备适应新技术的能力。其中，技术适应性与灵活性、数据素养、创新与问题解决能力、跨领域协作能力、数字伦理与责任感以及终身学习意识等能力都是数智化时代人才需要具备的能力。这些能力如

---

① 祝智庭，胡姣.教育数字化转型的理论框架［J］.中国教育学刊，2022（4）：41-49.

② 盛群力，褚献华.布卢姆认知目标分类修订的二维框架［J］.课程·教材·教法，2004（9）：90-96.

何在人才培养中获得？需要重构培养体系、教学内容、评价体系等，以下将从教育内容、教学方法、评价体系以及技术整合等方面来进行阐述。

（一）教育内容数智化

教育内容是教学的主要内容，对于培养的人才需要具备什么样的知识以面对数智化时代的要求，已有的教育内容需要进行进一步的优化和调整。

在教学内容方面，将学习技能作为教育的核心内容，可在课程内容中加入数据素养、计算思维以及新技术的内容。在课程设置中加入培养计算思维、创新性、数字伦理、法律法规等方面的课程以确保学生能力可以得到全方位的提升。学习技能方面，重点教授学生如何高效学习、检索信息、批判性思维和自我反思以及如何定义问题、生成解决方案、评估和优化方案。课程内容中，将数据素养作为教学的一部分，教授学生如何收集、处理和分析数据以及如何使用数字工具进行终身学习。加入编程和计算思维的培养，使学生能够理解并应用算法和数据分析工具。确保教育内容能够反映最新的科学发现和技术进步，同时教授学生如何跟踪和评估新知识。在课程设置中，引入专门教授创新思维和创造力的课程，如设计思维、创意写作、发明与创新等提升学生的创新能力。数字伦理课程，教授学生关于隐私保护、数据安全和网络道德的知识。教授学生相关的法律法规，如数据保护法、知识产权法等，让他们了解在数字世界中的权利和责任。使用真实的案例研究，分析数字伦理问题，讨论技术发展中的伦理困境和解决方案。

鼓励跨学科整合，将编程、数据分析等数字技能融入传统课程，同时，结合数学、统计学、计算机科学等领域知识，以培养学生的综合能力及数据素养。鼓励学生从不同角度和领域出发，寻找创新的问题解决方案。设计跨学科课程，如 STEM（科学、技术、工程和数学）教育，以及 STEAM（STEM 加上艺术）教育，以促进不同学科知识的整合。

重视学生能力培养，不仅要提高学生的知识储备，还要培养学生面向未来的创新思维、问题解决能力和终身学习能力等综合素养。加强对信息伦理和数据隐私的教育，让学生理解数据使用的社会责任和伦理问题。将沟通和协作技能作为教育的重要内容，教授学生如何有效地表达思想、倾听他人观点，并与他人合作。强调外语学习的重要性，特别是英语，以提高学生的国际沟通能力。融入文化多样性，让学生了解不同文化背景，培养学生的全球视野和尊重多元文化的价值观。同时在数智化背景下，依然要注重培养学生的人文精神并与科技伦理融合，以帮助学生适应未来社会的需求。在科技教育中融入人文社科元素，培养学生的批判性思维和伦理意识。融入社会责任的概念，让学生理解技术对社会的影响，并培养他们的责任意识。

教学目标不仅有知识目标还应有能力目标，重视培养学生的综合素质和未来竞争力。教育应更加关注市场需求，培养学生具备适应未来社会发展的能力和素养。应推动教育文化从自囿因袭向开放创新转变，鼓励学生和教师拥抱变化，积极探索新的学习和教学方法。教育管理应从集权管理向民主治理转变，促进教育从业者、学生和家长共同参与教育改革和决策过程。

通过对教育内容的重构，教学内容将更加注重数据素养、数据思维以及数据能力的培养，同时，跨学科学习成为主要内容。为提升学生的综合素质和竞争力，教学目标和教育管理均要进行相应的转变，以适应数智化时代的需求。

（二）教学方法数智化

在教学方法方面，为提升学生应对社会数智化变革的能力，进行相应的变革。相较于传统的教师以教为主的教学方式，"以学生为中心"的教学方式更加符合数智化环境下人才培养的需求。在数智化环境下，资源的易获性和网络便捷性让个性化教学、项目式教学、翻转课堂等多种教学方式的实现成为可能。

在教学方式中，多种教学方式可以让学生从更多方面、更广区域乃至全球获取各类学习资源，同时提升学生的多方面能力。个性化教学利用数智技术收集和分析学生的学习数据，为学生提供定制化的学习资源和建议。翻转课堂利用在线资源和数字工具，让学生在课外获取知识，课堂上更多进行讨论、实践和深入探究，激发他们的好奇心和探索精神。通过实际项目的项目式教学让学生在解决真实世界问题的过程中学习数据处理和分析技能，实践创新解决方案的开发，同时引导学生考虑隐私保护、数据安全和网络道德。通过角色扮演和模拟游戏学习教学让学生在安全的环境中练习跨学科和跨文化沟通，还可以通过模拟数字伦理冲突，让学生在实践中学习如何应对和解决伦理问题。通过讨论和辩论教学让学生主动思考数字伦理问题，形成自己的观点和判断。此外，鼓励学生自主学习，让他们在学习过程中拥有更多的选择权和控制权。以上教学方法均可融入合作学习与团队工作的模式，鼓励学生之间的合作，以及与教师和行业专家的合作，以提高学习的互动性和实践性，鼓励学生在团队中协作，以促进不同观点的交流和创新想法的产生以及不同背景和专业知识的交流和合作。

在教学手段方面，丰富教学形式以及各种资源和平台的使用，极大地提高了学生的学习效率。通过数字化教材、课件、互动白板以及线上资源等工具，提高教学互动性和学生参与度，提升学生的学习体验。整合各种数字工具、平台、技术，如编程软件、虚拟现实、增强现实等，以支持创新教学和学习。利用在线协作软件，支持远程合作和沟通，同时教授学生如何安全和负责任地使用这些工具。利用慕课（大规模开放在线课程）、智慧树、学习通等在线教学平台，提供灵活的学习机会，同时建立学习社区，促进学生、教师和行业专家之间的交流和合作，形成终身学习的网络。

在教学方法的更新实践过程中，数智技术的发展进一步支持个性化教学的实现，翻转课堂、项目式教学、角色扮演、辩论与讨论等多种教学方式不仅让学生更加深入地进行知识的学习，同时通过实践导向的设计，让学生了解行业最新动态，培养学生进行自主学习，让学生拥有学习中的主导权。此外，教学手段的多元化，不仅提升了学生的兴趣，还促进了区域乃至全球的合作，让终身学习成为可能。

（三）评价体系数智化

在数智化环境下，需要重构评价体系以适应新环境下的教学。从评价维度、评价方式以及评价内容等方面来进行评价体系的重构，新的评价体系将更加符合数智化环境下人才培养的需求。

在评价维度方面，应采用多维度评价。在数智化环境下，多模态数据融合处理、智能化诊断分析等新样态评价可全面展现学生的知识结构、能力表现和内在潜能。

采用多种评价方式，如同行评价、自我评价以及项目评价等，以全面评估学生的学习效果、创新能力。采用口头报告、团队项目以及个人反思等，全面评估学生的沟通和协作能力以及数字伦理意识和责任感。

评价内容方面，可采用过程性评价、循证评价、技能导向评价、创新性评价、团队评价、文化敏感性评价、伦理意识评价、自我评估以及成长心态等方面的评价。过程性评价强调教学过程的动态跟踪和及时反馈，利用数字化工具实时收集和分析教师的教学行为和学生的学习表现。重视对学生学习过程的评估，而不仅仅是评估最终成果，鼓励学生持续进步。关注对学生创新思维和问题解决过程的评估，鼓励尝试和失败，从中学习。设计对学生在解决数字伦理问题过程中的评估，来观察学生解决问题能力的获得。循证评价基于多源数据进行，能够提高评价的科学性和准确性，更全面地反映教师的教学实力和学生的学习成效。技能导向评价更加注重学生的数据素养、分析能力和解决问题的能力。创新性评价更重视学生的创新过程和创新成果，而不仅仅是知识掌握程度。在评价体系中加入团队工作的评估，重视团队合作和沟通的效果。文化敏感性评价评估学生对文化多样性的理解和尊重，以及他们在跨文化环境中的表现。数字伦理意识和社会责任的评估，鼓励学生在学习中考虑伦理问题。同时，鼓励学生进行自我评估，培养他们自我监控和调整学习的能力。在评价体系设计中还应重视学生的成长心态，鼓励他们面对挑战和失败，从中学习。

通过多维度的评价体系的建立，引入多元评价方式以及丰富的评价内容，让数智化环境下的评价体系更加立体和多元，所构建的评价可以更加准确、及时和全面地反映学生的学习情况、学习状态以及学习结果。

（四）数智化技术整合

新技术带来的不仅仅是科技的变革，还有教育革新的要求。在数智化环境下，新技术的不断革新与快速迭代提出了在教育变革中的技术整合的需求。数智技术的赋能以及智慧教育的发展，不仅提出教育技术工具的整合的需求，还要求进一步深化个性化学习。

在新技术层出不穷的情况下，整合各类教育技术工具成了数智化时代的必然选择。整合学习管理系统（LMS）、在线协作平台以及数据分析软件等，以支持教学和学习。整合在线协作平台、创意软件以及模拟实验室等，以支持创新教学。整合虚拟教室、在线协作平台以及多媒体制作工具等，以支持跨学科、跨文化教学以及终身学习，同时教授学生如何安全和负责任地使用这些工具。通过整合，教育技术工具更加智能化，可以更好地支持教学。

新技术尤其是网络、大数据以及人工智能的出现，让个性化学习成为可能。利用大数据和人工智能技术提供个性化学习路径和资源，以满足不同学生的需求和兴趣，鼓励学生根据自己的兴趣和能力进行探索和创新，同时教育学生认识到数据隐私和安全的重要性。

通过技术整合，从教育技术工具整合到个性化学习的实现，数智化时代提供了巨大机会与挑战，让教育更加地符合时代特点，更加智能。

综上所述，数智化时代对人才培养提出了全方位的需求，不仅包括专业技能的学习，还涉及认知能力、心理素质和社会责任感等多方面的素质培养。这既是对现有教育体系的挑战，也是改革和发展的机会。除了在教育内容、教育方法、评价体系以及技术整合等方面需要进行变革外，在教师发展方面，需要为教师提供专业发展机会，帮助他们掌握新的教学方法、技术工具、跨学科教学以及跨文化沟通的方法和支持终身学习的教学策略及技术工具。鼓励教师从传统的知识传递者转变为学习引导者、学习设计师、学习伙伴、学习的协调者和跨学科沟通的桥梁，成为学习的典范，展示终身学习的态度和行为。同时成为数字伦理的典范，引导学生在数字世界中做出负责任的决策。此外，在社会合作方面，与行业企业合作，确保教育内容和技能培养与市场需求保持一致，同时为企业提供创新、跨学科和终身学习的解决方案，并重视企业的数字伦理和社会责任。鼓励学生参与社区项目，将数据素养、跨学科和跨文化沟通、数字伦理、社会责任感、创新思维以及终身学习应用于解决社会问题。

三、教育理论的创新应用

随着数字化转型的深入，管理人才需要具备与之相应的能力和素养。教育理论的应用为培养这种新型人才提供了理论支撑和实践指导。将经典与现代教育理论结合并应用于数智化管理人才的培养，能够确保教育目标的实现与时代需求的对接。在数智化管理人才培养中应用教育理论时，应遵循以下原则：首先，确保教育理论与实际需求相吻合，注重理论的现实适用性；其次，强调学生的中心地位，通过构建学生友好型教育环境来激发其主动性与创造性；最后，促进跨学科的融合，以培养学生的综合素质和解决复杂问题的能力[①]。

（一）数智化管理人才培养中的教育理论

在数字化时代，管理人才除了需要具备传统的管理知识和技能之外，还需要有能力适应快速变化的技术环境。教育家的理论提供了关于如何培养适应未来需求的管理人才的重要视角和指导意见。对话学习理论、"做中学"理念、个性化学习理念以及教育目标分类理念，从不同的视角提出了数智化管理人才培养的理论支撑。

对话学习方法强调通过提问和对话来引导学习者思考，适用于发展学生的批判性思维和问题解决能力。在数智化管理人才培养中，这意味着帮助学生学会如何提出有洞察力的问题，分析和解决复杂的数字管理问题。弗莱雷提倡通过对话和交流实现知识的深层建构。在数智化管理的背景下，

---

① 王汉松.布卢姆认知领域教育目标分类理论评析［J］.南京师大学报（社会科学版），2000（3）：65-71.

注重培养学生的沟通技巧和协作能力，让他们能够在虚拟团队和多文化环境中有效工作，成为能够领导变革的管理者。杜威的"做中学"强调学习应从做中来，并应用到实践中去。在数智化管理的教学中，应当以案例研究、模拟实验、实际项目管理等形式，让学生直接参与真实世界的管理工作，增强其实际应用能力。个性化学习的教育哲学鼓励尊重每个学生的个性和自主性。在数智化管理人才培养中，这一理念可以转化为提供定制化的学习路径，允许学生根据自己的兴趣和强项进行选择，从而更好地激发他们的热情和创造力。教育目标分类学为制定教学目标提供了清晰的框架。在数智化管理人才的培养中，可以运用这一分类学细化培养目标，明确不同层次的认知、情感和心理动力技能，并据此设计课程和评估标准。

教育家的理论为培养数智化管理人才提供了有力指导。它们不仅强调知识技能的传授，更重视学生批判性思维、问题解决、终身学习等能力的培养。通过对这些理论的深入理解和正确应用，能够构建一个既符合时代要求又能够促进学生全面发展的培养体系，为社会培养出更多具备数字化管理能力的专业人才。

（二）数智化人才培养中教育理论的应用

借鉴以上教育家提出的教育理论，在数智化背景下，以上教育理论可以支撑数智化人才培养需求，具体可以应用到项目式学习、合作学习、个性化学习、终身学习以及反思学习的环境中。

项目式学习可作为培养数智化管理能力的有效方式。学生通过参与真实情境下的项目任务，学习如何利用数字工具进行项目管理和决策制定。它不仅帮助学生掌握数据科学与智能技术的应用，还促进了跨学科知识的整合，并提升了解决实际问题的能力。推进项目式学习的重要性在于其能够为学生提供一个真实而复杂的问题情境，通过解决问题的过程，巩固和拓展已有的知识技能[①]。这种以学生为中心的探究式教学模式，激发了学生

---

① 鲁海波，马玉花.基于数字人才培养的项目式教学研究——以"应用线性模型"课程为例 [J].教育进展，2024，14（7）：517-522.

的学习动力，培养了他们的创新思维和实践能力。合作学习能够帮助学生在小组互动中建构知识，培养沟通与协作能力。在数字化环境下，这意味着学生需要学会如何在虚拟团队中有效合作。个性化学习其核心在于根据每个学生的特点和需求，提供定制化的学习方案和资源，从而促进学生的主动学习和创新发展。在数智化管理人才的培养中，可以利用大数据和人工智能分析学生的学习习惯和能力，为学生提供个性化的学习资源和支持。自主与终身学习从弗莱雷的对话教育理念以及马斯洛对自我实现的强调中来，教育系统应鼓励学生成为自主学习者，养成终身学习的习惯，适应不断变化的数字环境。其核心在于鼓励学生自我驱动、自我规划和自我评估，从而培养他们独立思考和解决问题的能力。反思性学习可以提升学生的元认知能力，这在数字化环境中尤为重要。学生需要学会如何对信息进行批判性分析，以及如何反思自己的学习过程和方法。

以上方法通过教学设计进行了有机整合，如武汉大学构建了"五数一体"的数智人才培养体系，通过数字思维的培养、数字素养的锻造以及数智课程的凝练，全面提升学生的数智技能。学校还建立了"六个一"的数智人才培养实验创新教学平台，包括一套数据集、一套工具集和一个算力池等，为学生提供了丰富的资源和支持[①]。这种模式充分利用教研相长的导师资源、产教融合的行业资源及科教一体的研究资源，帮助学生形成跨学科的合作能力，解决实际问题。同时，学生在进行数字素养的锻造和数智课程的学习过程中，被鼓励定期回顾自己的学习过程，思考学习策略的有效性以及知识应用的合理性。通过反思日记、同伴讨论、教师反馈等方式，学生能够更深入地理解数字技术和智能技术在管理领域的应用，提高解决问题的能力。上海外国语大学国际工商管理学院同样注重数智型管理人才的培养，推出了"数智型管理人才培养 2.0 版本"，依托人工智能与数据

---

① 傅裕. 实施国家教育数字化战略，推进数智人才培养改革——2023 年武汉大学本科教育教学数字化工作回顾［DB/OL］.［2024-02-01］.https://news.whu.edu.cn/info/1481/452697.htm.

科学实验室，将本科专业进行数智化转型。该模式不仅强化了学生的基础理论知识，还在实际项目中不断提升他们的能力，如数据分析实战能力、科学研究创造能力和持续创新发展能力①。学院通过人工智能与数据科学实验室等资源，为学生提供了丰富的科研和实践机会。在这些活动中，学生不仅有机会将所学知识应用于实际问题，还需要进行项目后的反思，如探讨项目成功的关键点、面临的挑战以及未来改进的方向。这种反思促进了学生对自身学习过程和结果的深入理解，有助于他们更好地掌握数智化管理的核心技能。

产学研合作是合作学习在数智化管理人才培养中的又一重要体现。例如，武汉大学与政府、高校、科研院所及企业合作，开展全方位的数智教育转型，推进联合育人模式，实现校内外数据资源的融合。华润集团还与清华大学继续教育学院合作，举办了多个数智人才培养的学习项目，这些项目不仅提升了员工的数字思维和技术应用能力，还通过课题研究与实施促进学员在实际工作中的协同学习和工作协作。

此外，政府工作报告提出加快数字化发展，打造数字经济新优势，这要求培养市场需要的高技术数智化创新人才。在这一背景下，多方力量通力合作，共建"产学研创"一体化平台，成为提高数智人才培养质量的重要路径。

教育理论为数智化管理人才培养提供了丰富的教学策略和学习方法，在数智化管理人才培养中起到了至关重要的作用，引导教育管理者培养适应未来社会的具有高级思维能力和管理技能的人才。通过将教育理论融入教育实践，不仅能提高学生的数字管理能力，还能培养他们成为适应数字时代的终身学习者和创新者。教育理论的应用通过不断更新，可以确保学生能够充分应对日益复杂的数字化管理挑战。

综上所述，教育理论在人才培养中起到了非常重要的作用，这些理论

---

① 我院本科培养供给侧改革："数智型管理 2.0 版"［DB/OL］. [2022-05-13].https://info.shisu.edu.cn/96/2d/c531a38445/page.htm.

不仅可以指导传统教学，对于数智化环境下的教学活动也有极强的指导意义。这些理论强调了批判性思维的重要性，这在数智化管理中同样重要。管理人才需要具备分析问题、评估不同解决方案和做出明智决策的能力。具体为：①实践与理论的结合至关重要。在数智化环境中，通过模拟和实际项目让学生亲身体验管理挑战，能够增强其解决复杂问题的能力。②给出个性化学习的必要性，提倡尊重学生的个性和自主性。在培养管理人才时，应提供定制的学习路径，以适应不同学生的需求和偏好。③重视沟通协作能力的培养。在数字化时代，跨文化和虚拟团队的沟通能力对于管理人才来说尤为重要。④鼓励终身学习。鉴于技术的快速变化，管理人才需要不断更新知识和技能，以保持竞争力。

在数智化管理人才培养中，要合理应用教育理论进行教学实践，可以设计融合批判性思维训练的课程内容，如案例研究、讨论和辩论，以及模拟管理决策过程。采用项目式学习和参与式教学策略，鼓励学生通过实践学习和应用新知识。有效利用数字工具和平台，如 AI 辅助学习系统和数据分析软件，以提高教学效率和学习体验。实施多样化的评估方法，包括自我评估、同伴评估和项目评估，以全面衡量学生的综合能力。建立机制定期审查和更新教学内容和方法，确保与技术发展和行业最佳实践保持一致。为学生提供实习和工作机会，以及与行业专家交流的平台，帮助他们了解当前市场趋势和需求。提供访问在线课程和专业发展资源的渠道，鼓励学生在毕业后继续学习。鼓励学生参与跨学科项目，以学习解决复杂问题所需的多领域知识，培养合作能力。在培养管理人才时，注重伦理和人文素养的教育，以培养具有社会责任感和道德判断力的管理者。为学生提供个性化的职业规划和学术指导，以帮助他们实现个人职业目标。通过以上教学实践，可以构建一个更加有效的数智化管理人才培养体系，为未来的商业世界输送具有创新精神、批判性思维和强烈社会责任感的管理人才。

第二节 党和国家领导人对数字化与
教育高质量发展的论述

党的十八大以来，我国步入新时代，以习近平同志为核心的党中央高度重视教育工作，把教育摆在更加突出的优先发展战略地位，持续推进我国教育信息化进程，教育事业取得历史性成就，发生格局性变化，我国教育全面进入推进数字化、高质量发展新阶段。建设教育强国，是全面建成社会主义现代化强国的战略先导，是实现高水平科技自立自强的重要支撑，是促进全体人民共同富裕的有效途径，是以中国式现代化全面推进中华民族伟大复兴的基础工程。[①] 要全面贯彻党的教育方针，坚持以人民为中心发展教育，主动超前布局、有力应对变局、奋力开拓新局，加快推进教育现代化，以教育之力厚植人民幸福之本，以教育之强夯实国家富强之基，为全面推进中华民族伟大复兴提供有力支撑。为全面建成社会主义现代化强国，实现中华民族伟大复兴的中国梦奠定坚实基础。

一、加快建设教育强国，推进教育数字化

（一）教育强国的相关论述

在 2018 年全国教育大会上，习近平总书记发表了重要讲话，提出"教育是国之大计、党之大计"重大论断，提炼概括"九大坚持"的重大理论成果，强调了教育对于国家和民族的重要性，并提出加快建设教育强国的目标和路径。[②] 党的二十大报告中两次提到"教育强国"建设，并明确提出到 2035 年要"建成教育强国、科技强国、人才强国、文化强国、体育

[①] 习近平：扎实推动教育强国建设［J］．中国人才，2023（10）：5.
[②] 中华人民共和国中央人民政府．习近平出席全国教育大会并发表重要讲话［EB/OL］．［2018-09-10］．https：//www.gov.cn/xinwen/2018-09/10/content_5320835.htm.

强国、健康中国，国家文化软实力显著增强"。①

1. 建成教育强国的战略目标

习近平总书记强调，建设教育强国是全面建成社会主义现代化强国的战略先导，要紧紧围绕立德树人根本任务，朝着建成教育强国战略目标扎实迈进。②建设教育强国是全面建成社会主义现代化强国的战略先导，是实现高水平自立自强的重要支撑，是促进全体人民共同富裕的有效途径，是以中国式现代化全面推进中华民族伟大复兴的基础工程。

2. 教育强国的科学内涵

"教育强国"最早在《国家中长期教育改革与发展规划纲要（2010—2020 年）》中出现，七年后，党的十九大报告则明确将建设"教育强国"与"中华民族伟大复兴"联系在一起。2020 年，《中共中央关于制定国民经济和社会发展第十四个五年规划和二〇三五年远景目标的建议》首次明确提出建成教育强国的时间表，在党的二十大上进一步对建成教育强国有了新论述和新部署。2023 年 5 月，习近平总书记在主持中央政治局第五次集体学习时指出，我们要建设的教育强国，是中国特色社会主义教育强国。在 2024 年召开的全国教育大会上，习近平总书记进一步明确了教育强国的科学内涵："具有强大的思政引领力、人才竞争力、科技支撑力、民生保障力、社会协同力、国际影响力。"③

3. 教育强国的战略路径

在 2024 年全国教育大会上，习近平总书记指出，建设教育强国是一项复杂的系统工程，需要我们紧紧围绕立德树人这个根本任务，着眼于培养德智体美劳全面发展的社会主义建设者和接班人，坚持社会主义办学方

---

① 中国高等教育学会.教育强国：概念辨析、历史脉络与路径方法——学会领会党的二十大报告中有关教育强国建设的重要论述［EB/OL］.［2023-04-23］.https：//www.cahe.edu.cn/site/content/16170.html.

② 人民网.紧紧围绕立德树人根本任务 朝着建成教育强国战略目标扎实迈进［EB/OL］.［2024-09-10］.http：//politics.people.com.cn/n1/2024/0911/c1024-40317407.html.

③ 人民网.新时代第二次全国教育大会召开，习近平系统部署教育强国建设［EB/OL］.［2024-09-11］.http：//politics.people.com.cn/n1/2024/0911/c1001-40318221.html.

向，坚持和运用系统观念。在本次讲话中，习近平总书记还阐释了建设教育强国要正确处理好支撑国家战略和满足民生需求、知识学习和全面发展、培养人才和满足社会需要、规范有序和激发活力、扎根中国大地和借鉴国际经验等。《中国教育现代化2035》提出，到2035年总体实现教育现代化，迈入教育强国行列，不断推动我国成为学习大国、人力资源强国和人才强国。这包括建成服务全民终身学习的现代教育体系，实现各级各类教育纵向衔接、横向沟通，形成网络化、数字化、个性化、终身化的教育体系。

（二）教育数字化相关论述

从"十三五"规划纲要开始，我国正式将"数字中国"上升为国家战略，包括教育领域的数字化改革逐渐加速。2021年国务院印发的《"十四五"数字经济发展规划》中，进一步提出推动"互联网＋教育"持续、健康发展。2022年1月，全国教育工作会议中提出实施教育数字化战略行动；同年，党的二十大首次将"教育数字化"写进报告，《教育部2022年工作要点》明确提出实施国家教育数字化战略行动，教育部部长怀进鹏在多个场合多次提及教育数字化，并对其进行解读。

1. 教育数字化的战略意义

习近平总书记在主持二十届中央政治局第五次集体学习时指出："教育数字化是我国开辟教育发展新赛道和塑造教育发展新优势的重要突破口。"[1] 习近平总书记在会上的重要论述，为我国教育事业发展指明前进方向，深刻揭示了教育数字化的重要作用，并从国家发展战略的高度去推动教育领域的新发展和新变革。怀进鹏在2024年世界数字教育大会上提到，中国领导人和政府高度重视教育数字化，习近平总书记强调教育数字化的重要性，李强总理强调，要把握新一轮科技革命和产业变革新机遇，促进

---

[1] 中华人民共和国教育部.数字化引领教育变革新风向——一年来国家教育数字化战略行动发展观察［EB/OL］.［2024-01-27］.http：//www.moe.gov.cn/jyb_xwfb/s5147/202401/t20240129_1113155.html.

数字技术和实体经济的深度融合。①

2. 教育数字化的实践进展

怀进鹏在教育数字化转型、教育数字化战略行动、教育信息化助力乡村振兴等多个方面都作出了全面的阐释，从职业教育、高等教育、基础教育等阶段阐明了教育数字化的转型之道，同时基于国家智慧教育平台、人工智能变革教育以及教育评价等多个应用领域就教育数字化的发展和建设作出了重要讲话。建设数字中国是数字时代推进中国式现代化的重要引擎，是构筑国家竞争新优势的有力支撑。加快数字中国建设，对全面建设社会主义现代化国家、全面推进中华民族伟大复兴具有重要意义和深远影响。

3. 教育数字化与教育强国建设

教育数字化不仅是教育改革和发展的必然趋势，也是实现教育强国目标的重要手段和途径，为建设教育强国打下坚实基础。教育部把教育数字化作为教育现代化的重要内容，纵深推进国家教育数字化战略行动，为教育强国建设提供了有力支撑。

二、开辟教育发展新赛道，推动教育高质量发展

习近平总书记高度重视信息化建设和数字经济、数字中国建设发展，多次强调数字化、网络化、智能化在中国特色社会主义现代化建设中的重要意义。2023 年，在中共中央政治局第五次集体学习中，习近平总书记提出要"加快建设高质量教育体系，当前，我国教育已由规模扩张转向高质量发展阶段。""全面提升教育服务高质量发展的能力，要把服务高质量发展作为建设教育强国的重要任务。"② 教育部部长怀进鹏指出教育系统要深入学习领会，认真贯彻落实，把教育信息化作为发展的战略制高点，以

---

① 中华人民共和国教育部.教育部部长怀进鹏在 2024 世界数字教育大会上的主旨演讲：携手推动数字教育应用、共享与创新［EB/OL］.［2024-02-01］.http：//www.moe.gov.cn/jyb_xwfb/moe_176/202402/t20240201_1113761.html.

② 中华人民共和国中央人民政府.习近平：扎实推动教育强国建设［EB/OL］.［2023-09-15］.https：//www.gov.cn/yaowen/liebiao/202309/content_6904156.htm.

教育信息化推动教育高质量发展，以教育信息化引领教育现代化。

（一）以数字技术为教育赋能

教育兴则国家兴，教育强则国家强。习近平总书记指出："进一步推进数字教育，为个性化学习、终身学习、扩大优质教育资源覆盖面和教育现代化提供有效支撑。"[①] 顺应数字潮流、把握时代脉搏，党的二十大将"建成教育强国"列入 2035 年我国发展的总体目标。当前，我国高等教育理念和教育体系中的一些内容与数字时代发展要求相比还有差距，推进教育数字化，以数字技术为教育赋能，有利于各级各类教育高质量发展，培养更多数字人才，加快建成学习型社会。就高等教育而言，以推进教育数字化为契机，充分发挥数字技术和数字资源等对高等教育变革的赋能作用，是数字时代我国高等教育高质量发展的应有之义。

教育系统大力推进教育信息化、推进教育资源数字化建设，有基础、有能力、有优势，大有可为、大有作为，要牢牢把握"方法重于技术、组织制度创新重于技术创新"的工作理念，按照"应用为王、服务至上、示范引领、安全运行"的工作要求和思路，一体化推进建设与应用。

首先，坚持"应用为王、服务至上"，把业务应用摆在优先突出位置，以应用需求驱动运行平台、安全平台、标准平台和数据资源平台建设，加强内容建设和运营维护，不盲目追求最新技术，切实为师生提供能用好用的数字化资源。

其次，坚持"示范引领、成熟先上"，加强资源整合，建立示范引领和试点机制，做好教育数字化建设推广应用探索，推动教育信息化实现发展标准化、成果品牌化，大力提升教育治理体系和治理能力现代化水平。

最后，以标准安全运行保障为支撑，筑牢数据安全底线，探索创造富有中国特色的教育数字化治理标准，构建可持续的数据安全防护体系。

习近平总书记指出，要把服务高质量发展作为建设教育强国的重要任

---

① 中华人民共和国中央人民政府.习近平主持中央政治局第五次集体学习并发表重要讲话 [EB/OL].[2023-05-29]. https://www.gov.cn/yaowen/liebiao/202305/content_6883632.htm?eqid=89c256460009c89b000000026479472e.

务。建设教育强国、科技强国、人才强国具有内在一致性和相互支撑性，要把三者有机结合起来、一体统筹推进，形成推动高质量发展的倍增效应。进一步加强科学教育、工程教育，加强拔尖创新人才自主培养，为我国关键核心技术攻关提供人才支撑。[①] 系统分析我国各方面人才发展趋势及缺口状况，根据科学技术发展态势，聚焦国家重大战略需求，动态调整优化高等教育学科设置，有的放矢地培养国家战略人才和急需紧缺人才，提升教育对高质量发展的支撑力、贡献力。统筹职业教育、高等教育、继续教育，推进职普融通、产教融合、科教融汇，源源不断培养高素质技术技能人才、大国工匠、能工巧匠。

（二）龙头是高等教育

习近平总书记强调，要坚持把高质量发展作为各级各类教育的生命线，加快建设高质量教育体系。建设教育强国，基点在基础教育。基础教育搞得越扎实，教育强国步伐就越稳、后劲就越足。基础教育既要夯实学生的知识基础，也要激发学生崇尚科学、探索未知的兴趣，培养其探索性、创新性思维品质。要在全社会树立科学的人才观、成才观、教育观，加快扭转教育功利化倾向，形成健康的教育环境和生态。建设教育强国，龙头是高等教育。习近平总书记指出："我们要建成的教育强国，是中国特色社会主义教育强国。"[②] 要把加快建设中国特色、世界一流的大学和优势学科作为重中之重，大力加强基础学科、新兴学科、交叉学科建设，瞄准世界科技前沿和国家重大战略需求推进科研创新，不断提升原始创新能力和人才培养质量。要建设全民终身学习的学习型社会、学习型大国，促进人人皆学、处处能学、时时可学，不断提高国民受教育程度，全面提升人力资源开发水平，促进人的全面发展。

---

① 中华人民共和国中央人民政府 . 习近平:扎实推动教育强国建设［EB/OL］. ［2023-09-15］. https：//www.gov.cn/yaowen/liebiao/202309/content_6904156.htm.

② 中华人民共和国中央人民政府 . 习近平主持中央政治局第五次集体学习并发表重要讲话［EB/OL］. ［2023-05-29］.https：//www.gov.cn/yaowen/liebiao/202305/content_6883632.htm?eqid=89c256460009c89b000000026479472e.

三、推进教育科技人才一体化，助力新质生产力

"新质生产力"这一概念最早是习近平总书记在 2023 年 9 月黑龙江考察期间首次提出。此后，新质生产力被正式写进中央文件。"新质生产力"这一原创性概念成为推进我国高质量发展的重要着力点。教育、科技、人才与新质生产力之间的关系是相互依存、相互促进的。教育是新质生产力的重要基础，能够塑造和引领未来。教育的先导性优势在于培养高科技人才，为新质生产力提供教育引导支撑。[①]

习近平总书记强调，要按照发展新质生产力要求，畅通教育、科技、人才的良性循环，完善人才培养、引进、使用、合理流动的工作机制。[②]这一重要论述，强调了教育、科技、人才一体部署对于发展新质生产力的基础性、关键性作用。推动新质生产力发展离不开教育科技人才，更离不开教育科技人才的一体化部署。发展新质生产力是推动高质量发展的内在要求和重要着力点，同时对高校教育、科技发展、人才培养提出新要求和新任务。将党的二十届三中全会精神与习近平总书记关于教育、科技、人才的重要指示精神紧密结合，确保习近平总书记的重要指示精神在教育、科技和人才体制机制改革以及高质量发展的实践中得到全面贯彻和指导。

习近平总书记指出："深化科技体制、教育体制、人才体制等改革，打通束缚新质生产力发展的堵点卡点。"为了促进新质生产力的发展，我们需要在实际操作中消除制度上的障碍、解决体制机制中的瓶颈问题、进行政策上的创新，以确保新质生产力发展过程中的障碍被清除。习近平总书记指出："要根据科技发展新趋势，优化高等学校学科设置、人才培养模式，为发展新质生产力、推动高质量发展培养急

①　中国共产党新闻网.统筹教育科技人才工作，推动新质生产力发展［EB/OL］.［2024-04-12］.http：//theory.people.com.cn/n1/2024/0412/c40531-40214515.html.

②　新华社.习近平在中共中央政治局第十一次集体学习时强调加快发展新质生产力扎实推进高质量发展［J］.支部建设，2024（8）：4-5.

需人才。"① 适应新质生产力的发展，对劳动者的能力和素质有了更高的要求，因此需要进一步推进教育体系的改革，以培养和供应更多的智慧型人才资源。

党的二十届三中全会通过的《中共中央关于进一步全面深化改革、推进中国式现代化的决定》提出，"深化教育综合改革""统筹推进育人方式、办学模式、管理体制、保障机制改革"。② 这为推进高质量教育提供了思路和路径选择。在深化教育综合改革，加快建设高质量教育体系中，教育发挥着先导作用。推进新质生产力发展需要重视教育在科技创新和人才培养中的先导优势。高校是教育、科技、人才的集中交汇点，承担着为国育人、为国育才、科技创新的重任，应积极探索，推进教育、科技、人才"三位一体"协同发展，为新质生产力提供源源不竭的动力，为实现教育强国奠定坚实基础。教育部部长怀进鹏强调："必须进一步强化高等教育龙头引领作用，加快建设现代职业教育体系，完善产教融合、科教融汇机制，畅通教育、科技、人才的良性循环，一体推进教育发展、科技创新、人才培养，不断强化对现代化建设的支撑。"③

第三节　数智化管理人才是数字经济的核心要素

党的十八大以来，数字经济上升为国家战略，得到我国的高度重视，多次重要国家会议强调了要做大做强数字经济。党的二十大报告进一步提出，应加速数字经济的发展步伐，促进其与实体经济的深度融合，致力于

---

① 人民政协网.统筹推进教育科技人才体制机制一体改革［EB/OL］.［2024-08-05］. https：//www.rmzxb.com.cn/c/2024-08-02/3586669.shtml.

② 中国教育网.党的二十届三中全会《决定》提出：深化教育综合改革 推进教育数字化［EB/OL］.［2024-07-22］.https：//www.edu.cn/xxh/focus/zc/202407/t20240722_2625419.shtml.

③ 中华人民共和国教育部.深化教育综合改革为加快建设教育强国提供强大动力［EB/OL］. ［2024-09-04］.http：//www.moe.gov.cn/jyb_xwfb/moe_176/202409/t20240904_1148889.html.

打造具备国际竞争力的数字产业集群。此外，中央经济工作会议中也明确提出，要大力推进发展数字经济，加快推动人工智能发展。目前，从国家到地方已形成广泛共识，各级政府均对数字经济的发展给予了极大关注，正加快推进相关战略的具体实施，数字化教育战略也得到了显著发展。

一、数字经济的概念

依据《"十四五"数字经济发展规划》，数字经济代表了继农业经济和工业经济之后的一种新兴经济模式。这种经济形态的核心在于以数据资源作为关键要素，并以现代信息网络为平台，通过促进信息技术与通信技术的深度融合及全要素的数字化转型来推动经济发展。数字经济不仅能够提升生产效率，还能促进社会公平，催生新的产业形态并带动传统产业的转型升级。特别是随着核心生产要素的变化，它对于激发创新活力、促进产业结构优化具有重要作用。

数字经济的发展框架主要由数字产业化、产业数字化、数字化治理以及数据价值化四大支柱构成。在这一框架中，新型基础设施建设和信息技术创新为产业数字化提供了坚实的基础，而数据要素的价值实现则促进了数字产业化的发展，为新基建和信息技术创新提供了必要的数字技术支持，从而构建了一个完整的数字经济生态系统。根据国家统计局发布的《数字经济及其核心产业统计分类（2021年）》，数字经济被定义并划分为两个主要领域：①数字产业化，涵盖了数字经济的核心产业，包括但不限于数字产品制造、数字服务提供、数字技术的应用及数据驱动的新兴行业。②产业数字化，指的是传统产业通过采用数字技术来提高效率的过程。

在数字经济发展的初级阶段，数据的应用主要体现在对传统行业的赋能上。这一时期的基础数字产业化（1.0阶段）主要集中在狭义的信息技术领域内，涵盖了诸如电子信息技术基础设施建设、信息通信服务以及软件开发等多个方面。当基础的数字产业体系趋于成熟后，便开始推动传统产业向数字化转型——通过引入先进的数字信息技术来优化生产流程、提高产品质量与效率，并促进企业内部业务流程与数据资源之间的深度融合。随着传统产业数字化进程不断推进，在达到一定规模之后，标志着数字经济进入了更高层次的发展阶段——数字产业化 2.0 时代。此时，数据本身成了一种重要的生产要素，不仅能够在不同行业间实现横向价值传递，还能在同一产业链条上下游之间形成纵向整合效应，从而极大地促进了整体生产力水平的提升。从当前国内情况来看，信息技术相关产业正处于快速发展之中，整个社会经济体系正经历着由初步阶段的数字产业化向更加广泛深入地推进产业数字化转变的过程。可以说，只有扎实做好各个领域的数字化改造工作，才能为最终构建起全面覆盖、高度融合的数字经济体系奠定坚实的基础，进而顺利过渡到数字产业化的新阶段。

二、数字经济发展历程

（一）世界数字经济发展历程

从全球经济社会发展过程来看，农业经济、工业经济以及数字经济是不同时期的经济增长引擎，对应地，全球经济增长可划分为三个阶段。就数字经济而言，它的起源可以从美国成功研发了首台通用计算机——埃尼阿克开始，时间是 20 世纪 40 至 60 年代。全球数字经济的发展可以主要概括为以下几个重要阶段：

第一个阶段是电子计算机的出现（20 世纪 40 至 60 年代），标志着数字经济时代的正式开启。在此期间，电子计算机经历了体积减小、成本降低以及处理速度显著提升等一系列变革。1946 年，在美国诞生了世界上首台电子数字式计算机 ENIAC；1969 年，互联网技术开始在美国军方得到初步应用，最初是将四台计算机相连。这一网络体系由美国国防部于同年创立的阿帕网发展而来，并逐步演变为包括 NSFnet 和万维网在内的多个重要骨干网络。

第二个阶段为个人电脑时代（大约从 20 世纪 70 年代中期延续至 90 年代中期）。随着大规模集成电路技术的进步，电子计算机的体积得以显著减小。这一变革催生了个人电脑的普及，使之成为中小企业及普通家庭中的常见工具，并在商业活动中得到了广泛应用。值得注意的是，在

1979年，首台真正意义上的个人计算机——IBM-PC 5150问世，它搭载了Intel8808处理器。此外，1989年万维网诞生，当时英国科学家伯纳斯·李提交了一份名为《关于信息管理的建议》的提案，这是基于互联网的第一个超文本系统构想。

第三阶段为个人计算机互联网时代（20世纪90年代中期至21世纪初）。1993年美国提出"信息高速公路"战略，标志着信息技术进入了高速发展阶段。以此为契机，网络浏览器、搜索引擎服务、电子商务平台及网络硬件设备等领域迎来了重大革新。许多当今知名的互联网企业正是在这个时期萌芽并逐步壮大起来的。例如，拉里·佩奇与谢尔盖·布林于1996年联手创立了谷歌公司。

第四阶段为移动互联网时期（大约从21世纪初持续到2015年）。随着移动通信技术的革新及智能移动设备的普及，网络经济迎来了以移动互联网为基础的新一轮增长。这一时期，互联网企业的平台化特征日益显著，同时，基于资源共享的服务模式也逐渐成了研究与讨论的热点。

第五阶段为全面数字经济时代（2016年之后）。随着信息技术的核心基础——基于集成电路的微电子技术在制造工艺上逐渐接近物理极限，数字经济的发展趋势转向了物联网、云计算、大数据以及人工智能等多个前沿领域。

（二）中国数字经济发展历程

1994年，中国全面接入国际互联网，标志着我国数字经济时代的开启。从那时起，我国数字经济的发展历程大致可以划分为四个主要阶段。

从1994年至2003年左右，为中国数字经济发展的初始阶段。此期间，全球范围内与数字经济相关的技术已经相对成熟且开放，这使得包括中国在内的发展中国家能够绕过技术积累的初期阶段，直接参与到全球经济数字化进程当中。在这一时期内，中国孕育了后来成为数字经济支柱的一系列商业模式和企业实体。比如，在网络门户方面出现了搜狐、网易等平台；电子商务领域则见证了阿里巴巴的成长；而在即时通信服务上，腾讯成了领头羊。特别值得一提的是，2003年时，阿里巴巴推出了基于C2C模式的淘宝网，此举极大地促进了国内消费市场的活跃度。尽管中国的数字经济发展过程中并未经历显著的技术孵化期，但相关基础设施建设的不断完善，为商业活动中数字技术的广泛应用奠定了基础。第 11 次《中国互联网络发展状况统计报告》显示，截至 2002 年 12 月 31 日，我国 CN 域名下的注册量达到了 179544 个，上网计算机总数约为 2083 万台，而国际出口带宽总量也增长到了 9380M。

第二阶段覆盖了 2004 年至 2015 年，期间中国的数字经济经历了快速发展期，这一进程与全球数字经济的迅速扩张相呼应，表现出显著的增长态势。"激荡"一词在此处特指西方互联网泡沫破裂对中国市场造成的连锁反应及后续影响。彼时，许多在美国上市的网络公司几乎无一幸免地遭受重创。然而，这样的挑战也促使业界开始深入探索符合中国国情的数字经济发展路径，从而催生了一系列具有本土特色的商业与盈利模式，比如第三方支付服务。到了 2008 年前后，随着电信行业的改革推进，3G 网络技术以及智能手机的普及率得到了极大提升，这直接导致了数字商务活动重心的变化。技术进步加上传统市场的趋于饱和不断激发着商业模式创新，一些大型互联网企业也开始尝试拓展其业务范围。随后，诸如微信、团购平台及短视频应用等创新产品相继问世。由此可见，在此期间，我国在商业模式创新方面已经从最初的模仿学习逐渐转变为自主创新，并且有部分独特的商业模型已经成功走向国际市场。2015 年，《政府工作报告》中首次提出"互联网 +"行动计划，标志着数字经济正在更深层次地渗透至传统产业之中，其涵盖领域进一步拓宽，几乎所有服务业都在向线上迁移，以全面满足消费者日常生活中的各种需求。

第三阶段覆盖了 2016 年至 2022 年，在此期间，中国的数字经济发展趋于成熟，并在全球数字经济技术竞争中扮演了更加积极的角色。2016 年，《二十国集团数字经济发展与合作倡议》的通过不仅定义了"数字经济"的概念，还提出了国际合作中的共识、原则以及重点领域，为中国数字经济的发展路径提供了明确指引。此外，这一时期见证了新技术与商业模型之间融合趋势的加强，如大数据、云计算、虚拟现实及人工智能等技术得到了广泛的应用，而智能推荐系统和无人驾驶车辆等创新服务模式则推动了整个数字行业的转型与发展。国家层面对于数字经济的关注度显著提升，这主要体现在两个方面：一是增强其对经济增长的支持作用。例如，分享经济的概念在 2016 年的《政府工作报告》中首次被提及；随后，在 2017 年召开的中国共产党第十九次全国代表大会上，报告强调了互联网、大数据、人工智能与传统经济领域深度融合的重要性。二是针对伴随快速扩张而来的一系列市场失灵现象采取措施，特别是针对平台经济中存在的垄断行为进行了规范。为此，2021 年出台了一系列相关法律文件，如《国务院反垄断委员会关于平台经济领域的反垄断指南》《网络交易监督管理办法》《中华人民共和国数据安全法》《中华人民共和国个人信息保护法》等。

第四阶段始于党的二十大会议之后，标志着中国数字经济迈入了一个以创新为特征的新时期。2022 年 10 月党的二十大报告中明确指出，"加速推进数字经济发展，促进数字经济与实体经济深度融合，构建具有国际竞争力的数字化产业集群"。紧接着，在同年 12 月举行的中央经济工作会议上强调了"大力发展数字经济的重要性，并提出要提高常态化监管水平，支持平台企业在引领发展、创造就业机会及参与国际竞争方面发挥更大作用"。自那时起，我国持续优化和完善数字经济及平台经济领域的治理体系，加快培育新型生产力。2024 年 3 月，《政府工作报告》进一步明确提出，"深化推动数字经济创新发展"。这一创新发展主要表现在三个维度：首先是关键技术与核心技术创新，鉴于数字技术是推动数字经济发展的主要动力，为了确保自主控制权，必须建立有利于创新的生态系统并加强核心技术的研发力度；其次是关于数据要素流通和利用机制上的革新，旨在通过技术、模式、业态以及制度等多方面的协同创新，激励高质量数据要素供给、市场化流动及其有效应用，使之成为推动数字经济高质量增长的关键力量；最后是商业模式上的创新，特别是那些能够促进数字技术与实体经济更深层次融合的方法。展望未来，中国不仅需要构建一个价值共创、利益共享且相互依存的数字生态环境，还需基于数字生产力的发展探索出更具特色的新商业形态。

三、我国数字经济发展趋势

《中华人民共和国国民经济和社会发展第十四个五年规划和 2035 年远景目标纲要》首次强调了数字化在我国现代化建设中的关键作用，明确了加快数字经济、数字社会及数字政府发展的 13 个主要目标，并勾勒出构建数字中国的宏伟愿景。随着这一进程的推进，数字经济正逐渐成为支撑中国达成 2035 年长远规划以及第二个百年奋斗目标的重要动力源泉之一。为实现这些目标，国家需进一步探索数字化技术在更多行业与领域内的应用潜力，以期形成更加显著的竞争优势，并走出一条符合自身国情特点的数字化转型之路。

（一）强化核心技术

提升关键技术创新能力是中国数字经济发展的重要方向之一，这对于解决我国数字经济规模庞大但实力不足的问题具有重要意义。从深层次分析来看，中国尚未成为"数字经济强国"。在全球范围内，数字科技是研发投入最为密集、创新活动最为频繁、应用范围最广且对其他行业影响力最大的技术领域之一，也是中国面临较多'卡脖子'问题的关键区域。鉴于此，应当加大自主创新力度，并积极寻求国际合作机会，不断拓展应用场景，促进从底层基础到高级技术和实际应用整个链条上的持续性创新与发展。展望未来，为增强核心技术竞争力，中国需要在网络基础设施建设、高性能芯片制造、大数据处理以及云计算服务等多个维度上加大力度进行研究与开发。

（二）数字经济治理融合统一

在数字经济治理领域，随着数字技术对社会经济发展的促进作用日益显著，相应的治理挑战也随之浮现。这一治理框架跨越了国际与国内层面，既涵盖了政府对于网络空间的管理措施，也涉及网络中各类参与者的行为规范。展望未来，有必要构建一个由政府、网民、在线平台以及各类虚拟团体共同参与的综合治理体系，促进"技术治理、法治建设、自我管理"

三方面之间的互动融合，以实现"工具手段、法律法规、自我约束"之间的和谐统一，进而保障数字经济能够持续健康发展。同时，包括大数据、人工智能、云计算及5G在内的新兴信息技术将进一步融入治理体系之中，通过优化治理架构与流程来提升效率，确保治理工作更加有效地服务于经济社会发展和民众福祉的增进。

（三）数字经济人才培养加速

在数字经济领域的关键人才方面，我国亟须加速培养此类专业人员。随着数字经济转型的不断推进，对数字技能的需求结构发生了显著变化，对于相关人才的要求也随之提高。《数字经济就业影响研究报告》显示，2020年我国数字化人才短缺接近1100万人，并且随着各行各业数字化进程的加快，这一缺口预计将持续扩大。此外，《2022年中国十大人才趋势》报告也强调，在接下来几年里，几乎每个行业都将需要大量的数字化专家来支持其数字化转型。因此，各级政府应强化顶层设计与规划，指导数字人才队伍建设，建立有效的培训体系；同时，企业和教育研究机构也应发挥各自优势，促进数字经济领域人才的成长，并通过构建产学研相结合的合作模式，增强各类人才培养单位之间的互动与协作，共同培育高质量的专业人才。

四、数字化赋能高等教育变革创新

当前，人类社会正快速迈进数字时代，数字技术的迭代发展驱动数字化新理念、新业态、新模式全面融入人类生产生活的各领域和全过程，也带来教育形态重塑和创新发展的新机遇。习近平总书记强调，教育领域的数字化转型是我国开拓教育新路径和构建竞争优势的关键。我们要积极推进教育数字化，充分发挥数字化对教育变革创新的赋能作用。

就高等教育而言，以推进教育数字化为契机，充分发挥数字技术和数字资源对高等教育变革创新的赋能作用，是数字时代我国高等教育高质量发展的应有之义。自2022年初启动实施"国家教育数字化战略行动"以来，我国在推进高等教育数字化方面已经取得了突出的成绩，数字资源蕴含的势能稳步转化为高等教育改革创新的强大动能。

目前，数字化正为高等教育领域的创新与发展开辟广阔的新天地。首先，它促使高等教育的形式与理念发生转变，并探索出新的教育路径。例如，人工智能及大规模模型等数字技术的深入应用，不仅能够极大地减轻教师在日常工作中遇到的重复性与机械化任务负担，从而显著提高教学效率，而且为学生提供了实现自主学习和定制化学习的有效途径。这种变化不仅提升了个性化教育的质量与精度，还对学生掌握数字技能提出了更高的要求。

其次，通过扩展高等教育的时间与空间范围，可以创建一个无处不在的学习环境和教育场景。例如，利用虚拟空间等数字技术手段克服物理及时间上的限制，连接校园内外、课堂内外，形成了多层次互动的沉浸式学习体验，从而真正实现了"人人皆可学、处处皆能学、时时都能学"的理想状态。

再次，推进高等教育的均衡发展，拓展优质教育资源的可及范围。通过运用数字技术打破信息障碍，连接孤立的数据资源，逐步减小城乡、地区、学校以及不同群体间在高等教育方面的差异，为在新时代实现教育公平贡献力量。值得注意的是，尽管数字化手段为高等教育开辟了新的发展空间并创造了竞争优势，但这一过程仍然充满挑战。展望未来，我们必须持续推动高等教育领域的数字化改革，进一步汇聚数字力量，激发其潜力，让数字化成为促进高等教育质量提升的重要驱动力。

第三章

数智化管理人才的内涵与相关素养

数字化管理人才既沿承于经典的管理人才，又区别于传统的管理人才要求。本章将从新质生产力对数智化管理人才的需求、数智化管理人才的核心内涵与研究图谱、数智化管理人才的特质分析、数智化管理人才的核心素养四个方面详细阐释数智化管理人才的内涵。

第一节　新质生产力发展对数智化管理人才的需求

随着知识快速迭代，大数据、云计算、人工智能等技术应用场景和业态不断丰富，新兴技术通过提升数据处理能力和信息流通速度，极大提高了组织决策的效率和准确性，特别是在风险评估与决策支持等领域，发挥重要作用[①]。这些特征在战略性新兴产业和未来产业等新质生产力核心产业中体现得尤为明显。另外，产业分工逐渐细化，管理人才不仅需要对生产资源进行合理配置、做好风险控制，还需要具备一定的组织能力和掌握全

---

① 魏瑞华.新质生产力背景下财务数智化转型升级研究［J］.会计之友，2024（16）：21-26.

局的洞察力。为适应这一形势，需要培养管理人才的学习思维，使其善于应用人工智能、大数据、云计算等数据分析、挖掘和决策技术，从而具备较强的战略视野创业精神和创造能力，同时在不断变化的环境中实现基础知识的迁移和应用。

2024 年 2 月，习近平总书记在中共中央政治局第十一次集体学习时，按照发展新质生产力要求，进一步强调要"畅通教育、科技、人才的良性循环"①。的确，在当前的数智化时代，学界和业界都普遍认为教育、科技、人才三者的协同推进归根到底还是要依靠创新人才②。为此，要进一步结合发展新质生产力的现实要求，"完善人才培养、引进、使用、合理流动的工作机制"。由此可见，发展新质生产力急需大量人才作为支撑。

麦肯锡发布的《麦肯锡技术趋势展望 2023》报告显示，2021 年至 2022 年期间，全球职位发布总体减少了 13%，但与科技趋势相关领域的招聘职位增长了 15% 左右，据其预测，2030 年我国高级技术人才缺口可能超过 400 万人③。不仅如此，陈旭等调查发现，自 2015 年以来，信息行业和制造业对高校人才的需求持续增长，尤其是智能制造、人工智能、新能源、新材料和智联网等新兴领域对各类人才的需求快速增加④。还有相关数据显示，2021 年互联网与电子商务岗位占比最高，达到 14.49%；2022 年，IT/ 互联网 / 游戏岗位占比最高，达到 23.74%；2023 年，AI 大模型、新能源和新材料领域的需求增长最为显著，分别为 172.53%、93.90% 和 30.05%。由此可见，随着新质生产力的推进，高素质的数字和科创人才不可或缺。数智化管理人才是能够利用数字技术和数字化手段，具有数据处

① 习近平在中共中央政治局第十一次集体学习时强调加快发展新质生产力扎实推进高质量发展［J］. 支部建设，2024（8）：4-5.

② 张夏恒，马妍. 生成式人工智能技术赋能新质生产力涌现：价值意蕴、运行机理与实践路径［J］. 电子政务，2024（4）：17-25.

③ 刘胜，郭蓉，吴亮. 新质生产力赋能现代化产业体系建设：内在逻辑、关键问题与实践路径［J］. 新疆社会科学，2024（3）：20-33，176.

④ 陈旭，雷东，刘蕾. 数智化环境下领军型管理人才培养模式的创建与实践［J］. 中国大学教学，2023（12）：32-37，62.

理能力、智能优化分析能力以及智能协同决策能力等，能够助力组织决策的专门人才。

新质生产力的发展促使数智化管理人才的需求不断演变，组织需要重新审视人力资源的配置与培养策略，以适应这一变化。在高质量发展下，拥有数据分析能力、技术素养、跨界协作能力和创新思维的数智化管理人才，将成为取得成功的关键。只有通过灵活的应对策略，组织才可以在数智化浪潮中占据有利位置，实现更高效的管理和决策。由此，根据新质生产力发展的新需求，培养具备专业数字化素养、智能化能力的数智化管理人才是新质生产力生成和发展的关键。

一、培养数智化管理人才，为培育新质生产力充实人力储备

加快形成新质生产力的关键之一，在于培育具有较高科技素养和数智化技能，能够综合运用各类先进技术，熟练掌握新型生产工具的高素质人才队伍[1]。人才资源是第一资源，也是创新活动中最为活跃、最为积极的因素[2]。因此，确保充足的人才储备是推动新质生产力发展的重要任务。人是新质生产力生成中最活跃、最具决定意义的能动主体[3]，要不断提高劳动者素质，加快形成素质优良、规模充裕、结构优化、分布合理的新型劳动者队伍，尤其是要加快培育能够创造新质生产力的战略型领军人才和能够熟练掌握新质生产资料的应用型人才，为发展新质生产力提供强有力的人才支撑[4]。的确，随着新技术的快速发展，特别是大数据、云计算、人工智能等领域，对"技术＋管理"能力的需求日益增长。这要求经管类专业不仅

---

①　宋虹桥，张夏恒．数字化赋能新质生产力的内在逻辑与实现路径［J］．湖湘论坛，2024，37（3）：48-63.

②　中共中央文献研究室．习近平关于社会主义经济建设论述摘编［M］．北京：中央文献出版社，2017.

③　祝智庭，戴岭，赵晓伟，等．新质人才培养：数智时代教育的新使命［J］．电化教育研究，2024，45（1）：52-60.

④　刘衍峰．数字化转型背景下新质生产力的内涵特质、现实挑战与实践培育［J］．北方民族大学学报，2024（3）：168-176.

要提供传统的基本的管理知识，还需要了解如数据分析、网络安全、软件开发等更广泛的技术领域。换而言之，在数字化时代，除了专业技术技能外，沟通能力、团队协作、创新思维、临场应变能力等"软"技能对于个人的职业发展、团队的有效运转乃至组织的关键竞争优势获取至关重要。因此，培养数智化管理人才，实现"管理 + 数字技术"，管理与工学深度融合，是为数字化和智能化赋能新质生产力所必需的战略性举措。

过去的劳动者以体力型和经验型人才为主体，大多从事的是均质化、重复性的劳动。而新质生产力的劳动者主要是知识型和技能型的创新复合人才，需要具备从事异质化的复杂专业性劳动的综合能力，以熟练操作尖端设备、快速掌握高新技术、参与解决创新难题①。在这一背景下，数智化管理人才成为推动新质生产力发展的核心力量。他们不仅需要掌握先进的信息技术和数据分析能力，能够有效利用数字化工具和智能化系统来优化管理流程和决策机制，还需具备复杂问题的解决能力和跨领域的知识融合能力。只有提高劳动者的素质和技能，培养与现代科技和社会生产力发展相适应、符合新质生产力所需的数智化管理人才，才能提升劳动者发展新质生产力的效能，进而使新质生产力在竞相迸发与充分涌流中助力中国式现代化的推进②。

二、推动科技创新和数字化转型，依赖数智化管理人才的引领作用

伴随着传统产业数字化转型和传统经济向数字经济运行模式转变，新质生产力的发展要求更高的数字技术门槛，对劳动者数字素质提出了新的更高要求。目前，我国高质量数智人才供给不足问题突出，难以满足数字产业快速迭代更新和传统产业数字化转型对人才的需求，要加大对数字人才培养的投入力度，积极引导过剩产业从业者向数字人才转变，在解决就

---

① 蒋永穆，乔张媛.新质生产力发展评价指标体系构建［J］.经济体制改革，2024（3）：5–15.
② 祝智庭，戴岭，赵晓伟，等.新质人才培养：数智时代教育的新使命［J］.电化教育研究，2024，45（1）：52–60.

业问题的同时有效供给新质人才[①]。

随着数字化发展，适应新质生产力发展的数字人才被赋予前所未有的使命，他们已不再是简单的信息与通信技术专家，而是涵盖广泛、与信息技术无缝融合的跨领域创新者。从数字化转型的价值维度来划分，数字人才涉及六个关键领域，包括战略数字领导、深度数据分析、产品创新研发、智能制造实践、数字化运营管理以及数字营销策略，这与新质生产力发展的人才需求相匹配[②]。互联网、大数据、云计算和物联网等前沿数字技术的成功转化，无疑是新质生产力发展的助推器。数字人才和数字技术具有"共载性"，即技术创新不仅仅依赖于技术本身，更需要人才的支持。许多企业通过数字科技赋能实现了多元要素的聚集，数字化人才培养成为驱动企业新颖化飞跃的关键，为企业注入了源源不断的创新活力，不仅推动持续性创新，深化专业化变革，而且促进精细化提升并引领特色化蜕变，让企业在市场竞争中脱颖而出[③]。未来的发展需要大力培养人才，数字科技手段是培养高端人才的必备工具。教育方式方法应该多样化，如云课堂的使用和人工智能系统的辅助，从而促使员工灵活高效应对市场变化、及时捕捉和把握发展机遇，为企业注入新活力和创新力，推动实现"新颖化"飞跃发展[④]。

数智化管理人才的引领作用尤其体现在制造型企业。有研究显示，制造型企业对数字化人才吸引力不足，既懂数字化技术又懂工业的高级复合型专业人才较少，六成以上中小企业提到存在明显的数智化人才缺口，这也成为制约新质生产力增长的关键因素[⑤]。随着新质生产力的崛

———————

①　张翱，孙久文.数字经济发展与新质生产力的生成逻辑［J］.学术研究，2024（5）：87-95.

②　王树斌，侯博文，李彦昭.新质生产力要素机制、创新逻辑与路径突破——基于系统论视角［J/OL］.当代经济科学，1-14［2024-08-18］.

③　郭菊娥，陈辰.数字科技何以驱动新质生产力发展——以专精特新企业为实现主体［J］.西安交通大学学报（社会科学版），2024，44（4）：20-28.

④　戚聿东，肖旭.数字经济时代的企业管理变革［J］.管理世界，2020，36（6）：135-152，250.

⑤　宋虹桥，张夏恒.数字化转型赋能新质生产力：机理、挑战与路径选择［J/OL］.北京理工大学学报（社会科学版），1-12［2024-08-18］.

起，企业对于不同领域的高素质人才提出了更高的要求。这不仅包括传统行业技术人才，还涉及跨学科的复合型人才。企业需要的人才要拥有数字化转型所需的技术专业知识，同时有能够在创新和变革中保持灵活性的领导力和团队合作精神。数智化管理人才作为技术创新的主力军，对转变经济发展方式、增强新质生产力和助推高质量发展起着关键支撑作用。生产力是人们在利用生产要素进行物质资料生产时所展现出来的能力，体现了人与自然之间的关系。而生产关系则是指人们在开展社会经济活动过程中所形成的相互关系[1]。因此，在数字经济发展和产业转型的背景下，培养劳动者掌握符合这一趋势需求的技术与技能，成为新质生产力的重要特征之一。

第二节　数智化管理人才的核心内涵与研究图谱

一、数智化管理人才的核心内涵

从广阔的人类进步的角度看，数智时代人类仍需要具备以下多种知识，如计算机基础知识、数据分析知识、人工智能知识、程序设计知识、数学基础知识、商业知识、创意设计知识、社会科学知识等。此外，人类还需要具备学习能力、创新思维、团队协作能力、跨学科思维等，以适应数智时代的发展和变化。培养能适应新一轮技术变革、掌握科技知识与技能，驱动高技术化的劳动资料与对象，进而创造新的劳动资料推动产业升级与技术突破的新质人才是数智时代的应有之义[2]。由此可见，数智时代更需要

---

①　高帆."新质生产力"的提出逻辑、多维内涵及时代意义［J］.政治经济学评论,2023,14（6）:127–145.

②　祝智庭，戴岭，赵晓伟，等.新质人才培养：数智时代教育的新使命［J］.电化教育研究,2024,45（1）:52–60.

具有解决复杂问题的综合能力和高阶思维的复合型人才[①]。同样地，王磊和苗春雨认为，数字化和智能化的科技革命与产业变革，对知识复合、集成应用和跨界创新能力兼备的管理人才培养提出了迫切需求[②]。数智化管理人才作为新质人才的重要类型，符合时代发展对人才培养的要求。

　　基于对现有研究的梳理和本研究的实际情况，本研究将数智化管理人才描述为能够利用数字技术和数字化手段，具有跨界信息收集能力、数据处理能力、智能优化分析能力以及智能协同决策能力等，助力组织决策的专门人才。具体而言，数智化管理人才既是能够充分利用现代技术、适应现代高端先进设备、具有知识快速迭代能力的技术具身型人才，也是拥有广泛的知识基础与综合分析能力、战略思维和跨领域协调能力的综合型专业人士。本研究的这一阐释也得到了现有研究的支持，其中，比较典型的是祝智庭等对新质人才的内涵属性阐述[③]，即数智化管理人才内涵需要具备政策话语、理论话语和实践话语的属性。首先，在政策语境下，数智化管理人才的培养不仅关注智力因素，还强调非智力因素的重要性。数智化管理人才需要具备扎实的科学基础知识和广泛的专业素养，同时具备爱国情操、合作精神、社会责任感和坚韧意志等非智力素质。智力因素提供了技术和理论支持，而非智力因素则促进了这些技术和理论的有效应用，推动数智化领域的持续发展。其次，在理论话语中，数智化管理人才除了拥有广泛的知识基础与综合分析能力以及系统思维与解决方案整合能力外，更注重广度和多领域的融合，具有跨领域知识整合能力、开拓精神、跨边界学习能力以及战略前瞻融合能力，能够为数字化、智能化产业发展服务。数智化管理人才不仅能够掌握和运用先进的技术和工具，还具备在快速变

① 王竹立，吴彦茹，王云. 数智时代的育人理念与人才培养模式［J］. 电化教育研究，2024，45（2）：13-19.

② 王磊，苗春雨. 数字经济背景下高校数字人才培养的路径探究［J］. 中国大学教学，2023（7）：25-33.

③ 祝智庭，戴岭，赵晓伟，等. 新质人才培养：数智时代教育的新使命［J］. 电化教育研究，2024，45（1）：52-60.

化的环境中应对复杂问题的能力，通过培养具备战略眼光和实践能力的数智化管理人才能够推动经济高质量发展，促进技术与社会的深度融合，实现更为智能化、系统化的管理和决策。

二、数智化管理人才的研究图谱

通过在中国知网 CNKI 数据库中进行文章样本检索，并借助 CiteSpace 软件进行时间线图谱分析，可更加明确梳理数智化管理人才的基本情况与研究热点。具体而言，本研究在中国知网 CNKI 数据库学术期刊高级检索面板中，分别以"数智化管理人才""数字经济与人才培养""数智复合管理人才"等为主题词进行检索。剔除无作者文章、笔谈、会议文章等文献共得到相关论文 428 篇。将 428 篇中文文献导入 Citespace 软件进行关键词共现、聚类、突现等分析。图 3-1 展示了关键词共现情况，其中中心度超过 0.1 的关键词有人才培养、数智化、产教融合、人才培养模式、数智化转型、数字经济、人工智能、财务管理、应用型本科、会计专业、人力资源管理、数智化时代、新文科、课程体系（表 3-1）。图 3-2 展示了关键词聚类情况。具体地，软件将相关研究细分为 8 个类别，即 #0 数智化、#1 人才培养、#2 财务管理、#3 智能化、#4 数智时代、#5 数智赋能、#6 人工智能、#7 数字经济、#8 课程体系（其中 Q 值为 0.535，大于聚类有效值 0.3；S 值为 0.842，大于聚类有效值 0.7）。可以看到，当前的研究热点是数智化管理人才的"专业建设"。

表 3-1　CNKI 数据库文献关键词共现中心度表

年份	频次	中心度	关键词
2020	95	0.44	人才培养
2021	139	0.38	数智化
2021	9	0.28	产教融合
2020	21	0.25	人才培养模式

续表

年份	频次	中心度	关键词
2022	30	0.24	数智化转型
2020	17	0.22	数字经济
2020	10	0.18	人工智能
2022	33	0.17	财务管理
2024	2	0.16	应用型本科
2021	12	0.15	会计专业
2021	11	0.15	人力资源管理
2022	22	0.13	数智化时代
2022	10	0.13	新文科
2023	14	0.12	课程体系

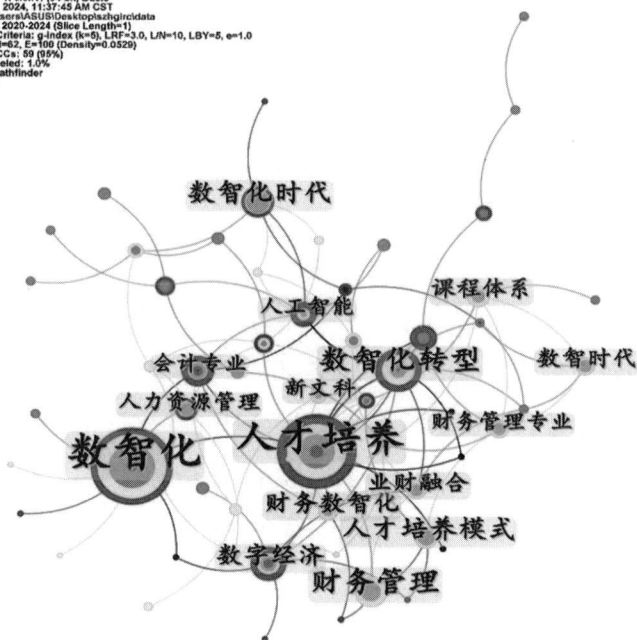

图 3-1　CNKI 数据库文献关键词共现图

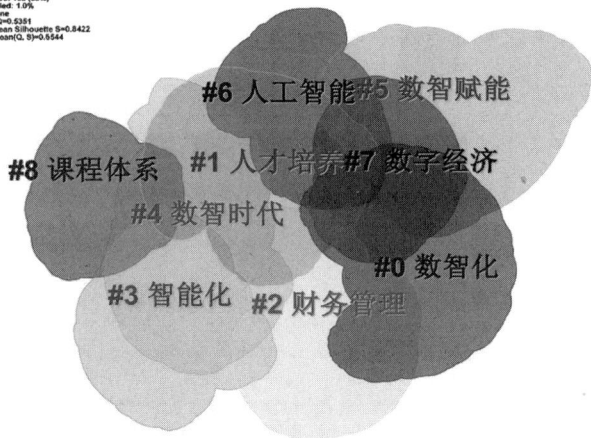

图 3-2　CNKI 数据库文献关键词聚类图

第三节　数智化管理人才的特质分析

不同于过去均质化重复性劳动为主的体力型和经验型人才，数智化管理人才主要是知识型和技能型的创新复合人才，是知识复合、集成应用和跨界创新能力兼备的管理人才。具体来说，数智化管理人才需要具备持续成长心态和高意识学习特质，具备跨领域知识整合能力和系统思维，能够实现跨领域沟通和合作，并通过开拓精神与跨界学习能力，彰显实践导向与创新思维，具备战略前瞻融合能力。现有研究对数智化管理人才的讨论比较丰富。换而言之，本研究将数智化管理人才的特质分为三个大的方面：知识复合、集成应用、跨界创新。此外，这三个方面均各自包含两个具体的表现。图 3-3 为本研究对数智化管理人才特质的整体划分。

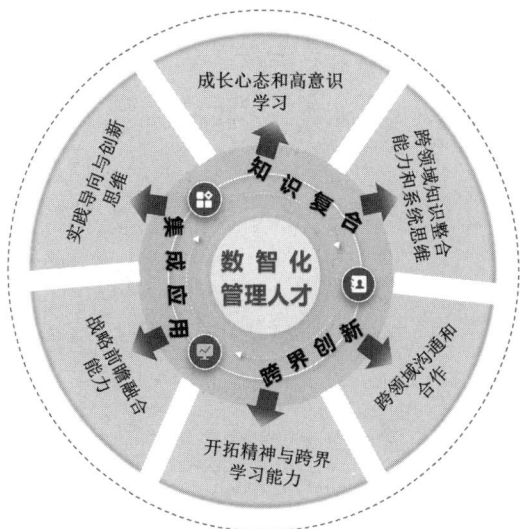

图3-3 数智化管理人才特质模型

数智化管理人才具有成长心态和高意识学习特质。成长心态是个体对最基本品质（如智力、能力和个性等）的信念①。持有成长心态的个体，将工作看作是提高自身能力的机会，并将成功归因于自身的努力，而非追求高成就和积极评价。因此，他们会通过改变个人资源配置、态度和性格，使自身在不断变化着的竞争环境中得以更好地生存②。数智化管理人才愿意通过调动自身更高阶的认知层级，对数字化与智能化的不断演变加以深入理解与实践。他们能够形成应对技术不断进步和市场环境变化所需的新型知识体系，并将其内化为成熟的心智结构，以应对数字化转型中涌现的战略性挑战和复杂问题。通过不断提升自我学习能力和适应能力，数智化管理人才不仅解决当前的管理难题，还能够主动预见和把握未来的机遇，实现高效的管理创新和高意识学习，从而展现出面向未来的"新质学习力"

① DWECK C S. Brainology : Transforming students' motivation to learn [J]. Independent School, 2008, 67（2）: 110-119.

② DWECK C S, YEAGER D S. Mindsets : A view from two eras [J]. Perspectives on Psychological Science, 2019, 14（3）: 481-496.

和"智能学习力"①

数智化管理人才具备跨领域知识整合能力和系统思维。跨领域知识整合能力使数智化管理人才能够将来自不同领域的知识和技能有效结合。这种能力使他们能够从技术、市场、经济等多个视角综合分析问题，实现多学科整合，制定出创新且适应性强的解决方案。这种综合能力不仅能够帮助他们应对复杂和多变的业务环境，还能推动组织在数字化转型中实现突破。此外，数智化管理人才能够将管理与数字技术结合，形成数据驱动的决策体系，通过大数据分析、人工智能和数字工具提升决策的准确性和效率，同时优化业务流程。系统思维则提供了一种全面而深入的分析框架，使得数智化管理人才能够从整体上理解组织及其环境的复杂关系。这种思维方式能够帮助他们识别和解决问题的根本原因，而不仅仅是应对表面现象，从而更好地优化组织内部流程，提高效率，并制定长远的战略规划。

数智化管理人才能够实现跨领域沟通和合作。数智化管理人才通常具备多学科的知识背景，如管理学、信息技术、数据科学、工程学等。这种多元化的知识基础使他们能够理解并融合不同领域的专业术语、方法和技术，促进来自不同背景的团队成员之间的有效沟通。此外，数智化管理人才能够充当技术与业务之间的桥梁。他们不仅能理解复杂的技术细节，还能将这些技术解决方案与业务需求对接。通过将技术能力与业务目标结合，他们能够帮助团队成员跨越技术和业务之间的沟壑，促进协作和实现共同目标。

数智化管理人才具有开拓精神与跨界学习能力。跨界最初是指企业跨越组织边界而进行的变革行为，究其本质，跨界是一种管理技能或个人特质②。跨界将思想立足于不同领域、不同学科、不同文化的交叉点上，通过

---

① 祝智庭，戴岭，赵晓伟，等. 新质人才培养：数智时代教育的新使命［J］. 电化教育研究，2024，45（1）：52–60.

② SCHOTTER A P J，MUDAMBI R，DOZ Y L，et al. Boundary spanning in global organizations ［J］. Journal of Management Studies，2017，54（4）：403–421.

将差异化的各类概念相联系驱动新思想产生[①]。跨界学习的本质是跨入某个特定区域的跨界交叉点以打破固有思维模式和开展交叉创新活动，在交叉融合中实现突破性创新，具有突破性、多元性、交叉性、转化性和创新性等特点[②]。数智化管理人才的跨界学习能力是其核心竞争力的体现，其能够通过打破传统的学科、知识界限，创造出前所未有的解决方案和创新成果，并使得数智化管理人才能够在持续变化的环境中保持良好生存与健康发展的能力。

数智化管理人才具有实践导向与创新思维。数智化管理不仅仅是技术的应用，更是将技术与实际业务需求相结合的过程。具备实践导向的数智化管理人才在面对实际问题时，能够迅速将理论知识转化为可操作的解决方案。他们深入了解业务流程、用户需求以及市场动态，通过系统化的方法和工具，将数字技术应用于实际场景中。此外，随着数字技术的快速发展，传统的管理方法和业务模式已经无法满足现代企业的需求。创新思维使数智化管理人才能够超越现有的框架和限制，探索新的技术应用和业务模式。培养具备创新思维的数智化管理人才不仅仅停留在技术的表面，而是应深入挖掘其潜在价值，推动技术的跨界应用。

数智化管理人才具有战略前瞻融合能力。战略前瞻能力使他们不仅能够洞察当前事物的现状，还能够预测未来的发展趋势，并基于这些趋势提出创新的观点和方法。这种能力要求他们不仅仅解决眼前的问题，还要对未来可能出现的风险进行预测和规避。融合能力则体现了他们将创想能力与实践智慧相结合的能力。在实际管理过程中，他们能够根据具体情境制订出有效的解决方案，并根据不断变化的需求调整自己的策略和行为。这种能力使他们能够在数智化时代的复杂环境中，既能进行深度的战略规划，又能在实践中灵活应对，确保实现预期目标。

---

① 魏欣.跨界学习：复制美第奇效应［J］.中国人力资源开发，2013（6）：99-100.

② 孙彬，胡翔，孙俊，等.企业高层领导跨界学习能力的结构维度与影响作用——基于中国情境的扎根理论研究［J］.科技进步与对策，2022，39（19）：141-151.

第四节　数智化管理人才的核心素养

"核心素养"（Key Competencies）是适应信息时代对人的自我实现、工作世界和社会生活的新挑战而诞生的概念[①]。21 世纪初，经济合作与发展组织（Organization for Economic Co-operation and Development，DECD）、欧盟等从理论和实践两方面对核心素养进行解释，并确立了影响深远的核心素养框架。2005 年，经济合作与发展组织发布了《核心素养的界定与遴选：行动纲要》（*The Definition and Selection of Key Competencies：Executive Summary*），从需求导向的角度诠释了核心素养，认为核心素养是个体适应社会所需要的，用于改造社会的重要因素，其特点是有助于社会和个人获得有价值的成果产出，有助于个体满足各个社会生活领域的重要需求[②]。2006 年，欧洲议会和欧盟理事会通过了关于核心素养的建议案，将核心素养定义为：在知识社会中，每个人发展自我、融入社会及胜任工作所必需的一系列知识、技能和态度的集合[③]。国内学者主要从学科属性和功能导向方面对核心素养进行诠释。辛涛等指出，核心素养并不指向某一学科知识，并不针对具体领域的具体问题，而是强调个体能够积极主动并具备一定方法获得知识和技能，具有跨学科跨情境性。就功能导向而言，核心素养也不是仅限于满足基本生活和工作需要，而是使学生发展为更健全的个体，能够更好地适应社会的发展变化[④]。综上所述，核心素养是学生在接受相应学段教育的过程中，逐步形成的适应个人终身发展和社会发展需要的正确价值观、必备品格和关键能力[⑤]，是学生知识、技能、情感、态

①　张华.论核心素养的内涵［J］.全球教育展望，2016，45（4）：10-24.

②　张娜.DeSeCo 项目关于核心素养的研究及启示［J］.教育科学研究，2013（10）：39-45.

③　GORDON J，HALÁSZ G，KRAWCZYK M，et al. Key competences in Europe：Opening doors for lifelong learners across the school curriculum and teacher education［J］. CASE network Reports，2009，87.

④　辛涛，姜宇，刘霞.我国义务教育阶段学生核心素养模型的构建［J］.北京师范大学学报（社会科学版），2013（1）：5-11.

⑤　林崇德.21 世纪学生发展核心素养研究［M］.北京：北京师范大学出版社，2021：301.

度、价值观等多方面的要求的综合表现，是党教育方针的具体化[1]，突出强调了个人修养、家国情怀，更加注重自主发展、合作参与、创新实践。

基于核心素养的基本内涵并参考国内外相关的核心素养框架，综合考虑时代背景和现实需求，结合前期调查研究，本研究将数智化管理人才的核心素养概括为数字素养、能力素养、创新思维、公民素养、全球素养五个方面（图 3-4）。

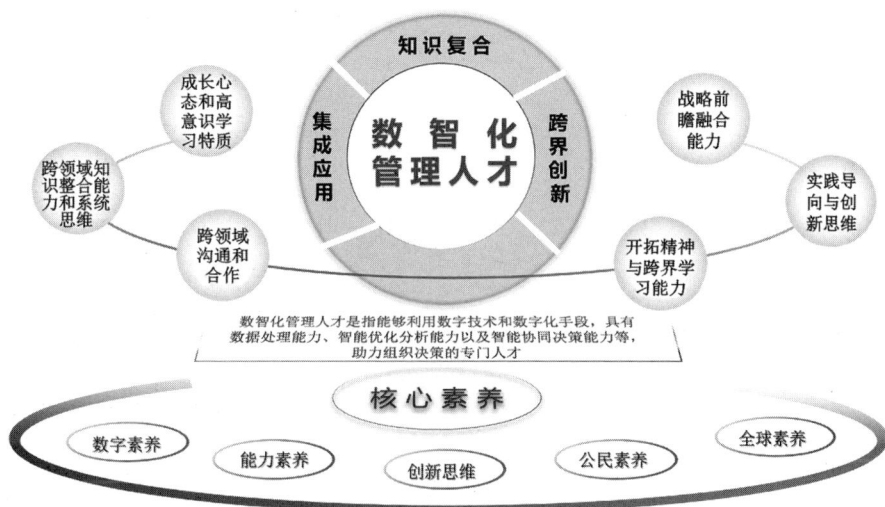

图 3-4　数智化管理人才的核心素养与特质的整体框架

一、数字素养

数字经济的迅猛发展正在重塑职业结构和人才所需的知识与技能体系，推动全球范围内教育的数字化转型成为各国教育改革的关键趋势[2]。为适应数字经济发展需要，《中华人民共和国职业分类大典（2022 年版）》增加了对数字职业的标识，体现了数字经济对职业市场的影响。这种调整不仅反映了数字经济的快速发展，也强调了数字化人才在未来经济中的重

---

[1]　封杰，郭文斌．核心素养视角下本科人才培养路径研究［J］．江苏高教，2024（7）：82-87.
[2]　刘宝存，岑宇．以数字素养框架推动数字化人才培养［N］．中国教育报，2023-02-27.

要性。在这一背景下，教育数字化转型的核心目标是提升学生的数字素养，确保他们在未来职场中具备适应和引领数字化变革的能力。

"数字素养"（Digital Literacy）最初是指阅读及理解超文本或多媒体格式信息的能力，主要用于图书馆学中，强调数字时代的读写能力。随着社会信息化水平的不断提高和相关领域研究的深入，对数字素养概念的理解逐渐发展，并超越了早期狭义的定义。早期的数字素养概念主要注重个人对数字工具和平台的熟练使用，以及表现出的与数字相关的技能和能力。然而，随着数字技术在社会各个领域的广泛应用和普及，数字素养的研究也逐渐深入到更广阔的层面。如今，数字素养不仅仅关注个人对数字工具的使用能力，更加注重对整个数字世界的知识、态度和情感。沃尔顿在其《数字素养：建立边界和确定合作伙伴》一文中，将数字素养定义为：使用信息技术和互联网，发现、评估、利用、共享和创建内容的能力。具有数字素养的人能够使用数字技术、通信工具或网络来定位、评估、使用和创建信息，更重要的是，"通过计算机理解和使用各种来源的多种格式信息，并在数字环境中有效执行任务"[1]。哈夫里洛娃认为，数字素养不仅仅涉及数字环境中的知识、技能与经验，还包括大量复杂的认知、价值观和态度。数字素养已从单方面强调知识和技能，提升至注重价值观和态度。[2] 因此，数字素养强调个体在数字环境中的适应能力、伦理意识和创新能力，以及对数字风险和挑战的认知和管理。

在数字化成长过程中，人才的标准是与时俱进的。在如今数字化、智能化的时代，数字素养成为数智化管理人才的必备素养，主要包括信息获取和处理能力、数字交流能力、数字内容创造能力、数字安全意识和数字化问题解决能力等。简言之，数智化管理人才需要具备数字新思维、学习数字新知识、掌握数字新技能，进而具备获取数字新财富的能力。数字新

① WALTON G. "Digital literacy"（DL）：establishing the boundaries and identifying the partners[J]. New Review of Academic Librarianship，2016，22（1）：1-4.

② HAVRILOVA L H. Digital Culture，Digital Literacy，Digital Competence as the Modern Education Phenomena [J]. Information Technologies and Learning Tools，2017（61）：1-14.

思维是指在处理问题和决策时，运用数字化工具和数据驱动的方法来重新构建和优化思考模式，包含数据驱动决策、系统思维、前瞻性等要素。在快速变化的数字化时代，能够接受新事物，敢于挑战传统，寻求新的解决方案，是推动个人和社会进步的关键。数字新知识是指对最新数字技术、工具和平台的了解，以及它们在实际应用中的作用和潜力。掌握当前主流的数字技术和工具，并理解这些技术在不同行业和业务场景中的应用方式和效果，保持对新兴数字技术和行业动态的敏感性，不断更新知识体系能够有效应对快速变化的环境和挑战。数字新技能是指在数字环境中所需的具体操作技能和技术能力，包括使用各种数字工具、软件和平台的能力，以及进行数据分析和信息管理的技能。随着思维、知识、技能的提升，才能积聚数字新财富。

二、能力素养

能力素养是数智化管理人才的关键素养，是综合运用数字技术和智能工具进行数据驱动决策和管理的能力。由于科技的发展速度日新月异，人们需要不断地学习新的知识和技能。拥有自主能力，能够持续地自我更新，是适应这个时代的必要条件。封杰和郭文斌指出，在人工智能时代，培养学生的自主学习能力、自我管理能力和自主解决问题的能力是学生实现自我价值的关键因素，能够形成学生的核心竞争力[1]。自主学习能力是指能够主动识别学习需求，设定学习目标，寻找并利用各种资源进行学习的能力。在人工智能时代，知识的更新速度非常快，培养学生的自主学习能力，使他们能够独立获取最新的知识和技能，是应对这一挑战的有效途径。自我管理能力是指自我规划、自我监督和自我调整的能力。自主解决问题的能力是指能够在遇到复杂问题时，运用多种策略和方法进行分析和解决的能力。现代社会中的问题往往复杂多变，需要综合运用各种资源和工具进行解决。在人工智能的辅助下，人们可以利用数据分析工具、智能算法和

---

① 封杰，郭文斌.核心素养视角下本科人才培养路径研究［J］.江苏高教，2024（7）：82-87.

决策支持系统等智能设备解决问题。

郭文娟和刘洁玲指出，自主学习能力是构建核心素养框架的核心和本质①。在上文提到的核心素养研究中，OECD将核心素养界定为灵活使用语言、信息或技术等工具进行有效沟通、同异质集体构建良好关系，解决冲突、自主学习、反思和行动三大能力，其中自主学习、反思和行动的能力是核心素养的中心。欧盟的核心素养框架同样强调了自主学习能力或终身学习能力的核心价值②。自主学习不仅仅指学习者自觉自主地学习具体的学科知识与技能，更注重其在复杂多变的社会情境中自觉主动地使用一系列复杂的认知（反思与批判性思维等）与非认知策略（合作及目标管理等）解决复杂问题以达成各种个体及社会性的发展目标，具有可塑性、跨学科性及公平和民主性③。因此，培养数智化管理人才必须注重提升其自主学习能力，赋予他们在复杂多变的环境中灵活运用认知和非认知策略的能力。

三、创新思维

在数智时代，创新思维不仅是应对复杂多变环境的必备能力，更是推动技术进步、提升竞争力和促进社会发展的关键因素。党的二十大报告中明确提出要"坚持创新在我国现代化建设全局中的核心地位"，并强调要不断提高创新思维能力。创新思维能力，就是破除迷信、超越陈规，善于因时制宜、知难而进、开拓创新的能力。数智时代的创新不仅仅依赖于单一领域的突破，而是需要跨学科、跨行业的融合，注重跨界合作和资源整合，加速各领域的创新与创造。

在快速变化的数字化时代，拥有创新思维变得尤为重要。能够接受新

①　郭文娟，刘洁玲.核心素养框架构建：自主学习能力的视角［J］.全球教育展望，2017，46（3）：16-28.

②　PEPPER D. Assessing key competences across the curriculum—and Europe［J］. European Journal of Education，2011，46（3），335-353.

③　ZIMMERMAN B J. Attaining self-regulation : A social cognitive perspective［M］//Handbook of self-regulation. Academic press，2000 : 13-39.

事物，敢于挑战传统，寻找新的解决方案，是推动个人和社会进步的关键。创新思维要求个体跳出既定框架，突破传统束缚，保持开放性和弹性化的心智结构[①]。与常规的定式思维相比，创新思维不仅仅是对已知领域的深耕，更是勇于探索未知领域的勇气和能力。因此，激发创新思维的关键就是要突破思维定势，打开心智枷锁[②]。具体地，在培养数智化管理人才时，高校应致力于激发学生的创新思维，重视跨学科教育，创造一个融合技术、管理和设计等多领域知识的学习环境。同时，鼓励学生对现有的理论和实践提出疑问，从而促进他们的思维突破。特别是在面对全球化与本土化交织的挑战时，跨学科的学习和跨界的合作将帮助学生培养系统性思维能力和复杂问题解决能力，从而更好地适应未来社会的需求。通过多样化的教育方式和实践机会，学生能够更全面地理解和应对不断变化的市场环境，推动自身和社会的全面发展。

四、公民素养

公民素养是指在现代生活中，为了更好地参与社会交往，实现自我价值和优良生活，公民在平等协商的基础上，就每个公民应该具备的价值观念、理性意识以及交往美德所达成的共识，是个体价值观、人生观、世界观的集中反映，具有主体性、普遍性和共识性的特点[③]。的确，广大青年要肩负历史使命，坚定前进信心，立大志、明大德、成大才、担大任，努力成为堪当民族复兴重任的时代新人[④]。培育新时代的学生，要不断使其树立正确的价值观、提升综合素质、加强道德教育、培养国际视野，以确保他们能够肩负起时代赋予的历史使命，成为民族复兴的栋梁之材。

① 阎光才.学校教育与创新人才培养——基于心智结构的视角[J].教育研究,2024,45（1）:52-66.

② 王竹立，吴彦茹，王云.数智时代的育人理念与人才培养模式[J].电化教育研究,2024,45（2）:13-19.

③ 施向峰.公民素养:精神文明的主体境界[J].道德与文明,2017（6）:14-19.

④ 陈明凡，张学森.当好新时代大学生理想信念的"筑梦人"和"引路人"[J].高校马克思主义理论研究,2021,7（3）:131-139.

此外，在信息技术渗透到人类生存和发展的方方面面的今天，数字公民应运而生。数字公民是能够安全地、合法地、符合道德规范地使用数字化信息和工具的人[①]。数字公民教育以培养信息时代的合格数字公民为目的，是信息时代公民教育的一个重要组成部分[②]。随着数字公民及其教育研究的不断深入，数字公民素养这一概念逐渐受到重视。数字公民素养不仅体现了价值观、品格、能力与行为的有机结合，还必须满足个人及数字社会发展的双重需求[③]。信息技术的迅猛进步推动了数字化转型的广泛展开，但与此同时，数据泄露和隐私侵犯等问题愈发严峻。此外，数字技术的普及也引发了伦理和责任的深刻讨论。同时，信息时代的到来带来了信息的极大丰富，却也伴随虚假信息和假新闻的泛滥。这些数字化时代的挑战要求数字公民素养的提升，以帮助数智化管理人才有效应对复杂多变的数字环境，从而在技术应用中实现伦理、责任和信息处理的最优平衡。

五、全球素养

随着全球化的深入发展，跨文化交流变得越来越频繁。理解和尊重不同的文化，能够有效地与来自不同背景的人交流，是在这个多元化的世界中成功的重要因素。2020年6月，《教育部等八部门关于加快和扩大新时代教育对外开放的意见》中提出，加快推进我国教育现代化和培养更具全球竞争力的人才[④]。面对世界百年未有之大变局，我国急需培养一大批具有全球视野和世界眼光、能参与各领域全球事务的专业人才。事实上，参与全球治理需要一大批熟悉党和国家方针政策、了解我国国情、具有全球视野、熟练运用外语、通晓国际规则、精通国际谈判的专业人才。高校要加

① SEARSON M，HANCOCK M，SOHEIL N，et al. Digital citizenship within global contexts［J］. Education and Information Technologies，2015（20）：729-741.

② 杨浩，徐娟，郑旭东.信息时代的数字公民教育［J］.中国电化教育，2016（1）：9-16.

③ 郑云翔，钟金萍，黄柳慧，等.数字公民素养的理论基础与培养体系［J］.中国电化教育，2020（5）：69-79.

④ 教育部等八部门印发意见加快和扩大新时代教育对外开放［EB/OL］.［2023-06-23］. http://www.moe.gov.cn/jyb_xwfb/s5147/202006/t20200623_467784.html.

强全球治理人才队伍建设，突破人才瓶颈，做好人才储备，为我国参与全球治理提供有力人才支撑[①]。全球素养是能分析当地、全球和跨文化议题，理解和欣赏他人视角和世界观，与不同文化背景者进行开放、得体和有效互动，为集体福祉和可持续发展采取相应行动的能力[②]。全球素养使得数智化管理人才具有全球意识和开放的心态，了解人类文明进程和世界发展动态；能尊重世界多元文化的多样性和差异性，积极参与跨文化交流；关注人类面临的全球性挑战，理解人类命运共同体的内涵与价值。

在培养数智化管理人才的过程中，全球话语能力扮演着至关重要的角色，其核心在于能够突破不同国家和民族间的文化障碍，建立有效的沟通桥梁。全球话语能力是打开不同国家和民族"心锁"的能力，包括全球理解力、全球表达力、全球沟通力。尤其是跨文化沟通力，作为全球话语能力的核心，要求数智化管理人才能够敏锐地洞察和尊重不同文化背景下的交流习惯和价值观，通过灵活的沟通策略化解冲突，实现合作共赢。对企业而言，这种能力不仅帮助企业在国际化运营中避免文化误解和冲突，还能在全球市场中建立信任与合作，从而推动企业的全球战略布局和可持续发展。全球话语能力的培养，使数智化管理人才能够在复杂多变的国际环境中，自信地面对挑战，并在多元文化的交汇点上，创造出富有成效的合作成果。

第五节　小结

新质生产力的发展促使数智化管理人才的需求不断演变，组织需要重新审视人力资源的配置与培养策略，以适应这一变化。在高质量发展下，拥有数据分析能力、技术素养、跨界协作能力和创新思维的数智化管理人

---

①　姜锋.培养具有全球视野和世界眼光的高层次国际化人才［J］.中国高等教育,2020（21）:26–28.

②　封杰，郭文斌.核心素养视角下本科人才培养路径研究［J］.江苏高教，2024（7）:82–87.

才，将成为取得成功的关键。通过灵活的应对策略，组织才可以在数智化浪潮中占据有利位置，实现更高效的管理和决策。作为培养和输送这类人才的主要渠道，经管院校需要准确认识什么是数智化管理人才、培养什么样的数智化管理人才、如何培养数智化管理人才。具体包括对领域知识充分掌握，在多学科的交汇点跨越现有知识和技能的界限，整合不同领域的思想和工具，形成新的认知框架和实践路径，创新性地提出解决问题的思路和方案。

第四章

数智化管理人才培养的现状分析

第一节 人才培养理念

一、人才培养理念的概念

理念作为理论、看法，通常是某一思维活动的结果，是组织在长期的发展过程中形成的、被广泛认同的、在某项活动中所遵循的核心思想和价值观念。人才培养，是指通过教育、培训和实践等手段，培养具备一定知识、技能和素质的人才。人才培养理念，通常指对人才培养过程和目标的基本认识和指导思想，是在人才培养方面所秉持的核心理念和价值观。董泽芳认为"人才培养理念是培养主体关于人才培养的本质特征、目标价值、职能任务和活动原则等的理性认识，以及对人才培养的理想追求及其所形成的各种具体的教育观念"①。刘盈楠认为人才培养理念是一套符合社会发展、大众认知的价值体系，从这套体系中抽离出一部分内容赋予培养

---

① 董泽芳.高校人才培养模式的概念界定与要素解析〔J〕.大学教育科学，2012（3）：30—36.

主体，体现出培养主体的价值诉求和培养目标的导向作用[①]。结合众多学者对人才培养理念的定义，本研究认为人才培养理念是指高校对于培养什么样的人才以及如何培养人才的基本观念、指导思想和价值观念。它涵盖了对人才培养目标、培养模式、培养质量等方面的总体认知和价值取向。人才培养理念的核心在于培养适应社会和经济发展需求的高素质人才，使其具备必要的知识、能力和素质。

高校人才培养理念有别于教育理念。教育理念是一个更宏观、更广泛的概念。它涵盖了对教育本质、目的、价值以及教育过程的总体看法和指导思想。教育理念不仅关注知识和技能的传授，还注重培养学生的品德、价值观、思维方式、创新能力等全面发展的素质。它不仅仅局限于高校教育，而是适用于整个教育体系，包括基础教育、职业教育等。高校人才培养理念则侧重于具体的目标和方法，以培养适应社会需求、具备特定专业能力和综合素质的人才为核心。它更关注学生个体在知识、技能和能力方面的发展，强调如何通过教育教学活动、实践环节、课程设置等手段，使学生在毕业时能够满足特定职业或领域的要求。简而言之，人才培养理念是教育理念在高校这一特定环境和对象中的具体应用和体现，而教育理念则为人才培养理念提供了更广泛的理论基础和指导原则。

人才培养理念是人才培养活动的起点，指导和引领着人才培养，贯穿人才培养的全过程。这是因为人才培养理念深刻影响人才培养目标的设定，人才培养目标进一步决定了人才培养模式的构建，并最终决定了人才培养的质量。人才培养模式作为连接理念与实践的桥梁，是确保人才培养理念得以实现，并与人才培养质量相匹配的关键途径。随着时代的发展和教育理念的不断演进，人才培养理念和模式也不断地更新和变革。这种变革包括但不限于教育内容的更新、教学手段的创新、教育制度的优化以及评价体系的完善。高校人才培养理念通常受到社会需求、教育政策、学校定位、

[①]　刘盈楠.我国高等教育人才培养模式演进研究（1978—2020）[D].长春：东北师范大学，2021.

学科特点等多种因素的影响。一个先进、科学且符合时代发展需求的人才培养理念，能够引领高校合理配置教育资源，优化教育教学过程，提高人才培养质量，为社会输送具有创新精神、实践能力和社会责任感的高素质人才。

二、高等教育人才培养理念的历史演进与创新

随着社会经济的不断发展，我国高等教育人才培养理念也相应地变化和更新。经过梳理，我国高等教育人才培养理念经历了五个主要的发展阶段：新中国成立初期的"专业人才"培养理念、"文化大革命"期间的"普通劳动者"人才培养理念、改革开放后的"四有"人才和"全面发展人才"培养理念、综合改革期的"创新人才"培养理念和中国特色社会主义新时代的新人才培养理念。人才培养是高等教育的根本使命，人才培养理念的不断演进与时代发展的指引和需求是契合的。较之前四个阶段，新时代的新人才培养理念更加注重以德为先，更加注重人才的全面发展，强调了终身学习的重要性，由重数量向重质量转变，由短期性向长远性转化，更加注重内涵式发展和可持续发展。

（一）"专业人才"培养理念

新中国成立初期，计划经济体制下的经济建设急需大批高级专门人才。为满足计划经济发展的需要，我国高等教育机构借鉴苏联的专业教育大学体制，在全国范围内依据统一的规划，进行了大规模的院系重组。此举旨在建立符合国家迫切需求的学科专业体系，同时淘汰那些无法满足国家建设人才培养目标的繁杂学科体系，基本废止了旧有的大学制度。通过建立和发展专门学院与专科学校，重点培养国家工业建设所需的教师和管理干部。专业设置的依据是社会生产与生活各领域的实际需求，每个专业的培养目标和课程内容均根据国家的具体需求进行精心设计。这一做法体现了当时我国高等教育的基本指导原则，即高等教育的核心任务是直接培养与工程技术和科学技术相关的专业人才。

1961年，中共中央颁发的《教育部直属高等学校暂行工作条例（草案）》（"高教六十条"）指出，"教育必须为无产阶级政治服务，必须同生产劳动相结合"。高等学校的基本任务是贯彻执行教育为无产阶级的政治服务、教育与生产劳动相结合的方针，培养为社会主义建设所需要的各种专门人才[1]。同时，"高教六十条"也明确高等教育要能够培养为社会主义建设所需要的各种专门人才，他们要掌握本专业所需要的基础理论、专业知识与实际技能，要了解本专业范围内科学的新发展，具有健全的体魄。此阶段的高等学校主要以教学为主，要努力提高教学质量。在制订第一个五年计划时，中央提出高等教育建设必须与国民经济发展计划相配合，高等工业学校应逐步与工业基地相配合，高等教育的重心是直接培养相关的工程与科技专门人才。自此，我国高等教育进入了苏联式的高度集中计划和专才教育的模式[2][3]。因此，这一时期的人才培养主要是以培养国家急需的专业人才为主，通过院系调整，能够有效发展工科和师范专业，有效满足了新中国成立后急需发展工业的需求。

（二）"普通劳动者"人才培养理念

"文化大革命"期间，我国高等教育转向以政治教育为主，科技文化教育不再是此阶段的主要目的。本科教育的培养目标也不再是专门人才，而是具有特殊政治意义的"普通劳动者"。

1966年，中共中央、国务院发出关于改革高等学校招生工作的通知，决定"高等学校招生，取消考试，采取推荐与选拔相结合的办法"，并强调"高等学校选拔新生，必须坚持政治第一的原则"。那时，劳动学习成为教育和社会的主流，绝大部分的高校干部和教师被送到干校参加劳动和学习，全国高校处于停办状态。1970年，整个社会和教育提倡参加劳动，以培养劳动者为目标，开始实行群众推荐、领导批准和学校复审相结合的办法招收工农兵学员，并选拔工农兵上大学、管大学、改造大学，缩短大

① 邓小平文选，第2卷［C］.北京：人民出版社，1993.
② 杨志坚.中国本科教育培养目标研究（之一）——导论［J］.辽宁教育研究，2004（5）:10-15.
③ 程良龙.中国近代高等教育人才培养观的演变与启示［J］.现代教育管理，2011（11）:15-18.

学学制，将多数高等院校交由地方领导，等等，直到 1976 年招收最后一届工农兵学员。由于政治教育培养目标的影响，这一时期的人才培养质量严重下降[①]。

（三）"四有"人才和"全面发展"人才培养理念

改革开放以后，中国高等教育快速恢复和发展，高校的教育本性逐渐回归。1977 年，全国高校招生统一考试制度才得以恢复。教育部在《关于 1977 年高等学校招生工作的意见》中明确"高校招生可以招收符合条件的工人、农民、知识青年等，招生办法是自愿报名，参加统一考试，最后择优录取"。意见还要求高校招收高中应届毕业生，需经过全面的德智体考核，择优尽先录用，培养又红又专的建设人才。1978 年，教育部组织修订了"高校六十条"，继续传承"文化大革命"前的人才培养目标，重新肯定了高校人才培养目标是各种"专门人才"。20 世纪 80 年代初期，在"有理想、有道德、有知识、有纪律"的"四有人才"和"教育要面向现代化、面向世界、面向未来"的"三个面向"教育思想指引下，高等学校重新确定人才培养目标[②]。1985 年，中共中央《关于教育体制改革的决定》提出"教育必须为社会主义建设服务，社会主义建设必须依靠教育"[③]。新的教育指导思想要求"高等学校承担着培养高级专门人才和发展科学技术文化的重大任务；高等教育与社会需要更好地结合，使高等学校具有适应经济和社会发展需要的积极性和自动调节的能力"[④]。1995 年、1998 年先后颁布《中华人民共和国教育法》《中华人民共和国高等教育法》，明确了"教育必须为社会主义现代化建设服务，必须与生产劳动相结合，培养德、智、体等方面全面发展的社会主义事业的建设者和接班人"的教育方

---

① 程良龙.中国近代高等教育人才培养观的演变与启示［J］.现代教育管理，2011（11）：15-18.

② 中共中央关于教育体制改革的决定［Z］.1985.

③ 单建新.论"四农教育"——从"柯桥实验"谈起［J］.绍兴师专学报（哲学社会科学版），1995（1）：100-106.

④ 顾明远.中国高等教育传统的演变和形成［J］.高等教育研究，2001（1）：9-16.

针，规定"高等教育必须贯彻国家的教育方针，为社会主义现代化建设服务，与生产劳动相结合，使受教育者成为德、智、体等方面全面发展的社会主义事业的建设者和接班人"。高等教育的任务是"培养具有创新精神和实践能力的高级专门人才，发展科学技术文化，促进社会主义现代化建设"①。1999 年，《中共中央、国务院关于深化教育改革，全面推进素质教育的决定》提出的目标是"全面推进素质教育，培养适应 21 世纪现代化建设需要的社会主义新人"。因此，为了给实施科教兴国战略奠定人才基础，我国开始深化教育改革，优化教育结构，全面推进素质教育。

（四）"创新人才"培养理念

2010 年中共中央、国务院颁布实施《国家中长期教育改革和发展规划纲要（2010—2020 年）》，提出"高等教育人才培养改革的目标是努力培养造就数以亿计的高素质劳动者、专门人才和拔尖创新人才。"同年颁布的《国家中长期人才发展规划纲要（2010—2020 年）》也提出，"我国人才发展的指导方针是服务发展、人才优先、高端引领、以用为本、创新机制、整体开发"。从此，我国立足于可持续发展理念，对教育改革和人才培养目标提出了新的要求，创新人才培养理念成为这一时期高等教育的核心指导思想。

党的十八大以后，教育领域的综合改革得以全面深化。2016 年中共中央颁布了《关于深化人才发展体制机制改革的意见》，提出"要加快建设人才强国，最大限度激发人才创新创造创业活力"，并就推进人才管理体制改革、改进人才培养支持机制、强化人才创新创业激励机制、建立人才优先发展保障机制等方面作出了全面规划和指导。2017 年中共中央、国务院颁布实施的《关于深化教育体制机制改革的意见》明确"全面实施素质教育，落实立德树人根本任务是高等教育人才培养改革的目标，要健全促进高等教育内涵发展的体制机制与创新人才培养机制"。因此，我国积

---

① 赵普光.关于确立"以人为本"高校管理理念的思考［J］.黑龙江高教研究，1999（4）：27—30.

极推进教育体系的深化改革与人才发展机制的创新，致力于构建一个全民皆可成才、各尽所能展现才华的优质环境，以期大量培养高素质的劳动者、技术技能型人才以及具备创新精神和创业能力的人才。此举已成为当时高等教育在人才培养方面所遵循的核心要求。

随着政治、经济、文化的不断发展，我国高等教育人才培养理念不断随着国家大政方针政策、经济社会发展需求而变化更新，并在不同时期皆有独特的特点和创新。比较典型的表现有引入专业教育理念，促进各行业专门人才培养；提倡文化素质教育理念，促进人文教育和科学教育的平衡；在注重专业教育的同时引入通识教育理念，双轨提升通识教育与专业教育质量；倡导创新教育理念，满足我国建设创新型国家的战略发展需要。

（五）中国特色社会主义新时代的新人才培养理念

中国特色社会主义新时代，人才强国被提到国家战略的高度，加快教育现代化成为高等教育发展的重要目标。经济、社会、文化的全新格局，不仅为中国特色社会主义新时代的建设带来全新的面貌，也对高等教育人才培养体制和理念提出了新的要求，人才培养理念也随之发生了深刻的变革，不仅要求培养学生在德、智、体、美、劳各方面全面均衡发展，更强调培养他们成为具有创新精神和实践能力的社会主义建设者和接班人。教育的目标是培育出能够适应未来社会发展需求的复合型人才，他们不仅要有扎实的专业知识，还要具备社会责任感、创新意识、批判性思维和国际视野。因此，在当代社会，高等教育人才培养理念强调德育的优先地位，全面促进个体发展，倡导终身学习的教育模式，注重教育内涵的深化与可持续发展。

1. 立德树人理念，促进人才德才兼备全面发展

"教育应当以人文主义为基础，要远离功利主义和经济主义，更多地把价值观、公民美德和正义感纳入进来。"的理念在 2015 年联合国教科文组织发布的《反思教育：向"全球共同利益"的理念转变》报告中被提了出来。各国就通过"人文教育"等德育教育的方式，着力培养有责任感的

合格社会公民方面达成了高度共识。我国"要落实立德树人根本任务，不断推进教育公平"的理念在党的十九大报告中被首次提出。党的二十大报告将教育强国首次提到了国家战略的高度。2019年，中共中央、国务院印发《中国教育现代化2035》，又再次重点强调了"全面落实立德树人根本任务，就是要广泛开展理想信念教育，厚植爱国主义情怀，不断加强品德修养，努力提高学生思想水平、道德品质与文化素养"。在新时代背景下，立德树人是高等教育的核心使命、立身之本，也是我国构建高素质人才培养体系的根本目标。为贯彻落实立德树人的核心使命，高校必须坚守"以文化人、以德育人"的教育理念，引领学生人格的全面发展；充分发挥文化在育人过程中的积极作用，强调学生在人格塑造中的主体性，突出人格塑造的主观能动作用，将文化育人、化人与个体的自由发展及个性才华的展现紧密结合。高等教育机构要广泛开展理想信念教育，致力于培育德智体美劳全面发展的高素质人才，注重人格魅力与思想品德的培养，促进学生人格与能力、素质的有机融合，以期培养出具有良好品德和卓越综合素质的高素质人才。高校要构建全新育人模式，优化资源配置，强化教师队伍建设，提升教师专业与人格素养，实现人才素质全面提升。

2. 终身教育理念，倡导人才终身学习

终身学习是在知识型社会结构转变背景下产生的新教育理念，强调教育应贯穿人的一生，打破仅限青少年时期正规教育的传统观念。2015年，联合国教科文组织发布《教育2030行动框架》，提出了"未来教育总体目标是以确保全纳、公平、有质量的教育，增进全民终身学习的机会"。联合国教科文组织明确提出未来教育目标是增进全民终身学习机会。而在我国，终身教育的概念被正式提出来其实更早。1993年中共中央颁发的《中国教育改革与发展纲要》就提出了终身教育的概念。文件指出，"成人教育是传统学校教育向终身教育发展的新型教育制度"。2019年发布的《中国教育现代化2035》，再次强化、细化了中国终身教育体系构建和要求，提出"构建服务全民的终身学习体系""建立全民终身学习的制度环境""建立跨部门跨行业的工作机制、专业化支持体系"。自此，终身教育逐渐从理念或思想转入实际的体系建设和实践层面。推进终身学习教育需加强实体建设，重组教育资源，构建全社会终身学习网络；搭建终身学习立交桥和建设学分银行，实现教育横向沟通与纵向衔接；推进开放大学系统建设，发挥其在社会终身学习体系与学校之间的桥梁作用。

3. 内涵式发展理念，提升人才培养质量

党的十八大报告首次提出"高等教育内涵式发展"理念，强调努力办好人民满意的教育，需要推动高等教育内涵式发展"。党的十九大报告中进一步要求"加快一流大学和一流学科建设，实现高等教育内涵式发展"。内涵式发展成为高校的必由之路，既是一流大学和一流学科建设的根基，也是一流大学和一流学科建设的本质。高等教育内涵式发展理念是指通过深化教育教学改革，优化教育资源配置，提高教育质量，强化人才培养的全面性、创新性和实践性，从而推动高等教育从规模扩张转向质量提升的一种发展模式。这一理念强调以学生为中心，注重学生个体差异和个性化发展，同时加强师资队伍建设，提升教学科研水平，推动学科交叉融合，促进高等教育与社会经济发展的紧密结合。

为实现高等教育人才培养质量的提升，高校必须遵循内涵式发展的战略，其核心在于优化专业结构与人才培养模式，提高办学水平与教学质量，并确保人才培养的适切性。具体而言，内涵式发展理念的实施应聚焦于以下三个关键方面：首先，高校应确立正确的人才培养质量观，并将人才培养置于核心地位。这意味着必须不断强化以学生为本的教育理念，确保所有教育活动都以促进学生的全面发展和健康成长为目标。此外，高校应将人才培养质量视为评价办学水平的首要标准，并优先考虑学生的评价与反馈，以此来提升教学质量和水平。其次，高校需要树立适应新时代要求的人才培养观。这不仅要求高校培养的人才能够满足教育现代化的标准和要求，还要求高校根据地域和领域的差异性，灵活调整人才培养政策，以实现人才效益的最大化。最后，高校应根据社会需求来设计和调整人才培养模式。这包括对不同专业和学科进行有效的交流与整合，以培养学生的跨学科专业素养和实践能力。通过这种方式，高校能够不断提升人才培

养的质量，确保毕业生能够适应社会和经济发展的需求。

4. 可持续发展理念，实现人才培养的持续发展

功利性和短期性是传统高等教育人才培养理念的主要弊端，忽视了个人的长期需求和长远发展。事实上，人才培养是一个长期持续的过程，只有坚持可持续发展的人才培养理念，关注个体的长远发展和长期需求，才能实现个体和社会的可持续发展。2017 年，联合国教科文组织发布《教育 2030 行动框架》，提出"让所有学习者到 2030 年时通过教育能够实现可持续发展"，为高等教育走可持续发展道路明确了目标，也提出了更长远的规划。高等教育的可持续发展理念要求在发展观、人才观和价值观三个维度上实现持续的变革与更新。首先，高等教育需注重学科专业建设的均衡性，实现数量增长、质量提升与结构效益的有机结合。其次，可持续发展理念应内化于高等教育的教育理念，并外化于具体的教育实践，从传统的接受型教学模式向智力型教学模式转变。此外，高等教育应确立正确的人才质量观，并构建金字塔形的人才培养结构，以科学教育与人文教育的融合为基础，建立灵活的课程体系，培养学生的学习能力和良好行为习惯。高等教育还应在社会发展中确立其战略性地位，以促进人的全面发展和可持续发展。高等教育机构应动态调整学科与专业设置，促进不同学科与专业之间的相互渗透与融合，以有效应对日益激烈的竞争。通过这些措施，高等教育能够更好地适应社会发展的需求，培养出能够适应未来挑战的高素质人才。

随着国家经济水平的提升和社会需求的演进，我国高等教育体制经历了深刻的改革，教育理念也实现了显著的更新。在这一时代背景的映照下，高等教育展现出勃勃生机，呈现出崭新的面貌。高等教育的培养模式在不断地变革中走向深化，而人才培养的理念也在持续的探索中实现创新。

三、数智化时代的管理人才培养

（一）管理人才培养的核心要素

管理人才培养的核心要素包括领导力发展框架构建、创新思维激发与

创新能力培养、跨文化沟通与全球化视野拓展、团队协作与冲突解决策略、数字化时代下的信息素养与技能提升等。领导力是管理人才的核心能力之一，需要构建一个全面的领导力发展框架，以培养学生的领导力。创新是推动社会和经济发展的关键，需要通过各种方式激发学生的创新思维，培养他们的创新能力。在全球化的背景下，管理人才需要具备良好的跨文化沟通能力和全球化视野，需要通过各种方式培养学生的这些能力。团队协作和冲突解决能力是管理人才必备的能力之一，需要通过各种方式培养学生的这些能力。在数智化时代，管理人才需要具备良好的信息素养和数字化技能，需要通过各种方式提升学生的数字技能和素养。领导力的培养不仅需要理论的学习，更需要实践的锻炼，需要为学生提供丰富的实践机会，让他们在实践中提升领导力。

（二）数智化管理人才培养面临的挑战

1. 技术更新速度快，知识迭代频繁

在数智化管理人才培养的广阔领域中，技术更新速度快与知识迭代频繁已成为不可忽视的显著特征。麦肯锡全球研究院报告指出，当前科技领域的知识半衰期已缩短至两年左右，意味着每两年，管理者所掌握的知识中有一半将可能过时。这一趋势对数智化管理人才的培养提出了前所未有的挑战。人工智能、大数据、云计算等前沿技术不仅深刻改变了企业的运营模式，也要求管理人才必须具备快速学习和适应新技术的能力。数智化管理人才必须紧跟技术潮流，不断学习新知识，以应对快速变化的市场环境。

为了应对技术更新速度快、知识迭代频繁的挑战，许多高校和企业开始探索创新的人才培养理念。终身学习理念的普及也为数智化管理人才的培养提供了有力支持。对于数智化管理人才而言，只有不断学习新知识、新技能，才能保持竞争力，为企业的发展贡献更大的价值。面对这一挑战，高校需要不断探索创新的人才培养模式，加强校企合作，推动课程改革，构建多元化评价体系，并普及终身学习理念，以培养出更多具备高度适应性和创新能力的数智化管理人才。

2. 跨学科融合要求高，培养难度大

在数智化管理人才培养中，跨学科融合的要求日益凸显，成为培养过程中的一大挑战。这一挑战要求学生不仅掌握扎实的专业知识，还需具备跨学科的视野与技能，如信息技术、数据分析、管理学、心理学等。麦肯锡全球研究院报告指出，到 2030 年，全球将有超过 8 亿个工作岗位需要跨学科技能，这一数据凸显了跨学科融合在人才培养中的重要性。

大数据、云计算、物联网等先进技术的深度应用，需要管理者具备市场营销、供应链管理、消费者行为学等多方面的综合能力。这种高度集成的业务模式，正是对数智化管理人才跨学科融合能力的直接考验。跨学科融合的培养难度大，还体现在教学资源的整合与师资力量的配置上。一方面，需要整合来自不同学科领域的优质教学资源，形成系统化的教学方案；另一方面，教师团队须具备跨学科的教学与研究能力，能够引导学生跨越学科界限，进行深度学习与探索。"大学教育的真正价值，在于它提供了跨学科的视角和思维方式。"加强师资队伍建设，提升教师的跨学科素养，是破解这一难题的关键。

跨学科融合要求高、培养难度大是数智化管理人才培养过程中不可忽视的挑战。通过构建跨学科课程体系、整合教学资源、加强师资队伍建设以及借鉴国际先进经验等措施，可以有效提升培养质量，为社会输送更多具备跨学科融合能力的数智化管理人才。

3. 企业需求多样化，供需匹配难度大

企业需求多样化已成为数智化管理人才培养面临的一大挑战。随着数字化转型的深入，不同行业、不同规模的企业对管理人才的需求呈现出显著差异。麦肯锡全球研究院报告显示，到 2030 年，全球将有超过 8 亿个工作岗位需要不同程度的数字化技能，而当前市场上具备这些技能的劳动者却供不应求。这种供需不匹配的现象，不仅体现在技能层面的差异，更体现在对管理思维、创新能力及跨学科知识的综合要求上。

以零售业为例，传统零售企业正加速向新零售模式转型，它们不仅需要掌握大数据分析、人工智能等前沿技术的管理人才，还需要这些人才能够深刻理解消费者行为，优化供应链管理，以及推动线上线下融合的创新策略。然而，市场上现有的管理人才往往难以同时满足这些多元化的需求，导致企业在招聘和人才培养上投入大量资源却难以找到合适的人选。面对企业需求多样化、供需匹配难度大的挑战，数智化管理人才的培养必须紧密贴合企业实际需求，不断创新培养模式和方法，才能培养出既具备扎实理论基础又具备丰富实践经验的高素质管理人才。

4. 学生兴趣与职业规划的引导问题

在数智化管理人才培养的进程中，学生兴趣与职业规划的引导问题显得尤为重要。随着技术的飞速发展，学生对新兴领域的兴趣日益浓厚，而如何将这些兴趣转化为明确的职业规划，成为教育者和学生共同面临的挑战。一项针对高校管理类专业学生的调查显示，超过 70% 的学生表示对数智化管理领域充满好奇，但仅有不到 30% 的学生能够清晰地规划出自己在该领域的职业发展路径。这一数据凸显了加强职业规划引导的必要性。

通过兴趣引导、个性化职业规划指导和名人名言的激励作用，可以有效解决学生兴趣与职业规划的引导问题。这不仅有助于提升学生的职业竞争力，还能为数智化管理领域输送更多优秀人才，推动行业的持续健康发展。

（三）数智化时代对管理人才培养的新要求

人工智能作为新一轮产业变革的核心驱动力，对经济发展、社会进步等各方面产生重大而深远的影响[①]。这种核心驱动力的形成需要从根本上重新剖析"人才"的内涵，思考数智化时代"人才"的培养目标与衡量标准。在数智化时代背景下，重新审视"人才"概念的内涵及其培养目标与评价标准成为必要。人工智能时代的到来为高等教育的人才培养提供了前所未有的机遇，拓展了其发展空间。具体而言，这些机遇体现在以下几个方面：首先，人才培养的意义与价值得到了进一步的凸显；其次，人才培养的途

① 余小波，张欢欢. 人工智能时代的高等教育人才培养观探析［J］. 大学教育科学，2019（1）：75–81.

径与方法得到了显著的改善；最后，人才培养的硬件设施与条件得到了扩展。在人工智能技术发展的初期，人才的贡献尤为关键，因此，培养具备技能与创新精神的人才对于国家在科技领域的进步和稳定发展具有深远的影响。同时，人工智能技术的迭代更新也促进了高等教育机构在人才培养途径和教学方法上的创新，丰富了教学手段。此外，人工智能技术的进步为高等教育提供了更先进的教学设施，为学生创造了更优越的学习环境，从而有助于提升其科学素养。然而，在人工智能时代，高等教育的人才培养也面临着挑战。首先，信息的爆炸性增长对高校教学提出了挑战，如何在有限的教学时间内传授全面而深入的知识成为教师必须面对的难题。其次，智能技术与学习机器的快速发展可能导致学生在学习过程中缺乏对基础知识的搜集、归类和总结，这在一定程度上抑制了学生自主探索能力和批判性思维能力的发展。最后，随着越来越多的基础性和常规性工作被人工智能所取代，社会对某些职位的需求减少，这直接影响了高校毕业生的就业前景。因此，学生必须学会在人工智能时代寻找和评估自己的职业能力和存在价值。

综上所述，高等教育机构必须适应人工智能时代的要求，重新定义人才培养的内涵，创新教学方法，优化课程内容，并且在技术进步的背景下，为学生提供适应未来社会需求的教育。同时，高等教育机构也应关注学生在人工智能时代如何定位自己的职业发展，以及如何培养能够与智能技术协同工作的能力。

数智化时代，为高等教育的数字化转型提供了机遇和支持，也给数智化管理人才培养带来新的挑战，更对管理人才培养提出了新的要求。这是因为尽管任何个体的知识储备量都无法超越人工智能，但是数智化管理人才等高级人才仍被需求，甚至更被需要[①]。这是因为以下几点：①人工智能和数据分析只能辅助决策，而不能做出最终决策。在很多复杂的领域，如

---

① 王竹立，吴彦茹，王云. 数智时代的育人理念与人才培养模式［J］. 电化教育研究，2024，45（2）：13–19.

管理和金融等，需要人类专业人才基于丰富的知识和经验进行决策。②人工智能和数据分析需要人类的输入和监督。在某些情况下，这些技术需要人类提供高质量的数据和监督，以确保结果的准确性和可靠性。③人工智能和数据分析不能完全取代人类的创造性思维。管理是一门实践科学与艺术，人类的想象力、创造力和把控能力仍然无法完全被技术所取代。④人工智能和数据分析不能完全取代人类的社交能力和情感智慧。在社交和领导力等领域，人类的专业人才能够利用他们的社交能力和情感智慧来解决问题和建立关系。学习能力、数据分析和数据决策支持能力、创新思维、团队协作能力、跨学科思维等是数智化时代对管理人才的新要求。概言之，数智时代更需要具有数据思维和决策支持能力、善于解决复杂问题、善于整合资源、具备综合能力和高阶思维的复合型人才。

在数字化转型的浪潮下，管理人才面临着前所未有的新要求。企业不再仅仅依赖于传统的组织架构和管理模式，而是需要管理者具备数据驱动决策的能力，以及深刻理解并应用新兴技术如大数据、云计算、人工智能等的能力。正如麦肯锡全球研究院的报告所指出，到 2030 年，全球将有超过 8 亿个工作岗位因自动化和数字化而发生变化，其中管理岗位的变革尤为显著。数字化转型要求管理人才不仅要精通传统的管理理论，还要掌握数据分析和数据挖掘的技术和能力，善于从海量数据中快速有效地提取有价值的信息，为企业的战略决策提供有力的数据和分析支持。因此，数智化时代对管理人才培养也提出了以下新要求。

1. 要培养跨界整合能力

数智化转型往往需要各个部门之间的密切协作。管理人才需要具备跨部门沟通与协作的能力，以有效整合来自不同领域的资源与信息。管理者应推动团队合作，打破信息孤岛，促进知识共享和资源整合，以实现更高效的决策和执行。在当今多元化的商业环境中，管理者必须具备跨学科的知识背景，这不仅包括其专业领域，还包括对其他相关领域的理解。这种跨学科的知识能够帮助管理者在面对复杂问题时，从不同角度进行思考，从而找到更全面的解决方案。此外，管理者需要能够有效地整合不同领域的专业知识，推动跨部门合作，打破信息孤岛，促进资源和信息的共享。这种整合能力对于应对快速变化的市场和业务环境至关重要，能够帮助企业在竞争中保持领先地位。

2. 要培养数据驱动决策能力

在数智化转型过程中，数据的生成、存储和分析成为核心。管理人才需要具备较强的数据提取和分析能力，善于从复杂的数据中准确提取有价值的信息，以支持决策。这不仅仅是技术问题，更是思维方式的转变。管理者必须从传统的经验判断转向以数据为基础的智能决策，从而对市场变化、客户需求和内部运营进行有效的预测与调整。在大数据时代，管理者面对的是信息量的爆炸性增长。因此，具备数据分析和解读能力变得尤为重要。管理者必须善于运用各种数据分析工具和技术，从海量数据中快速有效地提取有价值的信息，识别模式和趋势，从而做出基于数据的科学决策。这种能力有助于减少主观判断的偏差，提高决策的准确性和效率，确保企业能够快速响应市场变化，并在竞争中保持优势。

3. 要培养技术适应和敏捷反应能力

随着数字技术的不断进步，管理人才必须具备良好的技术适应和敏捷的反应能力。这不仅包括基本的数字技能，还包括了解和掌握新一代信息和通信技术（ICT），如云计算、大数据、人工智能等。这些技术的应用能够帮助管理者更高效地进行人员配置、资源整合和业务决策。管理者还需要保持对技术发展的敏感性，以便及时调整管理策略，保持竞争优势。在快速变化的市场环境中，管理者必须具备敏捷的反应能力，以便能够迅速适应外部环境的变化。这意味着管理者需要具备高度的警觉性和灵活性，能够及时捕捉市场动态和消费者需求的变化，并迅速调整管理策略和业务方向。敏捷反应能力还要求管理者能够快速决策，有效应对突发事件，确保企业能够持续稳定地发展。

4. 要培养创新思维与领导力

在数智化背景下，管理人才不仅要具备传统的管理能力，还须具备创新思维。面对快速变化的市场环境，管理者需要能够识别新的商业机会，推动创新。领导者应鼓励团队成员提出新想法，培养团队的创新文化，从而使企业在竞争中脱颖而出。同时，管理者的领导力也至关重要，能够有效激励团队、引导变革并应对各种挑战。在数智化环境下，管理者必须具备创新思维，能够运用新技术、新工具，推动产品和服务的创新。创新不仅仅是技术上的突破，更包括管理理念、商业模式、服务流程等方面的创新。管理者需要鼓励团队成员的创新精神，营造一个开放和包容的创新氛围，从而激发团队的创造力和潜力。通过创新，企业能够更好地满足市场需求，提升竞争力，实现可持续发展。

5. 要培养战略思维和全局观

在数智化转型中，管理者需要具备战略思维和全局观。管理人才必须能够从整体上分析企业的运营状况，识别潜在风险和机会，制定长期战略。特别是在制定人才管理和发展战略时，管理者应考虑到数字化的趋势，以便为企业培养适应未来需要的人才。同时，管理者还需关注行业动态，借鉴先进企业的成功经验，提升自身的战略视野。这就对数智化时代管理人才的战略思维和全局观提出了更高的要求。在数字化转型过程中，管理人才必须具备对市场动态的敏锐洞察力，能够从宏观角度审视企业内外部环境，识别出影响企业发展的关键因素；要有战略规划能力，能在复杂多变的市场环境中，制定出既具有前瞻性又切实可行的战略规划；要有数字化洞察力，对新兴技术保持敏感，理解其对业务流程、组织结构和人才需求的深远影响，并据此调整人才发展战略。

四、传统管理人才培养理念的局限性

管理人才培养，经历了一段漫长而宝贵的实践和积累时期，形成了一套相对成熟的模式和个性化的人才培养理念，也取得了一定的成效。然而，随着时间的推移，这些传统模式的局限性逐渐显现。理论重于实践的现象导致毕业生在实战经验上的匮乏，这在快速变化的商业环境中显得尤为突出。此外，过度依赖考核与评价机制使得学生在知识获取上变得被动，缺乏主动探索和创新的动力。同时，跨文化管理及全球化视

野的缺失限制了管理人才的全面发展，这在全球化日益加深的今天显得尤为重要。

随着经济社会的发展和高等教育改革的不断深化，一些现代的管理人才培养理念逐渐兴起，并在人才培养中被实践。管理人才培养开始强调培养学生的批判性思维、创新能力以及团队合作精神，注重实践与理论的结合，推动学生在真实情境中进行学习，重视信息技术的运用，培养学生的信息素养与数字化技能，以适应数字经济的发展趋势。与数智化时代的高要求相比，当前的管理人才培养还存在较大的差异。主要表现在以下几个方面。

1. 批判性思维培养不足

当前人才培养管理在批判性思维方面存在缺陷。受限于现有的考核和评价机制，学生往往习惯于接受现成知识和记忆参考答案，缺乏深入分析和独立思考的能力。面对复杂问题，特别复杂的管理实际问题时，他们可能无法进行辩证思考，难以识别问题的多维度和潜在假设，这影响了他们解决实际问题的能力。为适应数智化时代，需重视批判性思维的培养，鼓励学生质疑现有知识，培养学生分析问题和提出创新解决方案的能力。

2. 创新能力缺失

在商业环境快速变化的背景下，创新是企业生存和发展的关键。然而，当前管理人才培养在创新方面存在不足。学生习惯于遵循传统思维模式和解决问题的方法，缺乏创新意识和能力。他们对新技术和新趋势的敏感度不够，难以提出创新想法和解决方案。为提升管理人才的创新能力，需加强对创新思维的培养，鼓励跨学科学习和实践，为学生提供更多机会接触前沿科技和行业动态，激发学生创新潜能。

3. 团队合作精神缺乏

在多元发展和合作共赢大格局下，团队合作精神对于跨文化沟通和管理至关重要。然而，当前在培养学生团队合作精神方面还不够充分和有效。学生可能缺乏有效沟通技巧和协作能力，难以在多元文化团队中发挥优势。他们可能表现出自我中心、缺乏信任和尊重他人的行为，进而影响团队整体表现。为培养具有团队合作精神的管理人才，需加强团队协作教育和训练，提供多样化团队合作项目，采用多样化的项目合作式教学，鼓励学生在实践中学习与不同背景的人有效沟通和协作。

4. 信息技术应用局限性

尽管信息技术的运用受到重视，学生的信息素养和数字化技能仍有待提高。学生可能对最新信息技术不够熟悉，缺乏将技术应用于实际问题解决中的能力。管理类专业学生在数据分析、网络安全、人工智能等方面的知识和技能不足，影响了其职业竞争力。为提升学生的信息技术应用能力，须加快数字化课程的建设与改革，提供更多实践机会，让学生在实际操作中掌握相关技能，并了解如何将这些技术应用于管理实践中。

五、数智化时代的管理人才培养理念

数智化时代对管理人才培养的挑战是空前的，它不仅是对管理人才个人能力的挑战，更是对整个教育体系和社会培训机制的考验。数智化管理不仅仅是对数据和技术的应用，更是管理理念和组织文化的变革。它强调数据驱动的决策支持、流程的智能化优化、创新能力的提升以及开放的组织文化。数智化管理与传统管理在数据处理方式、决策支持、效率提升以及创新能力等多个维度表现出明显的差距，主要表现为：

（1）数据处理方式的不同：传统管理通常依赖于历史数据和经验，决策往往基于定性分析，缺乏对大量数据的深入挖掘。而数智化管理则强调对各种来源的实时数据进行采集和分析，包括结构化和非结构化数据，如社交媒体数据、传感器数据等，从而获得更全面的视角。数智化管理依赖于先进的算法和分析工具，这些工具能够识别数据中的模式、趋势和关联性，并据此进行预测和优化。而传统管理则主要依赖于人工分析和简单数据处理工具，难以快速适应复杂多变的环境。

（2）决策支持的差异：在传统管理中，决策往往依赖于管理者的经验和直觉，容易受到个人主观因素的影响①。数智化管理则通过数据分析提供客观依据，减少了决策过程中的主观性，提高了决策的科学性和准确性。数智化管理能够实现实时数据的监控和分析，支持快速反应和灵活调整，适应市场变化。这种灵活性是传统管理所无法比拟的，因为传统管理往往需要时间进行信息收集和分析，反应速度较慢。

（3）效率提升的表现：数智化管理通过数字技术对流程进行优化，减少了人为错误，提高了工作效率。它能够自动化重复性任务，节省员工的时间，让他们专注于更具创造性和战略性的工作。而传统管理往往依赖于人工操作，效率较低。在数智化管理中，资源的配置可以通过数据分析来进行优化，确保资源的最佳使用。而传统管理则往往依赖于经验和固定的规则进行资源配置，容易导致资源浪费或短缺。

（4）创新能力的差异：数智化管理通过数据分析和智能技术的运用，能够快速识别市场机会和客户需求，从而推动创新。而传统管理则往往依赖于长时间的市场调研和分析，反应速度较慢，难以把握快速变化的市场动态。数智化管理强调知识的共享与协作，通过数字平台促进团队之间的沟通与合作，提高创新能力。传统管理较少关注知识的共享，信息往往在部门间孤立，难以形成合力。

（5）组织文化与人才培养的不同：数智化管理倾向于建立开放、透明和创新的组织文化，鼓励员工积极参与到数据分析和决策中，而传统管理则往往保持较为封闭的管理结构，决策层与基层员工之间的信息沟通不畅。在数智化管理体系中，人才培养更注重数据分析能力、技术应用能力和跨学科知识的整合，培养具备数字思维和创新能力的人才。而传统管理则偏重管理技能和行业知识的传授，缺乏对技术能力的重视。

高校人才培养应与经济社会发展需求接轨。数智化管理的需求就是高校管理人才培养的指引。数智化时代，高校管理人才培养转型不及时、缺

---

① 王颖.基于人工智能的高校财务管理专业人才培养的新模式研究［J］.江苏科技信息，2023，40（26）：57-60.

乏前瞻性等不足逐渐显露，不利于人才培养质量的全面提升和数智化时代发展的需要。只有及时更新人才培养理念，不断适应和满足这些新要求，才能培养出符合未来市场需求的高素质数智化管理人才。

基于以上分析，本研究认为要适应数智化时代的要求，培养出适应社会经济发展需求的高素质数智化管理人才，必须树立"学生中心（Student-centered）、产出导向（Output-oriented）、创新核心（Innovation-cored）"的"SOI"数智化管理人才培养理念。

1. 以学生为中心，关注学生的个性发展和成长需求

人才培养应围绕学生的利益和需求进行，尊重学生的个性、兴趣和特长，关注学生的独特性，提供多样化的学习路径和机会，"因材施教""因需施策"，鼓励学生根据自己的兴趣、特长和职业规划选择适合自己的课程和活动。关注学生的成长需求，培养学生数据分析与决策支持、实践技能、创新思维、人际交往等多方面能力，帮助学生全面发展，增强其跨界融合能力，为满足未来的数智化管理需求和数据决策打下坚实的基础。

2. 以产出为导向，培养符合市场需求的高素质人才

在人才培养过程中，要主动对标企业和社会人才需求标准，密切关注、及时对接人才市场需求，确保教育内容和培养方式能够满足行业对人才的具体要求，培养出更加符合市场需求的高素质人才，增强学生的就业竞争力和职场胜任力，提高毕业生的就业率和就业质量，同时促进教育与经济发展的良性互动。数智化时代，管理人才的培养必须以数智化管理对人才核心能力和素养的要求为指引，重点培养学生的数据分析与决策支持能力、项目管理与团队协作能力，培养符合数智化管理需求的高素质管理人才。

3. 以创新为核心，培养学生的创新实践能力

数智化时代，创新思维和解决问题的能力是管理人才的核心能力。只有具有创新思维的管理人才，才能应对复杂的商业挑战和数字化转型的要求。只有具备快速反应与决策能力、数据驱动决策能力的管理人才，才能在数智化管理变革中主动识别潜在问题，解决实际问题。人才培养应将创

造性思维和创新能力的培养作为教育的核心目标之一，课程设置、教学设计、学业评价体系设置等，均应注重激发学生的创新意识，鼓励他们提出新观点、新方法和新解决方案。要为学生提供开放自由的学习环境，帮助其接触多元化知识体系，培养其跨学科思维能力。要加强实践教学，通过实验、实习、项目研究、科研活动、产教融合等方式，让学生将理论知识应用于实际，锻炼解决实际问题的能力，学会如何进行科学探索和创新实践，并将创新与市场需求相结合，提高创新的实用性和有效性，全面培养学生的创新意识和创新实践能力。

第二节　人才培养目标与数智化管理人才的需求不匹配

一、人才培养目标

（一）人才培养目标的概念

我国高校人才培养目标包括了政治性要求与专业性要求两大部分，是政治性要求与专业性要求的有机统一[①]。结合众多学者对人才培养目标的定义和分析，本研究认为人才培养目标是指教育机构根据社会需求、经济发展、文化传承等外部环境的变化，结合自身发展状况所制定的人才培养的具体标准和期望结果。这些目标不仅包括知识的传授，更强调能力的培养和素质的提升，以适应社会和市场的需求。也就是说，人才培养目标回答的是"培养什么人"这个教育的根本问题。人才培养目标具有多样性、系统性和动态性等典型特征，其具体的构成要素包括知识结构、能力要求、素质培养等。

（二）人才培养目标的地位

人才培养目标在教育活动中扮演着至关重要的角色。首先，它体现了

---

① 潘懋元.新编高等教育学［M］.北京：北京师范大学出版社，1996：60.

教育的根本宗旨，教育宗旨是制定人才培养目标的基础。潘懋元指出，教育目的制约各级各类学校的培养目标，各级各类学校通过各自的培养目标以实现共同的教育目的和各自的特殊任务。在探讨教育体系时，人才培养目标与教育目的虽密切相关，但二者不可混为一谈。教育目的通常指向更为宏观的教育理念和宗旨，而人才培养目标则更具体地指向学科和专业层面的培养要求。在中国的本科教育体系中，人才培养目标是制定学科和专业培养目标、专业培养标准的核心依据。这些具体目标和标准涵盖了业务工作要求、知识结构、能力结构和素质结构，为专业教育提供了明确的指导。人才培养目标在高等教育中发挥着基础性作用，它不仅是高校人才培养活动的总方针，而且指导着高校制订详细的人才培养方案和教学计划。基于这一目标，高校构建课程体系，确定教学内容，制定教学管理制度，并执行教育教学活动。此外，它还涉及建立人才培养目标的实施体系、反馈系统和评价体系，以确保教育活动的有效性和目标的达成。综上所述，人才培养目标对高等教育的各个方面具有深远的指导性作用。它不仅影响着培养标准、教学内容、课程体系的构建，还对教师的教学方法、学生的学习方式以及教学制度的规范产生重要影响。因此，明确和细化人才培养目标，对于提升教育质量和实现教育目的具有至关重要的意义。进一步而言，人才培养目标的设定需充分考虑时代发展和社会需求的变化。随着科技的飞速进步和全球化的深入发展，各行各业对人才的需求也在不断演变。高校作为人才培养的重要基地，必须紧跟时代步伐，不断调整和优化人才培养目标，以适应社会经济发展的新要求。在这一过程中，高校应加强与行业企业的合作与交流，深入了解市场需求和人才发展趋势，将行业标准和职业要求融入人才培养目标之中。同时，高校还应注重培养学生的创新精神和实践能力，鼓励学生参与科研项目和社会实践，提升其综合素质和竞争力。此外，人才培养目标的实施还需注重个性化教育。每个学生都有其独特的兴趣、特长和发展潜力，高校应尊重学生的个性差异，提供多样化的教育资源和培养路径，帮助学生实现个性化发展。

　　总之，人才培养目标是高等教育质量提升的关键所在。高校应不断审视和优化人才培养目标，加强与社会各界的合作与交流，注重个性化教育，为培养具有创新精神和实践能力的高素质人才奠定坚实基础。

（三）人才培养目标的发展

与西方国家不同，我国高等教育改革发展主要采取自上而下的政策驱动模式。"政策驱动"是我国高等教育改革发展的显著特征，也是中国特色高等教育治理模式的根本特点[①]。人才培养目标是在高等教育理念指导下，对所需培养人才类型的具体描述和明确界定。在我国，本科教育人才培养目标的政策表述经历了从"培养高级专门人才"到"培养适应经济社会发展的人才"，再到"培养拔尖创新人才"，最终到"培养德才兼备、全面发展的人才"的四个阶段。这一演进过程展现出以下几方面显著特征：

首先，我国本科教育人才培养目标的确立始终以党的教育方针为根本遵循和指导原则，确保教育方向与国家发展战略保持一致。

其次，人才培养目标在坚持政治性要求的同时，也注重专业性要求的有机统一，既强调思想道德建设，又重视专业技能培养。

最后，人才培养目标始终紧密围绕社会主义现代化建设的实际需求，根据国家发展不同阶段的特点和需要，不断调整和完善人才培养策略。

通过这些特征，我们可以看到我国本科教育人才培养目标的发展脉络，以及其与时俱进、不断创新的精神内核。

二、管理人才培养目标

管理人才培养目标是管理类专业人才培养的标准，包括知识目标、能力目标、思维和素养目标等不同的层面；不仅关系到学生个人的未来发展，也直接影响到社会经济的持续进步和创新。

1. 专业理论知识的掌握

专业理论知识的掌握是管理类人才培养的基石。它要求学生不仅要学

[①] 张应强，张怡乐.我国本科教育人才培养目标的历史演进及其基本特征——基于政策文本的分析［J］.江苏高教，2023（10）：13–21.

习管理学、经济学、法学等基础学科知识，更要深入理解这些知识背后的原理和逻辑。通过系统性的理论学习，学生能够构建起一个全面的知识框架，这为他们未来在复杂多变的商业环境中做出科学决策提供了理论支撑。

然而，过分强调理论知识的积累可能会导致学生在实际应用中能力不足。理论与实践之间的脱节，可能会削弱学生解决实际问题的能力，从而影响其在职场上的适应性和竞争力。

2. 实践能力的培养

实践能力的培养是管理类教育中不可或缺的一环。通过案例分析、模拟经营、实习实训等多样化的实践教学手段，学生能够将理论知识与实际情境相结合，从而提高分析问题和解决问题的能力。此外，团队合作和沟通协调能力的培养，对于学生未来在组织中的协作和领导能力的提升至关重要。

尽管实践能力的培养至关重要，但在实际操作中，资源的限制、教学方法的单一性以及缺乏与行业紧密联系的实践平台等问题，都可能成为制约实践教学效果的瓶颈。

3. 创新思维的培养

创新思维的培养是管理类教育中的一项重要目标。它鼓励学生对现有知识体系进行批判性思考，探索新知识，并提出创新性的解决方案。这种能力的培养有助于学生在未来的职业生涯中适应不断变化的市场需求，引领行业创新。

创新思维的培养需要一个开放和鼓励探索的教育环境，以及具备创新意识和能力的教师队伍。然而，在一些高校中，这种环境和资源可能并不充分，导致学生在创新思维方面的培养受到限制。

4. 职业素养的培养

职业素养的培养是管理类教育中不可忽视的一环。它强调职业道德、职业规范和职业责任感的内化，旨在培养学生的社会责任感和职业操守。良好的职业素养是学生在职场中获得信任和尊重的基础，也是其长期职业发展的保障。

职业素养的培养是一个长期且复杂的过程，需要与实践相结合，并通过持续的教育和引导来实现。一些高校可能缺乏对学生职业素养培养的系统规划和重视，导致学生在毕业后面临职业素养不足的问题。

高校管理类人才培养的目标是多维度的，包括专业理论知识的掌握、实践能力的培养、创新思维的培养和职业素养的培养。这些目标的实现需要高校在教育实践中进行综合考量和平衡，以确保培养出的管理类人才不仅具备扎实的专业理论基础，而且具备出色的实践能力、创新精神和职业素养。

现阶段，管理人才培养仍然是单一职能型，与数智化时代管理人才培养的需求存在一定的差异：一是局限于基本层面，对学生道德品质的培养重视不够。局限于知识目标、能力目标、素质目标等基本层面，对于学生的价值引领与人格塑造重视不够，"立德树人"的理念树得不够牢。二是融合不够，跨界观念不够。管理人才培养目标中没有体现跨界的思想，专业与专业的融合、课程与课程的融合是没有单独提出来的。

三、单一职能型管理人才培养目标

（一）单一职能型管理人才的培养目标的定义及特征

单一职能型管理人才通常是指在某一特定领域或职能上具备深厚专业知识和技能的管理人才，如人力资源管理、财务管理、市场营销等。其培养目标通常聚焦于提高学生的专业知识与技能，以便在该职能领域内有效工作。这种目标引领下的人才培养偏重理论学习、专业技能训练，往往忽略了跨学科知识的融合与应用。主要有以下特征。

1. 专业知识的深度

单一职能型管理人才须具备扎实的专业知识，能够在其职能领域内进行深入的分析和决策，强调对某一领域内知识的深入理解，如财务法规、市场分析工具；人力资源管理人才还需要掌握劳动法、招聘与选拔、绩效管理等相关知识，以便有效地管理和发展组织内的人才。

2.技能的专业化、规范化训练

通过系统的课程设置，使学生掌握专业技能，如会计准则、数据分析方法等。这类人才的培养目标还包括对具体技能的专业化训练。例如，市场营销管理人才需要掌握市场调研、品牌管理、营销策略制定等技能。这种专业化训练旨在提高其在特定领域内的工作效率和决策能力。

3.职业素养的培养

职业素养包括职业道德、责任感和团队合作精神等，这些都是单一职能型管理人才在职场中必不可少的素质。培养职业素养有助于提升人才的综合素质，使其在工作中能够更好地适应企业文化和团队氛围。单一职能型管理人才培养更加注重学生的职业道德和责任感，确保其将来在职场中能够遵循行业规范。

（二）单一职能型管理人才培养的优势

1.专业化知识深厚

单一职能型人才通常在特定领域具备深厚的专业知识和技能。这使他们能够在自己的职能范围内快速做出决策并有效解决问题。例如，财务管理人才对财务报表、预算管理等方面的专业知识非常精通，能够为企业提供精准的财务分析和建议。

2.专业工作效率高

由于专注于单一职能，管理人才能够熟练掌握相关工作流程和工具，从而提高工作效率。单一职能型人才在其岗位上能够快速适应并优化流程，确保任务的顺利完成。例如，市场营销专业人才能够迅速识别市场趋势并调整营销策略，以实现公司的市场目标。

3.职业发展路径明确

单一职能型人才通常拥有清晰的职业发展方向，这有助于他们在职业生涯中不断提升专业技能和水平。职能明确使得他们在晋升时能够凭借自身的专业能力获得认可，形成良好的职业发展循环。

4.管理成本低

在某些情况下，企业可以通过培养单一职能型管理人才来降低管理成本。这些人才在各自专业领域内的高效率工作，能够减少企业在培训和管理上的投入，同时提高整体工作效率。

四、单一职能型管理人才与数智化时代的多元需求不匹配

数智化时代，对管理人才需求呈现出多元化的典型特征。①数智化时代，需求的是跨领域融合型人才。随着各行业的数字化转型，企业需要具备多种技能的跨领域融合型人才。这类人才能够在不同领域间灵活切换，整合多方面的知识和技术，以应对复杂的业务挑战。例如，结合人工智能与数据分析能力，以实现高效决策。②需要的是数据驱动型人才。在数智化时代，数据成为企业决策的重要依据。数据驱动型人才需要具备数据分析、数据挖掘和数据可视化等技能，能够从海量数据中提取有价值的信息，为企业制定战略提供支持。这种人才不仅需要技术能力，还需具备商业洞察力。③需要的是数字化管理与领导力人才。企业需要具备数字化管理与领导力的人才，他们能够在复杂的数字环境中引导团队，推动组织变革，提升工作效率。这类人才应具备良好的沟通能力、团队协作能力，以及对新技术的敏锐洞察力。

尽管单一职能型管理人才的培养目标在特定领域内具有一定的针对性和专业性，但在数智化环境下，单一职能型管理人才培养目标的局限十分明显，与数字化时代对管理人才的多元需求极不匹配。具体表现在以下方面。

（一）专业深度与广度矛盾突出，跨界思维和跨学科能力缺乏

在传统的管理类专业本科生教育模式中，专业分工的明确性是其显著特点。学生往往被引导在特定的领域深入学习，如营销学、会计学、人力资源管理、电子商务等。这种专业分化使得学生能够在自己选择的领域内获得较为深入的专业知识和技能。然而，这种专业化的教育模式也有一些局限性。

首先，学生在专业学习中往往只关注本专业的核心课程和技能，对于其他管理学相关领域的知识了解有限。这导致学生在跨学科知识的掌握上

存在明显的不足。例如，营销专业的学生可能对会计学的基本原理和财务报表分析缺乏足够的认识，而会计专业的学生可能对市场营销策略和消费者行为了解不多。

其次，由于缺乏跨学科的知识和技能，学生在实际工作中可能难以灵活运用不同领域的知识来解决复杂问题。在当今商业环境中，应对企业面临的挑战往往需要多学科知识的综合运用。例如，一个需要同时考虑市场趋势、财务状况和人力资源配置的项目，就需要具备跨学科知识的管理者来协调和执行。

最后，随着商业环境的快速变化和新兴技术的不断涌现，对管理学本科生的综合能力要求越来越高。他们不仅需要掌握自己专业的知识，还需要了解其他相关领域的基本概念和方法，以便能够更好地适应未来的工作需求。随着数智化的推进，企业需要快速适应市场变化和技术更新。单一职能型管理人才由于过于专注于特定领域，可能在面对跨领域的挑战时显得力不从心。例如，在数字化转型过程中，管理人才需要同时具备技术、市场和管理等多方面的知识和能力，而单一职能型人才往往不具备这种适应性。

（二）技能单一，综合应用能力受限

在当前的管理实践中，尽管管理人才在特定专业领域的技能得到了显著提升，但跨学科的综合应用能力却显得相对薄弱。这种能力的局限性主要体现在管理人才在面对复杂多变的管理环境时，往往难以有效地整合和应用管理学以外的其他专业知识。在实际工作中，管理问题通常涉及财务、市场、人力资源等多个维度，它们相互交织，形成一个错综复杂的网络。因此，单一职能型的管理人才在处理这些问题时，可能会遇到困难，因为他们缺乏将不同领域的知识融会贯通的能力。这种局限性不仅影响了管理决策的质量，也制约了组织的创新能力和适应性。管理人才培养应更加注重培养学生的跨学科思维和综合应用能力，使他们能够更好地适应未来管理工作的需求。

（三）涉猎领域有限，灵活应变能力不足

技术进步的加速、全球化趋势的加强以及消费者需求的不断演变，共同塑造了一个动态多变的市场环境。在这样的背景下，企业必须具备高度的适应性和灵活性，才能在竞争中保持优势。数智化时代的市场环境变化迅速，管理人才需要具备更高的灵活性和适应性。能够迅速调整策略、优化资源配置，及时响应市场变化，是新型管理人才必备的素质。然而，传统的单一职能型管理人才，即那些专注于特定业务领域或职能的专业人士，往往在应对这种复杂多变的商业挑战时显得力不从心。

首先，单一职能型管理人才的局限性在于其专业技能和知识的狭窄范围。他们可能在自己的专业领域内拥有深厚的知识和丰富的经验，但当面对需要跨领域协作和综合解决方案的问题时，他们往往缺乏必要的跨学科知识和适应性。这种局限性导致他们在处理涉及多个业务单元或需要整合不同职能资源的复杂问题时，难以提出创新和有效的策略。

其次，随着企业运营的复杂性增加，管理者需要具备更广泛的能力，包括战略思维、创新能力和人际交往能力。单一职能型管理者往往在这些领域缺乏足够的培养和经验，这限制了他们在组织内部推动变革和促进跨部门合作的能力。此外，他们可能过分依赖传统的管理方法和工具，而这些方法和工具可能不再适用于快速变化的市场环境。

最后，适应性不足还体现在对新兴技术和市场趋势的响应上。在数字化转型和创新成为企业发展的关键因素时，管理者需要能够快速学习和适应新技术，以及理解并预测市场趋势。然而，单一职能型管理人才可能缺乏对这些新兴领域的敏感性和理解力，从而无法有效地引导企业进行必要的战略调整和创新实践。企业需要具备跨领域知识、能够灵活应对变化、并具有创新精神的复合型管理人才。这些人才不仅能够更好地理解企业内部不同职能之间的相互作用，还能够有效地应对外部环境的不确定性，从而为企业带来持续的竞争优势。

（四）深陷专业领域，创新能力缺乏

在数智化时代，创新和变革已成为企业持续竞争力的关键。然而，

传统的单一职能型管理人才往往深陷于自己的专业领域，这种过度的专业化可能导致他们缺乏跨学科的思维模式和创新能力。这种局限性不仅影响了他们推动组织内部变革的能力，也限制了他们引领行业创新的潜力。在快速变化的市场环境中，这种缺乏创新的管理方式可能会导致企业错失新的商业机会，甚至在竞争中处于不利地位。因此，培养具有跨界思维和创新能力的复合型管理人才，对于企业适应数智化时代的挑战至关重要。

具体而言，单一职能型管理人才可能过于专注于技术细节或特定业务流程，而忽视了不同领域知识的交叉融合所能带来的创新火花。他们可能在自己的专业领域内表现出色，但在面对需要综合多方面知识和技能的复杂问题时显得力不从心。这种现象在数智化转型过程中尤为明显，因为这一过程不仅要求管理者具备深厚的专业知识，更要求他们能够理解并整合不同领域的信息，以形成创新的解决方案。

此外，随着技术的飞速发展，企业面临的挑战和机遇都在不断变化。单一职能型管理人才可能难以适应这种快速变化的环境，因为他们习惯于在已知的框架内工作，而创新往往需要跳出传统框架，探索未知的领域。

（五）数智化技术匮乏，跟不上数字化变革需求

数据分析、人工智能和云计算等数智化技术正以前所未有的速度和规模重塑着企业的管理模式和决策流程。这些技术的融合，为企业带来了前所未有的数据处理能力和智能决策支持，极大地提升了企业的运营效率和市场竞争力。数智化使得数据成为决策的重要依据。现代管理人才需要具备数据分析的能力，能够从海量数据中提取有价值的信息，支持决策过程。这要求管理者不仅要理解业务流程，还需具备一定的数据科学知识，以便于进行科学决策。然而，尽管技术的浪潮汹涌澎湃，单一职能型管理人才却难以跟上。他们擅长的是那些经过时间检验的管理方法和策略。但面对数据分析的复杂性、人工智能的深奥算法以及云计算的庞大架构，他们往往感到力不从心。这种脱节现象，不仅限制了技术潜力的充分发挥，

还可能使企业在数字化转型的浪潮中落后于竞争对手。

（六）协作能力受限，资源整合能力不足

数字化转型浪潮中，企业运营的复杂性显著提升，对跨职能协作提出了更高要求。传统单一职能型管理人才在跨部门协作方面存在局限性，尤其在跨部门合作和沟通时，可能无法充分整合资源，影响团队整体效能。例如，在产品开发项目中，市场与研发部门间沟通不畅可能导致产品设计与市场需求不符，进而影响产品市场竞争力。此外，协作不足还可能导致资源浪费和工作效率下降，甚至引发团队内部矛盾。

综上所述，单一职能型管理人才的培养目标虽然在专业知识和技能的提升上具有明确的方向，但在数智化环境下，其适应性、创新能力、技术应用以及协作能力等方面的不足，使得这一培养模式与数智化时代管理人才的需求存在明显不匹配。管理人才培养应更加注重跨职能的综合素质提升，鼓励人才在多领域间的学习与实践，以更好地适应瞬息万变的市场环境和技术发展。通过整合多学科的知识和技能，培养具备创新能力和协作精神的复合型管理人才，将是应对未来挑战的关键所在。

五、数智化管理人才培养目标的调整建议

在数智化转型的大背景下，单一职能型管理人才培养目标显然已经无法满足现代企业数智化转型的需求。人才培养必须与时俱进，转向培养复合型、跨学科的人才体系，以适应新经济形势下的管理挑战。在数智化管理的背景下，及时调整人才培养目标，以适应社会和市场的变化，是提升人才质量和促进可持续发展的必由之路。通过课程设计的革新、软技能的培养以及持续学习机制的建立，能够更好地为企业和社会输送合格的管理人才，推动经济的可持续发展。管理人才的培养目标必须与时俱进，持续评估与反馈机制的建立是解决单一职能型管理人才培养目标与市场需求不匹配的重要途径。通过强化评估与反馈，可以不断优化人才培养方案，提升管理人才的综合素质和适应能力，最终实现教育与行业需求的良性互动。这一过程不仅有助于提升企业的竞争力，也为管理人才的职业发展创

造了更为广阔的空间。

目前的大多数高校在数智化管理人才培养方面还在不足。在课程设置上存在课程内容单一、实用性不足和跨学科整合不足等问题，具体表现为许多高校的数智化管理课程仍然以传统管理理论为主，缺乏对现代数字技术（如大数据、人工智能等）的系统化整合。学生在学习过程中，往往难以将管理理论与实际数字工具结合起来，导致理论与实践脱节。当前许多课程偏重理论知识的传授，缺乏实践环节。虽然有些高校已经开设了相关的实践课程，但整体上仍显不足，学生的能力在实际操作中难以得到有效提升。数智化管理涉及多个学科，包括管理学、信息技术、数据科学等。然而，很多高校的课程设置依然局限于单一学科，缺少跨学科的课程设计，导致学生的综合素质培养不足。在教学方法上存在以传统教学法为主导、缺乏实践与案例分析、评价体系单一等不足。具体表现为，高校的教学方法多以讲授式为主，教师在课堂上主导知识的传递，学生的参与度和互动性较低。这种方法虽然能够快速传达大量信息，但难以激发学生的学习兴趣和自主学习能力。实际案例的分析和讨论在数智化管理课程中非常重要，但目前许多课程仍然缺乏足够的案例教学，导致学生在面对真实问题时缺乏应对能力。当前的课程评价体系多依赖于期末考试，忽视了对学生实践能力和创新思维的考核。这种单一的评价方式无法全面反映学生的学习成果。

因此，数智化管理人才培养应该坚持立德树人，树立跨学科人才培养意识，强化实践与项目导向，以培养管工复合、具有战略思维、具备跨界创新能力的管理专门人才为根本目标。对具体应做到"四个强化"。一是强化数字技能的培养。随着数字化转型的加速，对具备数据分析、人工智能和信息技术应用能力的人才需求日益增加，人才培养应加强数字技能的培训，不断更新课程内容，确保学生能持续获取前沿的知识和技能，以适应新时代的要求。二是强化跨学科能力的提升。数智化管理需要多学科的知识交叉，培养目标应当鼓励跨学科的学习与合作，提升学生的综合素质与创新能力。三是强化实践能力与适应力。在人才培养过程中，应加强实践环节，注重实际工作能力的提升，帮助学生更好地适应未来工作环境的变化。四是强化道德与社会责任。在数智化管理中，伦理和社会责任的重要性日益凸显，人才培养应加强对伦理问题的讨论，培养学生的社会责任感，使他们在未来的职业生涯中能够做出正确的价值判断；确保培养出既具备专业技能又具有良好伦理观念的人才。

第三节　课程融合不足无法支撑数智化管理人才的培养

随着数智化时代的加速推进，企业对管理人才的需求发生了深刻变化。然而，传统的人才培养模式，由于课程融合不足和能力挑战不够的问题，已难以满足当前数智化环境下对管理人才的高要求。本小节将深入探讨这两个问题对数智化环境下管理人才培养的影响并给出相应的解决方案和建议。

一、课程融合不足对数智化管理人才培养的影响

传统的管理人才培养倾向于按照学科划分课程，如市场营销、财务管理、人力资源管理等。这种划分方式导致各课程之间缺乏有效的整合与衔接，从而使学生难以建立系统的知识体系和应用能力。数智化管理人才培养要求管理人才具备跨学科的知识和技能，而传统的课程设置显然无法满足这一需求 [1~3]。

课程融合是指将多个学科的内容和教学方法结合起来，以创造一个跨

---

[1]　苏文岚.数智化背景下 ERP 沙盘模拟实训课程在应用型本科院校财会专业人才培养中的运用分析 [J].老字号品牌营销，2024（15）：217-220.

[2]　蒋颖丽，徐京耀.数智化背景下会计实践教学创新研究——以电子商务专业为例 [J].现代商贸工业，2024，45（15）：185-187.

[3]　李华.数智化时代应用型本科智能财务课程体系建设思路探究 [J].中国总会计师，2024（6）：142-144.

学科的学习环境。这种方法强调的是知识的整合和应用，而不仅仅是单一学科的知识和技能的学习，旨在突破传统学科之间的壁垒，促进知识的交叉融合，从而培养出具备良好的综合素质和创新能力的人才。[1][2] 课程融合的好处包括提高学生的批判性思维能力，增强他们的解决问题的能力，以及帮助他们更好地理解和记住学习内容。此外，课程融合还可以帮助学生发展出更广泛的技能，如合作、沟通和创新。

然而，课程融合在实践中仍面临诸多挑战，如在课程设置以及教学方法方面较难实现。在课程设置方面，许多学校的课程仍然按照传统的学科分类进行划分，各学科之间缺乏有机的联系和渗透。在现代社会，面对复杂多变的问题和挑战，单一学科的知识往往难以应对，而具备跨学科知识和思维的人才则能够更灵活地运用所学知识，提出创新的解决方案。在教学方法上，传统的"填鸭式"教学方法难以激发学生的学习兴趣，更无法培养他们的跨学科思维和解决问题的能力，也无法实现课程融合。因此，课程融合不足是数智化环境下管理人才培养过程中存在的一个普遍问题。

课程融合不足不仅限制了学生综合素质的提升，还会影响他们的创新能力和未来竞争力。课程融合不足意味着各学科之间缺乏有效的联系和整合，这导致学生所学知识呈现碎片化状态，难以形成完整的知识体系。当课程内容孤立、缺乏联系时，学生可能感到学习枯燥乏味，从而缺乏探索的动力[3]~[5]。这也限制了学生综合素质的提升。此外，学生学习效果也因

① 宗文娟. 产教融合背景下区域经济数智化财经人才培育策略研究［J］. 烟台职业学院学报，2024，19（2）：64-68.

② 周建军，杜艳红. 新专标下中高职贯通培养数智化物流人才思考［J］. 中国物流与采购，2024（12）：52-53.

③ 张璐，杨锦绣. 新文科背景下本科院校工商管理专业数智化改革路径探索与实践［J］. 吉林农业科技学院学报，2024，33（3）：91-94.

④ 王伟. 数智时代财务管理专业人才培养探析［J］. 商业2.0，2024（17）：106-108.

⑤ 朱中月. 数智化时代应用型本科会计学专业改造提升研究——以 AHSL 学院为例［J］. 华东科技，2024（6）：95-97.

课程融合不足打折。各学科间的孤立使得学生难以形成完整的知识体系，所学知识碎片化严重。这种碎片化的知识难以在实际生活中灵活运用，从而影响了学生解决问题的能力。

课程融合不足的影响主要体现在两个方面：一是限制了学生综合能力的培养，使学生往往只能掌握单一学科的知识和技能，而缺乏将不同学科知识融会贯通的能力；二是阻碍了学生创新能力的提升，因为课程融合不足限制了学生创新思维的培养，而在数智化环境下，创新是推动企业发展的关键。

数智化环境下，管理人才的培养现状呈现出新的特点。一方面，数智技术为管理人才提供了丰富的数据资源和高效的决策工具，这要求管理人才不仅要具备扎实的理论知识，还要拥有强大的数据分析能力和信息技术应用能力。另一方面，数智化推动了管理理念的革新，强调以数据为驱动，注重跨部门、跨领域的协同合作，这对管理人才的知识体系提出了新的、更高的要求 [1]~[3]。

管理人才培养的新特点，对知识体系构建、实践能力培养以及创新思维培养等提出了新的要求。

在知识体系构建方面，传统的管理教育体系往往侧重于理论知识的传授，而忽视了实践技能的培养和新兴数智技术的融入，导致管理人才在面对数智化环境时显得力不从心 [4]。同时，部分管理人才对于数智技术的快速发展缺乏足够的认知和准备，难以将其有效应用于实际工作中，这无疑加大了他们在数智化环境下的工作压力和挑战。

在实践能力培养方面，传统的管理教育模式往往侧重于理论知识的传

---

① 刘慧哲,钱盈裕,赵燚.数智化背景下财务管理专业人才培养与课程体系改革［J］.营销界,2023（17）：122-124.

② 张文静.数智化时代财务管理专业应用型人才培养研究［J］.财讯,2023（16）：171-173.

③ 韩岚岚,仲伟奇.数智化时代高等院校管理会计人才培养路径研究［J］.齐鲁珠坛,2023（4）：1-5.

④ 李志远.数智化时代会计学专业人才培养模式研究［J］.上海商业,2023（8）：166-168.

授，而在数智化时代，管理决策依赖于对海量数据的分析与挖掘，这就要求管理人才不仅要精通管理理论，更要掌握数据分析、机器学习等前沿技术，能够在实践中灵活运用这些技术工具来优化决策过程，提升管理效能[1][2]。因此，数智化环境促使管理人才培养更加注重实践技能的培养，以满足新时代的管理需求。同时，数智化环境为管理人才培养提供了更为广阔的实践平台。随着大数据、云计算等技术的普及，企业可以构建更为智能化的管理系统，为管理人才提供模拟实战、在线协作等多元化的实践机会[3]。这些实践平台不仅能够帮助管理人才在实践中巩固理论知识，还能够锻炼他们的创新思维和解决问题的能力。通过参与这些实践活动，管理人才能够更好地适应数智化环境，提升自身的综合素质和竞争力。

创新思维培养在数智化环境下管理人才培养中的作用和意义尤为突出。首先，创新思维是管理人才适应数智化环境的关键。在数智化时代，市场环境变化迅速，管理人才需要具备敏锐的洞察力和前瞻性的思维，才能准确把握市场趋势，做出科学的决策[4]。其次，创新思维是推动企业发展的动力源泉。管理人才通过创新思维，可以不断探索新的管理模式和业务流程，提高企业的运营效率和竞争力。

因此，管理人才的培养需要与时俱进。在知识体系构建上要进行深度革新。这包括加强数智技术相关知识的传授，如数据分析、人工智能等；注重培养管理人才的实践能力和创新思维[5]，使他们能够在数智化环境中灵活运用所学知识解决问题；同时，还需要关注管理人才的软技能培养，如

① 许立志.数智化环境下财会人才培养模式研究［J］.财讯，2023（15）：180–182.

② 梁毕明.数智时代下财会类专业人才培养模式创新研究［J］.中国管理信息化，2023，26（15）：202–205.

③ 黄琳.数智化背景下应用型本科院校人才培养模式研究［J］.行政事业资产与财务，2023（14）：121–123.

④ 李翠，赵紫茹，杨蕾.数智化背景下应用创新型物流人才培养模式研究［J］.物流工程与管理，2023，45（7）：183–185.

⑤ 张萌，侯普恩."数智化"背景下新媒体艺术人才培养路径［J］.人才资源开发，2023（15）：56–58.

团队协作、沟通能力等，以提升他们在数智化环境下的综合竞争力。在实践能力培养方面，管理人才培养需要更加注重实践教学环节的设计与实施，确保管理人才能够在实践中得到充分的锻炼和提升。管理教育机构和企业需要共同努力，构建更加完善的实践教学体系，为管理人才提供更多、更好的实践机会和平台。同时，需要加强产学研合作，推动理论知识与实践应用的深度融合，培养更多具备创新精神和实践能力的高素质管理人才。在创新思维培养方面，管理人才的培养需要更加注重创新思维的培养。这包括加强创新思维相关知识的传授，如设计思维、跨界思维等；注重培养管理人才的实践能力和团队协作能力，使他们在实践中不断锻炼和提升创新思维；营造开放、包容的企业文化，鼓励管理人才敢于尝试、勇于创新。

二、能力挑战不够对数智化管理人才培养的影响

传统的管理教育往往侧重于理论知识传授，而缺乏实际案例分析和实践操作。这种教学方式导致学生解决复杂问题的能力、创新思维和团队协作能力不足。在数智化环境下，这些能力的缺失尤为致命。数智化时代要求管理人才具备快速适应变化、解决复杂问题和创新思维的能力，而传统的能力培养方式显然无法满足这一需求[①]。

能力挑战不够的影响主要体现在两个方面：一是影响了学生的就业竞争力。在数智化时代，企业越来越注重管理人才的实践能力和创新能力，而能力挑战不够则导致学生在就业市场上处于劣势地位；二是限制了学生的职业发展潜力。在数智化环境下，企业需要管理人才不断学习和创新以适应快速变化的市场环境，而能力挑战不够则限制了学生在这方面的发展潜力。

传统的教育模式往往侧重于知识的教授，对于学生实践能力和创新思维没有很好的培养。这种教学方式导致学生在走出校园后，面对实际

---

① 吕晓慧.数智化时代管理会计人才培养路径探索［J］.财讯，2024（10）：38—40.

工作时感到力不从心，缺乏解决实际问题的能力。例如，某知名大学的计算机科学专业毕业生，在求职过程中发现，尽管他们掌握了扎实的理论知识，但在实际编程和项目开发方面却显得经验不足，难以满足企业的实际需求 [1][2]。

在职场环境中，能力挑战不够同样是一个亟待解决的问题。一些企业过于注重短期效益，忽视了员工的长期发展和能力培养。这使得员工在工作中缺乏足够的挑战和成长机会，导致他们的技能停滞不前，难以适应市场的快速变化。能力挑战不够，首要影响体现在员工职业技能的停滞与退化。当员工长期处于缺乏挑战性的工作环境中，他们往往无须探索新知识或技能，从而导致现有能力得不到有效提升。以某大型制造企业为例，其生产线上的部分老员工因长期重复简单任务，对新技术、新设备的掌控能力明显滞后于新员工，这不仅影响了个人职业发展，也制约了整条生产线的效率提升 [3][4]。在激烈的职场竞争中，持续的能力提升是保持竞争力的关键。然而，工作缺乏挑战性的员工往往难以适应市场变化和新兴需求，从而在竞争中处于劣势。例如，某互联网公司市场部员工因长期未接触新项目，对市场趋势和消费者行为变化的敏感度降低，最终在团队重组时因竞争力不足而被调岗。能力挑战不够还可能对员工的工作动力和职业满意度产生负面影响。当员工感到工作缺乏挑战性时，可能失去对工作的热情和投入，甚至产生职业倦怠。这种消极态度不仅影响个人工作效率和幸福感，

① 王晨曦，黄彦萍，叶盈吟.数字化转型背景下数智化财会人才培养体系创新研究 [J].华东科技，2024（5）：141-144.

② 陈哲，蔡彬清.基于 AGIL 理论的数智化工程管理人才培养体系构建及策略 [J].海峡科学，2024（4）：126-131.

③ 唐夏芹.数智化时代高职院校"互联网 + 课堂"的会计专业人才培养路径研究 [J].互联网周刊，2023（19）：54-56.

④ 王怀禹，罗通彪，刘强，等.养殖业数智化转型升级背景下的畜牧人才培养探索实践案例 [J].猪业科学，2023，40（9）：46-49.

还可能破坏团队氛围和降低整体绩效[1][2]。以某教育机构为例，其行政部门员工因长期处理重复性事务，缺乏成长机会，工作积极性下降，最终影响了整个部门的运作效率[3]。

在个人发展层面，能力挑战不够也限制了个体的成长和进步。一些人安于现状，缺乏主动挑战和提升自己的动力。他们满足于目前的工作和生活状态，不愿意尝试新的事物和学习新的知识。这种心态不仅限制了他们的个人发展，也使他们难以适应社会的快速变化。例如，某位在市场营销领域工作多年的专业人士，由于长期缺乏对新兴市场趋势和营销技术的学习和挑战，逐渐失去了市场竞争力，最终面临职业发展的困境[4][5]。能力挑战不够首先导致学生学习动力的减弱。当学习任务过于简单、缺乏挑战性时，学生往往难以产生持续的学习兴趣和动力。以某中学的数学课程为例，部分优秀学生在掌握基础概念后，发现课堂练习和作业缺乏挑战性，逐渐对数学失去兴趣，甚至在课堂上出现分心现象[6][7]。这表明，缺乏能力挑战的学习环境可能削弱学生的学习动力，进而影响其学业表现。能力挑战不够还可能阻碍学生认知能力的发展。根据建构主义学习理论，学习是需要个体与环境相结合，并且在此基础上不断构建新知的过程。若学生在学习过程中未能面临足够的能力挑战，其认知能力将难以得到充分锻炼和提

① 袁佳慧.执业导向的民办高校数智化会计人才培养模式探究［J］.财讯，2023（18）：165-167.

② 王晖.数智化转型升级下智能物流技术新专业人才培养路径研究［J］.物流科技，202346（18）：167-170.

③ 徐锐，吴晶，全佳瑛.产教协同育人模式下数智化财会人才培养的探索［J］.财会学习，2023（26）：161-163.

④ 田力丹，王志扬.数智背景下艺术传播人才培养路径刍议［J］.中国报业，2024（6）：82-83.

⑤ 陈秋生，赵磊，郑钦月.数智化时代"新财经"人才培养的现实问题及其路径突破［J］.成都师范学院学报，2024，40（2）：28-36.

⑥ 姚丽琼，楼继承，林灵，等.数智化时代管理会计人才培养路径探索［J］.宁波工程学院学报，2023，35（3）：101-108.

⑦ 李勇，李超，孙畅."变"与"不变"：数智化时代会计人才培养的变革与坚守［J］.财务管理研究，2023（9）：107-111.

升。例如，某语言学习班上，学生长期进行低难度的听说读写练习，缺乏与更高水平语言使用者的交流机会，导致其语言运用能力停滞不前。这说明，缺乏挑战性学习任务可能限制学生认知能力的拓展。能力挑战不够还可能影响学生的自我效能感和自信心。而学生的自我效能感是指其对自己能否成功完成某一行为的主观判断。当学生在学习过程中未能面临足够的能力挑战时，他们可能对自己的能力产生怀疑，进而降低自我效能感。以某大学编程课程为例，部分学生在完成基础编程任务后，未能获得更具挑战性的项目实践机会，导致他们在面对实际问题时缺乏自信，甚至产生逃避心理。这表明，缺乏能力挑战的学习环境可能对学生的自我效能感和自信心造成负面影响。

能力挑战不够的问题在教育、职场和个人发展等多个层面都表现得尤为突出。这一问题不仅限制了个体的成长和进步，也成为企业竞争力和社会整体发展的潜在障碍。因此，需要重视这一问题，通过改革教育模式、优化职场环境和激发个体潜能等多方面的努力，来推动个体能力的提升和发展。

三、两者无法支撑数智化环境下管理人才培养

在数智化环境下，管理人才的培养面临着全新的挑战与要求。然而，当前的培养模式在课程融合与能力挑战方面依然存在着欠缺，数智化环境下的人才管理培养难以达标。以下从教育理念、课程设置、教学方法、师资力量等方面进行分析。

（一）教育理念滞后

教育理念作为教育实践的指导思想，其先进性与适应性直接关系到教育质量的高低和学生发展的优劣。然而，在当前教育领域中，教育理念滞后已成为一个不容忽视的问题，它严重制约了教育的创新与进步。以下将从教育理念滞后的原因、影响及应对策略三个方面进行深入探讨。

教育理念滞后的原因复杂多样，其中教育制度的僵化是首要因素。传统教育制度往往容易忽视学生能力和思维的培养，导致教育理念难以与时

俱进。同时，教育资源的分配不均也加剧了这一问题的严重性。优质教育资源分布不均，一些较为偏远的地方或者农村的教育资源仍需要改善，这使得这些地区的教育理念更新更加困难。此外，教育师资的素质也是影响教育理念更新的重要因素[①~③]。部分教师由于自身知识结构和教学方法的限制，难以接受和践行新的教育理念。

教育理念滞后对教育质量和学生发展产生了深远的影响。首先，滞后的教育理念难以满足社会对多样化、创新型人才的需求，导致教育与社会发展脱节。其次，它限制了学生个性的发展和创新能力的培养，使得学生在面对复杂多变的社会环境时难以适应。最后，滞后的教育理念还可能导致教育公平问题的进一步加剧，使得教育资源更加集中于少数优势群体。

针对教育理念滞后的问题，应从多个层面入手进行应对。首先，要优化教育制度，打破传统教育制度的束缚，建立更加灵活、开放的教育体系。这包括改革考试评价制度、推行素质教育等[④]。其次，要均衡分配教育资源，加大对农村和边远地区教育的投入，促进这些地区教育理念的更新。同时，应加强教育师资的培训与提升，引导教师树立先进的教育理念，掌握现代教学方法。

在实施策略上，可以制定具体的时间表和路线图。例如，在未来三年内逐步完成教育制度的改革；五年内实现教育资源的基本均衡分配；同时持续进行教师培训计划，确保每位教师都能接受到先进教育理念的熏陶。通过这些措施的实施，可以逐步解决教育理念滞后的问题，推动教育的持续创新与发展。

---

① 李欢，李建新，刘楠. 数智时代高校会计创新人才培养的路径研究［J］. 商业会计，2023（13）：112-114.

② 项亚平. 职业院校数智化人才培养现状及存在的问题和实现路径［J］. 中国管理信息化，2023，26（13）：212-215.

③ 张卉. 数字经济背景下数智化财经人才需求分析与培养目标探究［J］. 中国管理信息化，2023，26（13）：222-225.

④ 陈芹，郑月龙. 数智化时代"思政引领＋数智赋能"人才培养路径探究［J］. 黑龙江教育（高教研究与评估），2023（7）：78-81.

（二）课程设置不合理

课程设置作为教育活动的核心组成部分，其合理性与否直接关系到教育目标的实现和学生能力的培养。然而，当前教育领域普遍存在着课程设置不合理的问题，这不仅影响了教育质量，也制约了学生全面发展。下面将从课程设置的结构、内容安排及教学方法等方面，对其不合理性进行深入分析，并探讨其背后的原因及潜在影响。

课程设置的不合理性首先体现在结构上。传统的课程设置往往过于注重学科知识的系统性和完整性，而忽视了学生个性化需求和兴趣的培养。这种"一刀切"的课程结构使得学生在面对繁重的课业负担时，难以找到真正适合自己的学习路径[1][2]。

在内容安排上，课程设置同样存在诸多问题。一方面，课程内容往往滞后于社会发展和科技进步，导致学生所学知识与实际应用脱节；另一方面，课程内容之间的衔接不够紧密，缺乏跨学科整合，限制了学生综合素养的提升。

教学方法方面，课程设置不合理也表现得尤为突出。现在的大部分教学依然是传统的填鸭式教学，学生主观能动性和创造性培养效果不佳。这种教学方法既没有提高学生的学习兴趣，也没有提高学生解决问题的能力。

课程设置不合理的原因主要包括教育理念滞后、教育资源分配不均以及教师培训体系不完善等。滞后的教育理念使得课程设置难以与时俱进，教育资源分配不均则导致优质课程资源难以惠及所有学生，而教师培训体系不完善则使得教师难以掌握先进的教学理念和方法。

课程设置不合理对学生的全面发展产生了深远影响。它不仅限制了学生个性化需求的满足和兴趣的培养，也导致学生所学知识与实际应用脱

① 田冬雨.数智化时代应用型本科旅游管理专业人才培养改革探究［J］.西部旅游，2023（12）：76-78.

② 张龙天，王珮，赵小钥.数智化背景下财务管理专业培养计划的改革与探索［J］.河南教育（高等教育），2023（6）：59-61.

节，难以适应社会发展的需求。同时，不合理的课程设置还可能加剧教育公平问题，使得优势群体和弱势群体之间的教育差距进一步拉大。

综上所述，课程设置不合理是当前教育领域亟待解决的问题。为了构建更加科学合理的课程体系，需要从更新教育理念、优化教育资源分配以及完善教师培训体系等多方面入手，以确保课程设置能够真正服务于学生的全面发展和社会进步的需求。

（三）教学方法单一

教学方法单一的原因主要有两方面。首先，传统教育理念的影响使得教师会忽视学生的主体性和创造性的培养，而去一味地传授书本知识。在这种理念下，教师往往采用单一的讲授式教学方法，缺乏与学生之间的互动和合作。其次，教师培训体系的不完善也是导致教学方法单一的重要原因。许多教师在职前和职后培训中缺乏多样化的教学方法培训，导致他们在实际教学中难以运用多种教学方法[1][2]。

教学方法单一对学生和教师都产生了深远的影响。对学生而言，单一的教学方法难以满足他们多样化的学习需求，限制了他们学习兴趣和积极性的培养。这样会使得学生在面临一些复杂的问题时不能灵活地运用已学知识去解决。对教师而言，教学方法单一不仅限制了他们教学创新能力的提升，也增加了他们的教学负担和职业倦怠感[2][3]。

想改善教学方法单一的问题，需要从多方面入手。首先，更新教育理念是关键。教师应树立以学生为中心的教育理念，注重培养学生的主体性和创造性。其次，完善教师培训体系也是必不可少的。教育部门应加强对教师的多样化教学方法培训，提高他们的教学创新能力。最后，学校还可以鼓励教师进行教学研究和实践探索，为他们提供必要的教学资源和支持。

---

[1] 田冬雨. 数智化时代应用型本科旅游管理专业人才培养改革探究［J］. 西部旅游，2023（12）：76-78.

[2] 张龙天，王珮，赵小钥. 数智化背景下财务管理专业培养计划的改革与探索［J］. 河南教育（高等教育），2023（6）：59-61.

[3] 王蕊. 数智化背景下审计人才培养路径研究［J］. 中国市场，2023（17）：156-159.

第四节　单一学院和单一学科的教学保障机制难以满足复合型人才培养的要求

在高等教育领域，教学保障机制作为确保教学质量、促进人才培养的重要基石，长期以来在单个学院和单一学科的教学中发挥着不可或缺的作用。然而，随着社会的快速发展和科技的日新月异，特别是数智化时代的到来，对人才的需求已从单一专业技能型人才转变为复合型、创新型人才。传统的教学保障机制逐渐显露出其局限性，难以满足复合型人才培养的新要求。下文将从教学传统机制的局限性、其在学院和学科层面的局限性、培养复合型理想人才的新需求与挑战，以及如何优化传统教学保障机制以适应新要求四个方面进行深入探讨[①~③]。

一、传统教学保障机制的局限性及其对复合型人才培养的制约

（一）教学方面的局限性

传统的教学保障机制主要指在长期的教育实践中形成的，旨在保证教学质量和效果的一系列制度、措施和活动。这些机制通常包括教学质量标准、质量监控与评估、教师培训与发展、学生反馈与参与等方面。在传统教育模式中，这些机制共同构成了一个相对完整且稳定的教学质量保障体系，包括教学质量标准、质量监控与评估、教师培训与发展、学生反馈与参与以及质量文化的建设等方面的内容。然而，随着时代的发展，新的技术和理念不断涌现，对传统教学保障机制提出了新的要求和挑战。因此，需要在继承和发扬传统优势的基础上，不断创新和完善，以适应新时代教育发展的需要。

---

① 薛璟.数智化背景下现代物流管理专业育人模式探索研究［J］.云南开放大学学报，2023，25（2）：70-76.

② 刘洋.数智化时代下的企业财务管理新趋势［J］.现代企业文化，2023（17）：49-52.

③ 危英.业财资税一体化数智财务人才培养模式创新研究［J］.商业会计，2023（11）：118-122.

1. 教学思想的单一性

教学思想的单一性，指的是在教育活动中过度依赖或局限于某一种特定的教学思想，而忽视了其他可能的教学思想、方法的多样性和互补性。这种单一性可能源于历史传统、制度约束、教师习惯或理论认知的局限。其特点在于教学目标的单一化、教学内容的固定化以及教学方法的僵化。

教学思想的单一性对教育质量和效果产生了显著的影响。首先，它限制了学生的全面发展。单一的教学思想往往只关注某一方面能力的培养，如知识的传授或应试技巧的训练，而忽视了学生创新能力、批判性思维和实践能力的培养。其次，它阻碍了教师的专业成长。教师在单一的教学思想框架下，难以接触到新的教学理念和方法，从而限制了其教学创新和专业发展。最后，它影响了教育改革的进程。教学思想的单一性使得教育改革难以深入，因为改革往往需要打破现有的思想框架，引入新的教学理念和方法。

与其他教学思想相比，显得较为封闭和保守。例如，与建构主义教学思想相比，单一性教学思想更强调教师的权威和知识的传授，而忽视了学生的主体地位和自主建构知识的过程。与人本主义教学思想相比，单一性教学思想更关注学科知识的系统性，而忽视了学生的情感、态度和价值观的培养。

针对教学思想的单一性，本研究提出以下改进建议。首先，教师应增强教学思想的多样性意识，积极学习和探索不同的教学思想和方法，以丰富自己的教学实践。其次，学校和教育部门应提倡与支持教师进行教育改革和创新，为教师提供更加多样的教育资源与机会。同时，应建立更加灵活和多样的教学评价体系，以鼓励教师尝试新的教学理念和方法。最后，应加强教育理论的研究和传播，推动教学思想的更新和发展，为教育实践提供更为丰富和科学的指导。

增强教学思想的多样性意识、鼓励教学改革和创新、建立灵活多样的教学评价体系以及加强教育理论的研究和传播，有助于逐步克服教学思想的单一性，提高教学质量和效果，为学生的全面发展和社会的进步作出更大的贡献。

2. 课程体系的割裂性

课程体系作为教育活动的核心组成部分，其设计与实施直接影响着教育目标的实现和学生综合素质的培养。然而，当前许多教育体系中存在着课程体系的割裂性问题，这一问题不仅影响了教育效果，也制约了学生的全面发展。下文将围绕课程体系的割裂性这一主题，剖析其成因、表现及影响，并提出相应的改进路径。

课程体系的割裂性，主要指的是不同课程之间缺乏有机的联系和整合，导致学生在学习过程中难以形成系统的知识结构和综合的思维能力。这一问题的成因多样，包括历史传统的惯性、学科划分过于细化、教学目标的单一化以及评价体系的片面性等。这些因素共同作用，使得课程体系呈现出一种碎片化、割裂化的状态[①]。

课程体系的割裂性在教育实践中有着明显的表现。一方面，不同课程之间的内容重复、交叉或缺失，导致学生在学习过程中感到困惑和无所适从。另一方面，课程之间的衔接不紧密，缺乏递进和深化的关系，使得学生的知识体系难以形成系统，不完整。此外，割裂的课程体系还往往忽视了学生的个体差异和多样化需求，无法满足学生全面发展的要求。

课程体系的割裂性对学生和教育都产生了深远的影响。对于学生而言，它限制了学生综合素质的提升，使得学生在面对复杂问题时缺乏跨学科的思维和解决问题的能力。对于教育而言，它制约了教育改革的深入推进，使得教育难以适应社会发展的新要求和挑战[②~④]。

---

① 刘洋. 数智化时代下的企业财务管理新趋势 [J]. 现代企业文化，2023（17）：49-52.

② 危英. 业财资税一体化数智财务人才培养模式创新研究 [J]. 商业会计，2023（11）：118-122.

③ 宋佩华，刘新全，汪德荣，等. "一带一路"与数智化双重背景下物流管理专业本科人才培养路径探究 [J]. 中阿科技论坛（中英文），2023（6）：16-20.

④ 邱均平，付裕添，张蕊，等. 数智时代管理科学与工程的发展特点及趋势分析——基于科研、教育与技术应用视角 [J]. 中国科技论坛，2023（6）：130-141.

针对课程体系的割裂性问题，本研究提出以下改进路径。首先，应树立整体性的课程设计理念，注重不同课程之间的内在联系和整合，形成有机的课程体系。这要求教育者在设计课程时，要打破学科界限，注重跨学科的知识融合和思维训练。其次，应优化课程结构，减少不必要的课程重复和交叉，确保课程内容的连贯性和递进性[①]。再次，应关注学生的个体差异和多样化需求，提供多样化的课程选择和学习路径。最后，应改革评价体系，建立更加全面、科学的评价标准和方法，以引导课程体系的整体优化和学生的全面发展。

在实施改进路径的过程中，教育者应充分认识到课程体系的割裂性、复杂性和长期性，采取渐进式的改革策略。同时，应加强教育实践与研究之间的结合，不断探索和创新课程体系的设计与实施方式。此外，政府和社会各界也应给予充分的支持和关注，共同推动课程体系的改革与完善。

3. 师资配置的局限性

在教育体系中，师资配置是关乎教育质量与学生发展的重要因素。然而，当前教育领域普遍面临着师资配置的局限性问题，这在一定程度上制约了教育的全面发展和学生综合素质的提升。下文将从师资力量不足、教育资源分配不均、教学方法单一等多个方面，全面剖析师资配置的局限性，并提出相应的应对策略[②③]。

师资力量不足是师资配置局限性的一个重要表现。随着教育规模的扩大和学生数量的增加，教师队伍的缺口日益凸显。尤其是在一些偏远地区或经济欠发达地区，优秀教师难以引进，现有教师也往往面临着极大的教学压力，难以保证教学质量。这种师资力量的不足，直接导致了教学质量

---

① 王雅琦，刘文丽. 数智时代下复合型会计人才转型路径探索［J］. 经济师，2023（6）：69-70，72.

② 张烨，刘媛媛. 数智化时代应用型本科院校财务管理人才培养改革研究［J］. 中国农业会计，2023，33（9）：53-55.

③ 陆晓婷. 数智化背景下"1+X"证书与高职会计人才培养的融合研究［J］. 中国管理信息化，2023，26（9）：229-232.

的下降和学生受教育机会的减少。

教育资源分配不均也是师资配置局限性的一个重要方面。在城市与农村、重点学校与普通学校之间，教育资源的分配存在着显著的差异[1][2]。优秀教师往往集中在资源丰富的学校，而资源匮乏的学校则难以吸引和留住优秀教师。这种教育资源的不均衡分配，不仅加剧了教育公平的问题，也限制了整体教育水平的提升。

教学方法的单一同样是师资配置局限性的一个突出表现。在传统教学模式中，教师通常采用单一的讲授法，往往忽略了学生的个体差异和多样化的学习需求。这种单一的教学方法不仅限制了学生创新能力和实践能力的培养，也影响了学生的学习兴趣和积极性。针对师资配置的局限性问题，本研究提出以下应对策略：

首先，应加大教师培养和引进的力度，特别是在偏远地区和经济欠发达地区，应提供更具吸引力的政策条件，以吸引和留住优秀教师[3][4]。同时，应加强对现有教师的培训和支持，提升他们的教学能力和专业素养。

其次，应优化教育资源的分配机制，确保教育资源的均衡配置。政府和教育部门应加大对薄弱学校和地区的投入，提供必要的教学设施和资源支持。同时，应鼓励和支持学校之间的资源共享和合作，以促进教育资源的优化配置。

最后，应推动教学方法的创新和多样化。教师应关注学生的个体差异和多元需求，运用多样化的教学方法和手段，激发学生的学习兴趣与积极性。此外，应注重培养学生的创新能力与实践能力，以使其更好地应对社

---

① 李小龙. 数字经济时代会计专业人才培养模式改革研究［J］. 辽宁科技学院学报，2023，25（2）：40-43.

② 韩婧怡. 数智化时代新商科人才培养模式研究［J］. 现代商贸工业，2023，44（10）：102-104.

③ 韩景旺，刘濛，张静. 新文科背景下地方本科院校财经类专业人才培养"数智化"转型［J］. 河北农业人学学报（社会科学版），2023，25（2）：124-130.

④ 武文，张晓莉，段洪成. 基于成果导向理念的数智化复合型会计人才培养研究［J］. 中国农业会计，2023，33（6）：103-105.

会发展的新需求与挑战。

4. 实践环节的薄弱性

在教育体系中，实践环节是将理论知识与实际操作相结合的重要组成部分，对培养学生的综合素质、创新思维以及解决实际问题的能力起着不可替代的作用。然而，当前教育实践环节普遍存在着薄弱性问题，这不仅影响了学生实践能力的培养，也制约了教育质量的整体提升。以下将从实践环节的现状、成因及改进策略三个方面进行深入探讨。

首先，实践环节的薄弱性首先体现在实践机会的匮乏上。许多学校由于资源限制、课程设置不当或教学理念偏差，未能为学生提供充足的实践机会。学生往往只能在课堂上接受理论知识的灌输，而缺乏将所学知识应用于实际情境中的机会。这种理论与实践的脱节，导致学生难以形成完整的知识体系和实际操作能力[1~3]。

其次，实践环节的薄弱性还表现在实践指导的不足上。一些学校在安排实践活动时，往往缺乏专业的实践指导教师或有效的指导机制。学生在实践过程中遇到问题和困惑时无法得到及时解答和指导，导致实践效果不佳，甚至可能产生挫败感和厌学情绪。

实践环节薄弱性的成因是多方面的。一方面，在传统教育观念的影响下，一些学校和教师往往过分关注理论知识的传授，而忽略了对学生实践能力的培养[4,5]。另一方面，教育资源分配的不均衡也导致了实践环节的薄弱。一些学校由于资金、设备等资源的匮乏，无法为学生提供良好的实践

---

① 沈波，朱琳．应用型本科院校数智化财务人才培养模式探究［J］．科教导刊，2023（7）：37-39.

② 方菲．数智化物流人才培养助力金华高水平建设内陆开放枢纽中心城市［J］．物流科技，2023，46（4）：68-70.

③ 宋文秀，俞梅，张熙妍，等．数智化时代的高职大数据与会计专业人才培养——基于"互联网＋课堂"背景［J］．财会研究，2023（2）：51-57.

④ 罗娟娟，许仲生．职业本科教育背景下数智化赋能现代物流管理专业人才培养模式研究［J］．广西广播电视大学学报，2023，34（1）：89-92.

⑤ 张雯琰，郭红．应用型本科院校数智化融入会计人才培养体系探索研究［J］．科技风，2023（2）：46-50.

环境和条件。

针对实践环节的薄弱性问题，本研究提出以下改进策略。首先，学校应更新教育观念，将实践能力的培养与理论知识的传授放在同等重要的位置。在课程设置上，应增加实践课程的比重，确保学生有足够的实践机会[1]~[3]。其次，学校应加大教育资源的投入，改善实践环境和条件。通过引进先进的实践设备、建设实践基地等方式，为学生提供更好的实践平台。同时，学校还应加强实践指导教师队伍的建设，提高实践指导的专业性和有效性。

在实施改进策略的过程中，学校还应注重与社会的联系和合作。通过与企业、社区等社会机构的合作，学校可以为学生提供更多的实践机会和更广泛的实践领域。这种校企合作、校社合作的方式不仅有助于提升学生的实践能力，也有助于增强学生的社会责任感和职业素养。

（二）在学院和学科层面的局限性

1. 学院层面的局限性

在高等教育体系中，学院作为核心组成部分，承担着教育资源分配、师资力量建设、课程设置以及学生培养等多重职责。然而，在实际运作过程中，学院层面往往面临着诸多局限性，这些局限性不仅影响了教育质量，也制约了学生全面发展。下文将从教育资源分配、师资力量、课程设置、学生培养等方面深入探讨学院层面的局限性，并提出相应的改进建议[4]~[6]。

① 符丽美，许峰.数智化时代职业本科院校财会专业人才培养模式改革研究［J］.科技经济市场，2023（1）：146-148.

② 董南雁，张俊瑞，郭慧婷.面向数智时代的会计范式探索与高端人才培养［J］.会计研究，2023（1）：179-189.

③ 李金莹.数智化转型背景下应用型本科会计人才培养探索［J］.活力，2022（24）：169-171.

④ 史琪.数智化会计专业人才培养研究——基于OBE教育理念［J］.新会计，2022（12）:9-12.

⑤ 强静波.财务数智化背景下职业院校会计人才培养路径探究［J］.机械职业教育，2022（11）：40-45.

⑥ 张敏，吴亭，史春玲，等.智能财务人才类型与培养模式:一个初步框架［J］.会计研究，2022（11）：14-26.

首先，教育资源分配的不均衡是学院层面的一大局限性。由于资金、政策等多重因素的影响，不同学院之间的教育资源往往存在显著差异。一些热门学院或重点学科能够获得更多的资金支持和优质资源，而相对冷门或新兴的学科则可能面临资源匮乏的困境[①~③]。这种不均衡不仅导致了学科发展的不平衡，也影响了学生的培养质量和学习体验。为了改善这一状况，学院应建立更加公平、透明的资源分配机制，确保各学科能够获得必要的发展资源，以促进学科的均衡发展和学生培养质量的提升。

其次，师资力量是学院层面不可忽视的局限性之一。优秀的教师是学院教育质量的重要保障，但在现实中，由于地理位置、学术声誉等因素，一些学院难以吸引并留住高水平的教师[④⑤]。这导致了师资力量的薄弱，影响了教学质量和科研成果的产出。针对这一问题，学院应加大人才引进力度，提高教师待遇，同时注重教师的职业发展和学术成长，以建设一支稳定、高素质的教师队伍，从而提升教学质量和科研成果水平。

在课程设置方面，学院层面的局限性同样显著。一些学院的课程设置过于传统，缺乏创新性和实用性，无法满足社会发展和学生个性化的需求[⑥]。此外，课程之间的衔接和整合也不够紧密，影响了学生知识体系的构建和能力的培养。为了改进课程设置，学院应加强与社会的联系，了解行

---

① 聂军，代彬，吴霞."国际化＋数智化"背景下高校财务管理专业人才培养模式探究与实践［J］.职业，2022（20）：49-51.

② 李倩，王杨.数智化财经技能人才培养模式分析——基于河北县域特色产业集群视角［J］.石家庄职业技术学院学报，2022，34（05）：41-45.

③ 代彬，聂军."国际化＋数智化"背景下高校审计学专业人才培养模式重构路径［J］.西部素质教育，2022，8（20）：98-101.

④ 李傲霜.数智化＋专业集群下电子商务人才培养模式重构［J］.黑龙江教育（高教研究与评估），2022（10）：61-64

⑤ 武婷，薛保菊，杨洋.数智化时代大数据与会计专业创新型人才培养SWOT分析与路径研究［J］.吕梁教育学院学报，2022，39（03）：113-120.

⑥ 朱琳，沈波.应用型本科院校数智化财务管理专业人才培养模式探索［J］.中国乡镇企业会计，2022（9）：196-199.

业需求，同时注重课程的多样性和灵活性，以满足学生的不同发展需求，进而提升学生的综合素质和社会适应能力。

2. 学科层面的局限性

在学术研究领域，学科作为知识分类和组织的基本单位，为学者提供了深入探究特定领域的机会。然而，学科层面也存在一定的局限性，这些局限性可能限制研究的广度和深度，影响学科发展的全面性和研究的准确性。下文将从学科分类、研究方法、数据收集与分析等方面探讨学科层面的局限性，并提出相应的应对策略①。

首先，学科分类的局限性是一个值得关注的问题。学科分类过于细化可能导致学者在研究中过于专注某一细分领域，而忽视了与其他学科的交叉和融合。这种局限性不仅限制了研究的视野，也可能导致知识的片面性和碎片化。为了克服这一局限性，学科之间应加强交流与合作，鼓励跨学科研究，促进知识的整合与创新，以拓宽研究视野，实现知识的全面性和系统性②③。

其次，研究方法的选择和应用也存在局限性。不同学科往往倾向于采用特定的研究方法，这些方法可能在一定程度上限制了研究的深度和广度。例如，一些学科可能过于依赖定量研究，而忽视了定性研究的重要性；或者过于注重实验研究，而忽视了实地调查和案例研究的价值④。为了克服这一局限性，学者应在研究中灵活运用多种方法，确保研究的全面性和准确性，从而提升研究的科学性和实用性。

在数据收集与分析方面，学科层面同样存在局限性。一些学科可能面

① 杜静. 数字经济时代独立学院会计专业人才培养模式研究 [J]. 中国管理信息化，2022，25（18）：236-238.

② 许慧，李欣萌，汪鼎洋. 数智化时代会计本科人才培养模式探讨 [J]. 科技创业月刊，2022，35（8）：107-109.

③ 赵敬文，王旸. 会计类专业人才培养数智化转型分析——基于36所本科院校的网络调查数据 [J]. 新会计，2022（7）：20-24.

④ 刘佳莉. 数智化背景下"1+X"证书与高职会计人才培养的融合研究 [J]. 现代商贸工业，2022，43（13）：182-184.

临数据获取困难的问题，尤其是当研究涉及敏感或难以接触的人群时。此外，数据分析方法的选择也可能影响研究的结论和解释力。为了克服这些局限性，学者应积极寻求多元化的数据来源，提高数据收集的效率和质量；同时，注重数据分析方法的创新和改进，确保研究的科学性和有效性，以增强研究的可信度和说服力[①]。

为了克服学科层面的局限性，提高学科研究的效率和准确性，以下是一些具体的策略建议：一是加强学科之间的交流与合作，促进跨学科研究的发展，以拓宽研究视野和实现知识的整合与创新；二是鼓励学者在研究中灵活运用多种方法，确保研究的全面性和深入性，从而提升研究的科学性和实用性；三是积极寻求多元化的数据来源和分析方法，提高研究的科学性和准确性，以增强研究的可信度和说服力；四是注重学科内部的自我反思和评估，及时发现并纠正研究中的偏差和不足，以确保学科的持续发展和进步。

二、复合型人才培养对传统教学保障机制的需求和挑战

当前，单一的学科研究方法已经难以满足解决复杂问题的需求。跨学科融合、实践能力与创新能力的培养以及个性化与差异化的培养已经成为培养学生成为复合型人才的需求[②③]。

（一）跨学科融合的需求

跨学科融合的重要性源于现代科学的复杂性和综合性。随着科技的发展，许多重大问题都需要多学科的知识和方法来共同解决。例如，应对气候变化、生物多样性保护、公共卫生等全球性挑战，都需要自然科学与社

① 刘如意，王龙，李旭东.数智化物流趋势下职业教育迁移能力的培养［J］.物流技术，2022，41（4）：146-151.

② 阮磊，董坤洋，蒋若菲.数智时代会计专业人才培养的传承与变革［J］.商业会计，2022（8）：116-119.

③ 李琦喆，梁泳诗.数智化背景下应用型人力资源专业培养模式思考［J］.现代企业，2022（1）：151-152.

会科学的深度交叉与融合。跨学科融合不仅能够打破学科壁垒，促进知识创新，还能够提高解决问题的效率和准确性，从而推动科学和社会的全面发展。

　　然而，尽管跨学科融合的重要性日益凸显，但其现状并不容乐观。传统的学科分类和评价体系往往限制了学者的跨学科探索，导致学科之间的鸿沟难以逾越[①~③]。此外，不同学科之间的语言、方法论和文化差异也使得跨学科合作面临诸多困难。在资源分配上，跨学科项目往往难以获得足够的支持，因为其评估标准和传统单一学科项目存在差异。这些现状都制约了跨学科融合的发展和应用。

　　跨学科融合面临的挑战主要包括以下几个方面：首先，学科文化的差异导致合作障碍，不同学科的学者在研究方法、理论框架和价值取向上存在差异，难以形成共识；其次，资源分配的不均衡使得跨学科项目难以获得足够的资金和支持，从而限制了其发展和实施；最后，评价体系的单一化也限制了跨学科成果的认可和奖励，影响了学者的积极性和跨学科研究的动力[④]。

　　为了应对这些挑战，需要从多个方面入手。首先，建立跨学科的交流平台，促进不同学科之间的对话与合作，打破学科壁垒和促进知识的交叉与创新；其次，改革评价体系，引入多元化的评价标准，鼓励跨学科成果的产出，从而激发学者的跨学科研究热情和创新动力；最后，加大资源投入，为跨学科项目提供足够的资金和支持，以保障其顺利实施和取得预期成果。

---

① 张丽，何焱．数智化背景下高校财会专业人才培养改革研究［J］．河北大学成人教育学院学报，2021，23（4）：107-111．

② 陶红．"数智化"新财会特色人才培养探索与实践——以无锡城市职业技术学院为例［J］．中国农业会计，2021（10）：49-52．

③ 崔君平，赵敬文，盛美琦．CDIO模式下审计专业数智化、创新型人才培养路径研究［J］．营销界，2021（33）：191-192．

④ 陶红．"数智化"新财会特色人才培养探索与实践——以无锡城市职业技术学院为例［J］．中国农业会计，2021（10）：49-52．

跨学科融合的需求对学术、产业和社会都将产生深远影响。在学术领域，跨学科融合将推动新的理论和方法的诞生，促进学科的交叉与创新，从而推动学术的进步和发展；在产业领域，跨学科融合将带来新的技术突破和产业升级，提高产业竞争力，进而促进经济的繁荣和发展；在社会领域，跨学科融合将有助于解决全球性挑战，推动社会的可持续发展，从而造福人类社会。

（二）实践能力与创新能力的培养需求

实践能力是人才培养的基础。它不仅能够帮助个体将所学的理论知识应用于实际工作中，还能够通过实践过程中的反馈，促进个体对理论知识的深入理解和掌握。同时，实践能力也是衡量个体综合素质的重要指标，它关乎个体的动手能力、问题解决能力和适应能力，对于个体的职业发展和个人成长具有重要意义。

创新精神则是人才培养的灵魂。在知识爆炸的时代，创新精神是推动社会进步和发展的重要引擎。它鼓励个体挑战传统、探索未知，从而创造出新的价值。在人才培养过程中，注重创新精神的培养，有助于培养出具备前瞻性思维、敢于创新的人才，从而为社会的创新和发展提供源源不断的动力[1][2]。

要培养实践能力和创新精神，首先需要构建一个有利于这两种能力发展的教育环境。在教育内容上，应注重理论与实践的结合，提供丰富的实践机会，如实验、实习、项目等，使个体能够在实践中学习和成长，通过实践锻炼和提升实践能力和创新精神。同时，应注重培养个体的跨学科思维，鼓励其将不同领域的知识相互融合，以产生新的创意和解决方案，从而培养出具备跨学科能力和创新思维的人才。

在教育方法上，应采用问题导向、项目驱动的教学方式。通过设定实

---

[1] 张丽，何焱. 数智化背景下高校财会专业人才培养改革研究［J］. 河北大学成人教育学院学报，2021，23（4）：107-111.

[2] 陶红. "数智化"新财会特色人才培养探索与实践——以无锡城市职业技术学院为例［J］. 中国农业会计，2021（10）：49-52.

际问题或项目任务，引导个体在解决实际问题的过程中锻炼实践能力和创新精神，培养其问题解决能力和创新思维。此外，还应营造一个鼓励创新、宽容失败的氛围，让个体敢于尝试、勇于探索，从而激发其创新潜能和积极性。

实践能力和创新精神对个人和团队的发展具有深远的影响。对于个人而言，这两种能力能够提升其职业竞争力，使其在职场中脱颖而出，实现个人价值和职业发展。同时，它们还有助于个体实现自我价值。通过不断实践和创新，个体能够不断突破自我、实现成长和进步①。

对于团队而言，实践能力和创新精神能够增强团队的凝聚力和执行力。具备这两种能力的团队成员在面对挑战时更加团结、更有创造力，能够共同应对各种困难和挑战。此外，这两种能力还能够推动团队的持续创新，使团队在不断变化的环境中保持竞争优势，实现团队的长期发展和成功。为了培养这两种能力，需要构建一个有利于实践和创新的教育环境，并采用问题导向、项目驱动的教学方法。同时，应注重培养个体的跨学科思维，鼓励其在实践中不断尝试和创新。

（三）个性化与差异化培养的需求

个性化与差异化培养的重要性不言而喻。在知识爆炸的时代，每个人的兴趣、能力和潜力都是独一无二的。过时的"一刀切"培养模式已难以匹配现代社会对多元化和创新型人才的需求。个性化与差异化培养能够针对个体的不同特点，提供量身定制的学习和发展路径，从而最大限度地激发每个人的潜能，培养出更多具有创新精神和实践能力的人才②③。

然而，尽管个性化与差异化培养的重要性得到了广泛认可，但其在实践中的现状却并不尽如人意。在教育领域，尽管许多学校和教育机构已经开始尝试实施个性化教学，但由于资源有限、师资匮乏等原因，这种尝试

---

① 徐晓丽.财务数智化下贵州高职财会人才培养探究［J］.营销界，2021（25）：137–138.

② 崔君平，赵敬文，盛美琦.CDIO模式下审计专业数智化、创新型人才培养路径研究［J］.营销界，2021（33）：191–192.

③ 徐晓丽.财务数智化下贵州高职财会人才培养探究［J］.营销界，2021（25）：137–138.

往往难以持续或深入。在职场培训方面，大多数企业仍然采用传统的集体培训方式，忽视了员工之间的个体差异和需求①。在市场营销领域，尽管个性化营销已经成为一种趋势，但真正能够做到精准定位、提供个性化推荐的企业仍然寥寥无几。

个性化与差异化培养面临的挑战主要源自传统观念和制度的束缚。一方面，长期以来的"应试教育"观念使得很多人认为只有标准化的考试和评价体系才能衡量一个人的能力和水平，从而忽视了个性化发展的重要性。另一方面，现有的教育制度和职场培训机制往往注重集体主义和统一性，难以适应个性化与差异化培养的需求。

三、数智化时代的育人理念

教育的本质在于培养人，而培养人的过程通常涉及培养学生的道德品质、人文精神、社会责任感和创造力等方面，称为"育人"。与此同时，育才则侧重于培养学生的知识、技能和能力。育人与育才这两者虽然对立，但又相互统一。育人的目标侧重于培养对象自身的全面发展，而育才的目标则更多地关注社会政治和经济的需求。

在传统社会中，教育与社会经济发展的关系较为疏离，更多是与政治需求紧密相关。那时的教育并不普及，主要服务于上层社会的子弟，而大多数中下阶层的子弟被排除在主流教育体系之外。教育的主要目标是培养君子和完人，或哲学家与政治家，即为统治集团培养接班人。此时，育人与育才的矛盾并不突出，才能的需求主要集中在语言和文字表达上。

然而，随着工业革命的到来，社会经济发展催生了大规模的社会分工，培养各行业专业人才和有文化技术的劳动者成为迫切需求。此时，社会对才能的需求已远远超过了对人的全面发展的需求②，学习者掌握某个特

---

① 潘鹏.数智化物流背景下人才培养模式创新［J］.中国商论，2021（2）：174-175+177.
② 钟秉林，尚俊杰，王建华，等.ChatGPT对教育的挑战（笔谈）［J］.重庆高教研究，2023，11（3）：10-14.

定领域的知识和技能成为首要目标，人才培养与社会经济发展的关系也日益紧密。育人与育才开始出现分离和对立，选拔考试和应试教育加剧了这种矛盾，课外补习现象屡禁不止，青少年的身心健康状况令人担忧，社会道德水平下滑，出现了"有才无德"和"高分低能"的现象。

在数智时代，育人与育才的矛盾可能会发生转变。随着智能机器在各方面模仿乃至超越人类能力，社会对单纯才华的需求趋于减少，而对与智能机器优势互补、合作的人才需求逐渐增加。鲁子箫指出，"未来，人类与机器比拼脑力必将望尘莫及，但人与机器的最大区别和优势在于'心'，心灵的品质如善良、慈悲、坚韧、宽容、同情、敏锐、谦和、敬畏等，正是机器无法企及的非认知品质"[①]。人类的智慧与智能机器的工作原理差异巨大，机器不可能完全取代人类的智慧，人的智慧不仅仅局限于心灵层面，还包括对客观世界的深刻理解。未来，教育应更加注重人类内心需求和非认知品质的培养。

尽管数智时代仍然需要人才，但这种人才更侧重于与他人及智能机器的协作能力，以及在各个领域的创造力。数智时代的教育关键在于培养比人工智能更优秀的人才，这些人能够引导生成式人工智能回答高水平问题，评判、修改和完善人工智能的回答，并且掌握如何驾驭生成式人工智能，使其成为服务于人类的工具，而非潜在的威胁。因此，数智时代的育人与育才有望实现真正意义上的和谐统一。

四、数智化时代人才需求变化趋势

历史上，西方曾涌现出像达·芬奇和米开朗琪罗这样的百科全书式人才。然而，进入数智时代后，类似的全能型人物可能难以再现，因为今天的知识总量已远远超越了达·芬奇和米开朗琪罗时代的水平，增加了数百万倍。而像我国近代的知识储备型人才钱锺书这样依靠博学强记成名

---

① 鲁子箫.从建构到发现：重申一种"旧的"知识获得观——面向智能时代的思考 [J].中国电化教育，2023（5）：24-33.

的个人，也不再是社会所需，因为任何个体都无法超越人工智能的知识储备。现如今，市场上仍然受到欢迎的普通专业型人才，可能会逐步被智能机器人取代，但顶级专业人才仍然是不可或缺的。这是因为：

（1）人工智能和数据分析只能辅助决策，无法做出最终决策。在许多复杂领域，如医疗、法律和金融等，人类的专业人才依赖其深厚的知识和经验来做出最终决策。

（2）人工智能和数据分析仍需人类的输入和监督。在某些情况下，这些技术依赖于人类提供高质量的数据，并进行监督，以确保结果的准确性和可靠性。

（3）人工智能和数据分析无法完全替代人类的创造性思维。在创意设计、文学和艺术等领域，人类的想象力、创造力和审美能力仍然是技术无法完全取代的。

（4）人工智能和数据分析无法完全代替人类的社交能力与情感智慧。在社交、心理咨询和领导力等领域，人类的专业人才可以运用其社交能力和情感智慧，帮助解决问题并建立深厚的关系[①]。

---

① 王竹立，吴彦茹，王云. 数智时代的育人理念与人才培养模式［J］. 电化教育研究，2024，45（2）：13-19.

第五章

数智化管理人才培养的要求

第一节　更新人才培养理念

21世纪第二个十年近半，我们见证了并经历着一个新时代的崛起——数智化时代。这个时代的特征是技术进步飞速，尤其是大数据、云计算、人工智能、移动互联网和物联网等技术的广泛应用。这些技术不仅改变了人们的生活方式，也深刻影响了商业运作和社会管理。数智化时代的核心在于数据驱动决策，企业和社会组织越来越依赖于数据分析来优化流程、提升效率和做出战略决策。

一、数智化时代知识生产向"软知识"生产转变

数智化时代表现在人们知识观的改变。知识观是人们对知识的基本看法、见解与信念，是人们对知识本质、来源、范围、标准、价值等的种种假设，是人们关于知识问题的总体认识[①]。人类有记载的历史已有数万年，但是关于知识的定义还是莫衷一是，尽管如此，还是存在一定程度的共

---

① 潘洪建.知识观的概念、特征及教育学意义[J].江苏大学学报(高教研究版),2005(4):1-5.

识。现在对知识的基本判定标准总结为如下四点：第一，知识是一套系统的经验；第二，知识是一种被社会选择或公认的经验；第三，知识是一种可以传播的经验；第四，知识是一种有用的经验①。总结起来就是，知识具有经验性、系统性、可传播性和有用性。

然而，随着网络和信息技术的飞速发展，尤其是生成式人工智能的进步，人们对什么是知识的认识也发生了改变。网络诞生之前，人类新知识来源主要有两条途径：一是通过生产生活实践，借助身体的感官和大脑的思维活动，获取外界（包括身体内部）的信息，产生感性认识，并逐渐上升为理性认识；二是通过有目的的科学实验，借助技术和工具延伸自己的感官和能力，发现事物之间的因果关系，总结出普遍规律。由这两条途径所产生的认识、经验、技能、态度、价值观，以及实验获取的数据和得出的结论等，构成了人类知识的最初形态，可称为本体知识或原知识。这些本体知识或原知识经过专家学者系统筛选、加工、整理后，变成语言文字符号表征的概念、学说、理论等，并被写进专业书籍，进入公众传播领域，被大众学习与应用，构成了大多数人所认可的知识。这类结构化、系统化、专业化的知识，从内容、结构到价值都比较稳定、不易改变，完全符合"知识"的四条标准，被称为硬知识。

然而，网络诞生之后，情况发生了极大改变。网络成了知识的重要生产场所，众多网民生产和加工的网络知识在还没有被专家学者加工整理成为硬知识之前，就通过网络进入公众传播领域，使之半结构化、半系统化②。这些网络知识没有完全结构化、系统化，还不够稳定，也没有接受传统知识制度的检验和认可，可能只在某种具体情境下"有用"，其更新迭代的速度非常之快，这类知识被称为"软知识"③。这类"软知识"通常只能满足可传播性和有用性特征，基本不能满足系统性和经验性，甚至

———

① 石中英.教育哲学［M］.北京：北京师范大学出版社，2007：111.

② 王竹立.面向智能时代的知识观与学习观新论［J］.远程教育杂志，2017，35（3）：3-10.

③ 王竹立.再论面向智能时代的新知识观——与何克抗教授商榷［J］.远程教育杂志，2019，37（2）：45-54.

有用性也经常是暂时的。数智化时代，知识的生产、迭代、更新进一步放大。发现和生产知识不只是人类的"特权"，人工智能也成为生产知识主体之一，并且越来越强，生成式预训练变换器（Generative Pre-trained Transformer，GPT）大模型的出现，改变了知识生产观。大模型不但可以生成人类相近形式的知识，还可以生产出超越人类理解的"机器语言"，这种机器语言可能人类无法理解，但可能在机器之间传递信息。数字化和智能化转型，意味着万物都有可能被量化为数据，从而在物理世界之外构建一个镜像化的"数字世界"，"实与虚"完美融合。通过人工智能算法对"数字世界"进行深度挖掘，建立相关的数学模型，就可能将数据转化为信息，将信息转化为知识，以知识导致决策，从而推动人类社会的发展[①]。数智时代人机合作生产的知识，将成为一种重要的知识来源和知识类型，它也满足了可传播（包括在人—机之间的传播和机—机之间的传播）和有用这两条最重要的知识特征。数智时代知识形成与传播过程如图5-1所示。

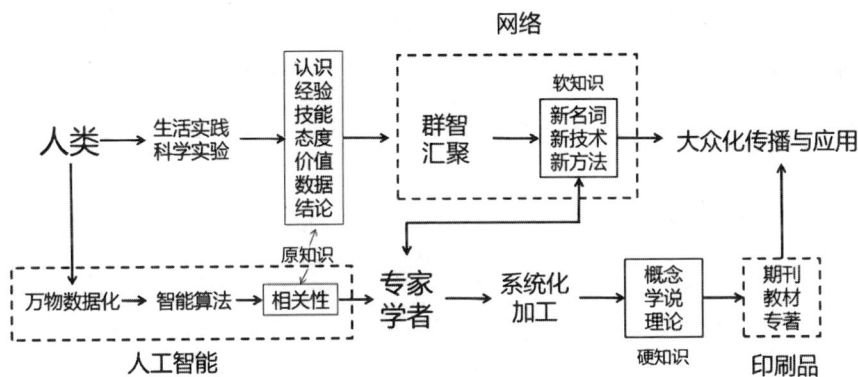

图5-1 数智时代知识形成与传播过程

综上所述，本研究认为：数智时代的知识是人类和人工智能，在生产

---

① 郝祥军，顾小清. AI重塑知识观：数据科学影响下的知识创造与教育发展［J］. 中国远程教育，2023，43（5）：13-23.

生活实践、科学实验和数据分析过程中，通过内外因素的相互作用所产生的，对客观世界（包括人类自身）的认识（包含事物及事物之间的相关性）、经验、技能、数据、态度、价值观等的总和，包括了"硬知识"和"软知识"。因而，人类已进入"硬知识"与"软知识"并存的时代，未来，"软知识"的生产将以几何级数发展，大大超过"硬知识"生产速度，加速向"软知识"方向发展。

二、数智化时代的育人理念新变化

教育的本质是培养人。培养人就是育人和育才。育人指培养人的道德品质、人文精神、社会责任和创造力等，育才侧重于培养人的知识、技能和能力。育人与育才是既对立又统一的两个方面。育人的指向是朝内的，叫"观内"，以培养人自身全面发展为归宿，特别是人的内在修养；育才的指向是朝外的，以社会政治经济需要为导向，培养人的服务社会政治经济能力和素养。从人类教育发展历史看，在古代社会，教育与社会经济发展的关系不太密切，而与政治关系密切，当时教育并不普及，教育主要为上层社会服务，大多数中下阶层子弟被排除在主流教育体系之外。教育的主要目的是培养君子和"完人"，或者哲学家与政治家，以作为统治集团的接班人。此时，育人与育才的矛盾是一体的，对才能的需求集中在语言和文字表达方面，体现在综合解决问题的能力。工业革命到来之后，随着社会经济发展，出现广泛的社会分工。于是，培养各行各业专业人才和有文化技术的劳动者成为社会极大需求，对才能的需求远超过了人的全面发展的需求，教育表现为让学习者掌握某个具体专业领域的知识和技能，并非帮助学习者全面发展，人只是服务业社会生产的一个"要素"。人才培养与社会经济发展的关系越来越密切[1]。育人与育才开始出现了分离乃至对立，各种选拔考试和应试教育加剧了这一对立，教育向"有用"的功利主

---

① 钟秉林，尚俊杰，王建华，等.ChatGPT 对教育的挑战（笔谈）[J].重庆高教研究，2023，11（3）：10-14.

义方向发展,"内卷"无处不在,教育不是在提升人的身心健康,青少年的身心健康状况受到了极大影响,社会道德水平滑坡,高分低能、有才无德现象较为普遍,育人和育才出现了较大的矛盾。

三、数智化管理人才培养理念创新

在当今快速变化的经济环境中,传统的人才培养理念已无法满足区域经济发展的需求。因此,更新人才培养理念显得尤为重要。数智化管理人才培养理念的创新是应对当前和未来商业环境挑战的关键。随着技术的快速发展和市场的不断变化,传统的管理教育模式已不再适应新的需求。因此,教育机构和企业在人才培养方面需要采取创新的方法,以确保培养出能够适应数智化时代的高素质管理人才。

(一)强化技术与管理的融合

在数智化时代,技术与管理的融合变得尤为重要。培养理念应强调技术知识与管理技能的结合,使学生能够理解和应用新技术,同时具备管理能力。这包括引入更多与技术相关的课程,如数据分析、人工智能、云计算等,以及加强管理课程中的技术应用内容。

(二)培养创新思维和解决问题的能力

创新思维和问题解决能力是数智化管理人才的核心素质。应鼓励学生发展这些能力,通过案例分析、项目实践和创新竞赛等方式,激发学生的创造力和解决复杂问题的能力。

(三)跨学科学习与整合

数智化管理人才需要具备跨学科的知识和视野。应支持学生在不同学科之间进行学习和整合,如商业分析、创新管理、技术创业等。通过跨学科课程和项目,学生可以获得更广泛的知识基础,为未来的职业生涯做好准备。

(四)个性化和灵活性

每个学生的需求和兴趣都是不同的。应提供个性化和灵活的学习路径,允许学生根据自己的兴趣和职业目标选择课程和项目。这可以通过选修课程、在线学习平台和定制化学习计划来实现。

（五）终身学习和适应能力

数智化时代的技术和市场变化迅速，持续学习和适应能力变得尤为重要。应鼓励学生终身学习，提供持续教育的机会和资源，帮助他们不断更新知识和技能，以适应不断变化的工作环境。

（六）国际化视野

在全球化的背景下，数智化管理人才需要具备国际化的视野和跨文化沟通能力。应通过国际交流项目、多语言教学和全球商业案例分析，以培养学生的国际竞争力。

（七）伦理和社会责任

随着技术的发展，伦理和社会责任问题日益凸显。培养理念应强调伦理教育和社会责任，使学生能够在追求经济效益的同时，考虑到技术应用的伦理影响和社会责任。

第二节　管理人才复合型知识结构与企业发展高度契合

数智化管理人才的培养目标应确保与企业发展高度契合。这意味着教育机构需要培养出既懂管理又懂技术的复合型人才。

一、现代企业发展对管理人才的需求发生了根本变化

随着数字化转型的深入，现代企业对数智化管理人才的需求日益增长。这类人才不仅需要具备传统的管理技能，还要掌握先进的技术知识，能够有效地推动企业向数字化、智能化方向发展。

（一）企业数字化转型对人才的挑战

企业数字化转型已成为时代所需，当前企业面临数字化转型新挑战。①技术的快速发展要求企业不断更新技术，作为企业的管理者，必须理解技术创新逻辑，这对管理人才的技术适应能力提出了更高要求。②管理者

必须具备超强的数据管理与分析能力。海量数据的产生和管理成为企业的重要挑战，管理人才需要具备强大的数据分析和决策支持能力。③企业组织文化变革。正如企业家任正非先生所言，数字化转型不仅仅是技术层面的变革，更是组织文化和工作方式的转变，这需要企业管理人才具备变革管理和领导力。④企业安全和隐私保护。随着数据使用的增加，数据安全和隐私保护成为企业必须面对的问题，管理人才需要具备相关的法律和伦理知识。⑤跨部门协作能力。数字化转型往往涉及多个部门和业务流程的整合，要求管理人才具备跨部门沟通和协作的能力。

（二）企业对数字化管理人才的新需求

数智化时代，企业对管理人才提出了新的需求。一是技能需求。新质管理人才，须具备三个方面的技能。①数据分析技能，能够运用统计学、机器学习等方法进行数据分析，提取有价值的信息。②技术应用能力，熟悉云计算、大数据、人工智能等技术的应用，能够推动技术在企业中的实施。③项目管理能力，具备项目规划、执行和监控的能力，确保数字化项目的成功实施。二是知识需求。新质管理人才知识素养方面，需具备数字化技术知识，了解最新的数字化技术趋势，如区块链、物联网等，并能够评估其对企业的影响。具备商业洞察力，能够将技术与商业战略相结合，推动企业创新。法律和伦理知识，了解数据保护法规、网络安全法律等，确保企业的合规运营。三是品质需求。在培养数智化管理人才的过程中，态度同样至关重要。以下是企业对人才应具备的三大品质需求。首先是创新思维的先锋。鼓励大胆创新与实验，视失败为成长的垫脚石，始终保持对未来的好奇心，持续为企业注入新的活力与动力。其次应是灵活适应的变革者。具备迅速调整能力，能够敏锐捕捉技术和社会的变化，灵活调整管理策略，像水一样顺应环境，随时迎接新的挑战。最后是终身学习的探索者。深知知识更新的重要性，始终保持学习的热情，积极追赶技术与管理理念的前沿，不断充实自我，成为企业不断发展的关键驱动者。

二、数字化管理人才：复合型知识结构

在数字化时代，企业对管理人才的需求已经从单一的管理技能转向复合型知识结构。这种结构不仅包括传统的管理知识，还融合了先进的技术理解、创新思维和跨学科的综合能力。

（一）数字化管理人才的知识构成

1.数智化时代人才知识结构蛛网型转变

数智时代人才的知识结构是金字塔型与蜘蛛网型的有机结合。传统的知识结构是金字塔型的。知识被划分为不同的层级，每个层级都有其特定的目标和任务。一般来说，第一层级是人文社会科学常识，第二层级是自然科学常识，第三层级是专业基础知识，第四层级是与专业相关的学科知识，第五层级是某个专业领域里的专题知识。这种知识结构是通过学校的分层教育实现的。基础教育阶段传授的是第一、二层级的知识，大学教育阶段传授的是第三、四层级的知识，研究生阶段开始进入第五级即某个专题知识的学习与研究。蜘蛛网型知识结构，像蜘蛛织网一样，人们围绕个人兴趣和需要开展自主学习，一圈一圈向外扩展自己的知识范围与深度，如图 5-2 所示。随着个人兴趣和需要的转移，这种蜘蛛网型的知识结构也在不断发展变化，从而形成形态各异的复合型知识结构[①]。在打基础阶段，需要系统地学习一些基本知识，并培养可迁移的多种能力与思维模式。应时代变化，数智时代基础学习阶段，学习者需要建立的金字塔型知识结构中，在原来的一、二级之上，还增加了一级，即计算机／网络／人工智能知识的学习，变成了六级的金字塔结构。同时，从金字塔型向蜘蛛网型的过渡应该提早进行[②]。不是在工作之后才开始转型，而是在学校里就应该逐渐开始，将传统的系统教学与个人的自主学习有机结合起来，随着学习层级的提高，自主学习的比例逐渐提高，传

---

① 王竹立，吴彦茹，王云.数智时代的育人理念与人才培养模式［J］.电化教育研究，2024，45（2）：13-19

② 王竹立.新建构主义的理论体系和创新实践［J］.远程教育杂志，2012，30（6）：3-10.

统的系统教学的比例应逐渐下降。

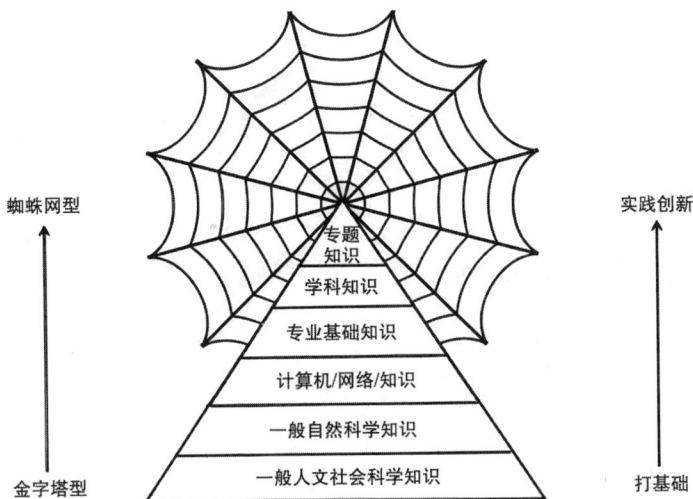

图 5-2　数智化管理人才知识结构演变趋势

2. 数智化管理人才的知识体系多维化

数智时代人类需要具备以下多种知识，如计算机基础知识、数据分析知识、人工智能知识、程序设计知识、数学基础知识、商业知识。此外，人类还需要具备学习能力、创新思维、团队协作、跨学科思维等能力，以适应数智时代的发展和变化。概言之，数智时代更需要具有解决复杂问题的综合能力和高阶思维的复合型人才[①]。

（1）技术维度。技术维度须具备信息技术基础，掌握计算机科学、网络技术、数据库管理等基础知识；掌握数据分析与处理，熟悉数据挖掘、统计分析、机器学习等数据处理技术；掌握新兴技术应用，了解人工智能、区块链、物联网等新兴技术的原理和应用场景。

（2）管理维度。管理维度需战略规划知识，具备制定和执行企业战略的能力，能够将技术发展与企业目标相结合。运营管理，掌握生产、供应

---

① 王竹立，吴彦茹，王云. 数智时代的育人理念与人才培养模式［J］. 电化教育研究，2024，45（2）：13-19.

链、质量控制等运营管理的核心知识。人力资源管理，了解人才招聘、培训、激励和团队建设等人力资源管理技能。还需要具备创意设计知识、社会科学知识等。

（3）创新维度。须具备创新思维，培养创新意识和创新方法，鼓励突破传统思维模式。问题解决，具备分析和解决复杂问题的能力，能够在不确定环境中做出决策。项目管理，掌握项目管理的理论和实践，能够有效推动创新项目的实施。

（二）数智化管理人才关键能力构成

无论人工智能如何发展，其思维方式也不可能与人类完全相同，因此，人类一定要保持自己思维与创造的独特性，与智能机器人形成优势互补。数智化管理人才的能力结构与层级如图 5-3 所示，这种排序的依据是，越底层的能力越基础和必需，而越上层的能力则越专业和稀缺。因此，在数智时代，管理人才需要首先具备基础能力，然后逐步提升自己的专业能力[1]。

1. 终身学习能力

知识总量爆炸性增长，软知识层出不穷且以极快的速度更新迭代，人们需要不断地学习新知识和技能，才能适应快速变化的时代。利用网络信息技术和人工智能开展自主学习、终身学习成为每个人一生的使命。终身学习能力是数智时代最基本的能力，必须从学生时代就开始培养，而不能等到毕业以后[2]。

2. 人际交往和合作能力

在智能时代，许多工作都需要团队合作完成，因此，人际交往和合作能力是必不可少的。其中，合作能力不仅指的是人与人之间的合作，还包括人与智能机器的合作。

---

① 王竹立，吴彦茹，王云. 数智时代的育人理念与人才培养模式［J］. 电化教育研究，2024，45（2）：13-19.

② 孙佳林，郑长龙. 自主学习能力评价的国际研究：现状、趋势与启示［J］. 比较教育学报，2021（1）：67-84.

3. 批判性思维和决策能力

在信息像洪水一样汹涌而来，而且良莠不齐、真假难辨的时代，批判性思维和决策能力可以帮助人们更好地筛选和判断信息，做出正确的决策。

4. 数据分析和信息处理能力

在大数据时代，人们需要具备数据分析和信息处理能力，以便更好地利用数据和信息。

5. 创新实践能力

数智时代，创新实践能力是保证人类不被智能机器淘汰的核心能力。尽管人工智能已经表现出不俗的创造力，但主要还是基于模仿、类比和重组创新，还不具备类似于人的灵感和想象力等高级创新思维能力。

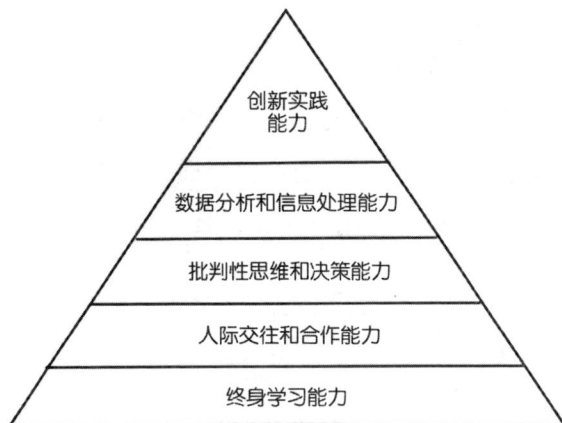

图 5-3　数智化管理人才关键能力构成

三、数智化管理人才培养与企业发展的高度契合

数字化管理人才培养目标与企业发展的高度契合，主要体现在以下几个方面。

（一）技术适应性

数智化时代，企业需要管理人才能够快速适应并应用新技术，如人工智能、大数据分析、云计算等。培养目标应包括对这些技术的深入理解和实际操作能力。同时应强调将技术与业务流程整合的能力，使技术成为推动企业发展的有效工具。

（二）市场响应能力

数智化时代，市场环境的快速变化要求管理人才具备灵活的思维和快速适应新情况的能力。培养目标应强调创新思维、战略规划和危机管理等能力。要以客户为导向，培养目标包括对市场趋势的敏锐洞察力和以客户为中心的服务理念，以提高企业的市场竞争力。

（三）战略规划与执行

未来的管理者，必须具备战略思维能力。企业需要管理人才具备长远的战略眼光，能够制定和执行符合企业长远发展的战略规划，同时具有超强的执行力。培养目标包括项目管理、团队协作和决策执行等能力，确保战略目标的有效实施。

（四）领导力与团队管理

数智化时代更需要管理人才的领导力培养。企业需要管理人才具备领导团队的能力，包括激励团队、解决冲突和推动变革等。同时需要人力资源管理能力。培养目标包括人才招聘、培训、激励和团队建设等人力资源管理技能。

（五）持续学习与职业发展

数智化时代，"软知识"的快速生成和个人知识边界的局限性，必将要求管理者具备终身学习的习惯和能力，在管理人才培养中应鼓励管理人才持续学习，不断更新知识和技能。同时要注重职业发展支持。提供职业规划、就业指导和职业咨询等服务，帮助管理人才实现个人职业发展与企业需求的对接。

第三节　学科交叉融合的课程体系

新质数智化管理人才的培养模式应强调学科交叉融合，打破传统学科之间的壁垒。课程体系的设计应涵盖管理学、计算机科学、数据科学、心理学等多个学科，促进学生在不同领域的知识交叉与融合。例如，可以开设"数据驱动的决策管理"课程，结合数据分析与管理决策的理论与实践，帮助学生掌握如何在复杂的商业环境中做出科学决策。此外，实践环节的设计也应注重跨学科合作，鼓励学生参与多学科团队项目，提升其综合素质与团队协作能力[①]。

一、跨学科课程设计

（一）跨学科课程融合

1. 课程内容整合

在课程设计中，将管理学、信息技术、数据科学、人工智能、经济学、心理学等学科的核心概念和方法论进行整合，形成一个有机的知识体系。

2. 模块化教学

将课程分为不同的模块，每个模块聚焦于一个特定的学科或技能领域，同时确保模块之间有逻辑上的联系和互补。

（二）项目导向学习

1. 真实案例分析

引入真实的企业案例，让学生在分析和解决案例中的问题的过程中，运用跨学科知识。

2. 团队合作项目

鼓励学生组成团队，共同完成一个实际的项目任务，如市场分析、产品开发、数据分析项目等，以增强团队合作和项目管理能力。

3. 模拟环境实践

利用模拟软件和工具，创建模拟的商业环境，让学生在模拟环境中进

---

① 霍宝锋，张逸婷，姚佩佩. 基于扎根理论的新商科人才培养［J］. 中国大学教学，2023（4）：4–10.

行决策和管理实践。

（三）实践与理论结合

1. 实验室与工作坊

建立专门的实验室和工作坊，提供实践操作和实验的机会，让学生在动手操作中学习和理解理论知识。

2. 企业合作项目

与企业合作，提供实际的项目机会，让学生在真实的工作环境中应用所学知识，同时为企业解决实际问题。

二、技术与管理并重

数智化管理人才培养确实需要技术与管理并重，以确保学生既具备必要的专业技术知识，又能够有效地进行管理和领导。以下是如何实现技术与管理并重的具体措施。

（一）技术课程

技术课程包括编程、数据分析、机器学习等技术课程，以提升学生的技术素养。一是编程基础。教授编程语言（如 Python、Java、C++）和编程逻辑，为学生打下坚实的编程基础。二是数据分析。学习数据处理、统计分析、数据可视化等技能，使学生能够从大量数据中提取有价值的信息。三是机器学习。介绍机器学习的基本概念、算法和应用，培养学生构建和优化预测模型的能力。四是技术实践。通过实验室实践、项目作业等形式，让学生在实际操作中巩固和应用技术知识。

（二）管理课程

数智化管理人才培养管理类课程设置应包括战略管理、组织行为、市场营销等管理课程，以培养学生的管理能力。学生应学习如何制定和执行企业战略，包括市场分析、竞争策略、资源配置等。研究组织内部的人际关系、团队动力、领导力等，以提高组织的效率和员工的满意度。掌握市场调研、产品定位、品牌管理、营销策略等营销核心知识。另外还需要丰富的管理实践。通过案例研究、模拟演练、企业实习等方式，让学生在实际管理环境中学习和应用管理知识。

（三）技术与管理的融合

数智化人才培养课程体系中，技术与管理的融合是关键，而跨学科项目则是实现这一融合的有效途径。以下是如何通过跨学科项目来促进技术与管理知识的融合。

1. 项目主题选择

首先是现实问题导向，选择与现实世界紧密相关的项目主题，如数字化转型、智能供应链管理、客户数据分析等，以确保学生能够接触到真实的工作场景。其次是多学科视角，项目应涵盖多个学科领域，如技术、管理、经济、法律等，鼓励学生从不同角度思考和解决问题。

2. 项目设计与实施

首先是组建跨学科的团队，团队合作，每个团队成员负责不同的任务，如技术开发、市场分析、财务规划等，以模拟真实的工作环境。然后是设定清晰的项目阶段目标和时间表，让学生在项目推进过程中逐步应用和整合技术和管理知识。最后是导师指导，提供专业导师的指导，帮助学生在项目中遇到技术和管理难题时提供解决方案和建议。

3. 项目评估与反馈

首先是做好综合评估，评估学生的项目成果时，不仅考虑技术实现的准确性和创新性，还要评估管理决策的合理性和项目的整体效益。其次是构建反馈机制，建立有效的反馈机制，让学生在项目结束后获得详细的评价和建议，以便他们在未来的学习和工作中改进。

三、实践与理论结合

数智化管理人才培养的过程中，实践与理论的结合至关重要，它能够帮助学生将抽象的理论知识转化为具体的应用技能。以下是如何通过案例研究和模拟演练来实现这一目标的具体方法。

1. 精选案例

选择与课程内容紧密相关的真实企业案例，这些案例应涵盖不同的行业、规模和挑战，以提供多样化的学习材料。深入分析，引导学生深入分析案例中的问题、决策过程和结果，探讨理论知识在实际情境中的应用方式。课堂案例报告，要求学生撰写案例分析报告，总结学到的知识和经验，提出自己的见解和建议。做好讨论与反思，组织学生进行小组讨论，分享各自的观点和分析结果，鼓励批判性思维和创新思考。

2. 模拟演练

选择模拟软件，利用专业的模拟软件和工具，如企业经营模拟、市场营销模拟、供应链管理模拟等，为学生提供一个虚拟的实践平台。做好角色扮演，让学生在模拟环境中扮演不同的角色，如 CEO、部门经理、项目负责人等，体验真实的管理和决策过程。进行实时反馈，模拟演练应提供实时反馈，让学生能够及时了解他们的决策如何影响模拟企业的运营结果。加强迭代学习，允许学生在模拟环境中多次尝试，通过不断地实践和调整，逐步提高他们的管理和决策能力。

3. 实践与理论的融合

实现课程整合，在课程设计中，将案例研究和模拟演练与理论教学相结合，确保学生在学习理论的同时，能够通过实践活动加深理解。开展跨学科应用，鼓励学生在案例研究和模拟演练中运用跨学科知识，如技术、经济、法律等，以培养他们的综合应用能力。做好持续评估，在实践活动中持续评估学生的表现，提供针对性的反馈和指导，帮助他们不断进步①。

四、创新与创业教育

数智化管理人才培养中，创新与创业教育是不可或缺的一部分，它能够激发学生的创造力，培养他们将创新思维转化为实际商业行动的能力。以下是如何通过创新思维培养和创业实践来实现这一目标的具体措施。

---

① 张敏，吴亭，史春玲，等.智能财务人才类型与培养模式：一个初步框架［J］.会计研究，2022（11）：14-26.

（一）创新思维培养

创新思维是数智化管理人才培养的核心要素之一。以下是如何通过创新工作坊、创意竞赛、跨学科交流和反思与分享来培养学生创新思维的具体方法。

1. 创新工作坊

一是做好主题选择，根据行业趋势和学生兴趣，选择相关主题，如科技创新、商业模式创新、社会创新等。二是邀请行业专家、创新导师和成功创业者来分享他们的经验和见解，提供实践指导。三是采用互动式学习方法，如设计思维工作坊、头脑风暴、快速原型制作等，激发学生的创新灵感[①]。

2. 认真组织学科及创新竞赛

首先是设定具有挑战性的竞赛主题，鼓励学生针对实际问题提出创新的解决方案。其次是建设团队，鼓励学生组建跨专业的团队，通过团队合作来提升创意的质量和可行性。最后是建立公正的评审机制，邀请行业专家和学术导师作为评委，确保竞赛的专业性和公正性。

3. 开展跨学科交流

建立跨学科的交流平台，如学术论坛、研讨会、在线社区等，促进不同专业学生之间的交流和合作。鼓励学生参与跨学科的合作项目，如联合研究、创新项目等，通过实际合作来锻炼创新能力。实现资源共享，提供跨学科的资源共享机制，如图书馆资源、实验室设施等，支持学生的跨学科学习和研究。

4. 反思与分享

组织反思活动，在创新活动后组织反思会议，让学生总结创新过程中的成功经验和遇到的问题。建立分享平台，如校园网站、社交媒体群组等，鼓励学生分享他们的创新故事和学习心得。知识内化，通过反思

---

① 李双寿，李乐飞，孙宏斌，等．"三位一体、三创融合"的高校创新创业训练体系构建［J］．清华大学教育研究，2017，38（2）：111-116．

和分享，促进学生将创新经验内化为个人的知识和技能，为未来的创新实践打下基础[1][2]。

（二）创业实践

创业实践是培养学生创新能力和实际操作能力的重要途径。以下是如何通过创业指导、资源支持、孵化平台和实践机会来支持学生创业的具体措施。

1. 创业指导

开设工作坊和讲座。定期举办创业工作坊和讲座，邀请创业导师、成功企业家和行业专家来分享创业经验，提供专业指导。提供一对一的创业辅导服务，帮助学生制订商业计划、进行市场分析和财务规划。利用网络，建立创业资源库，提供在线课程、工具包、案例研究等，支持学生的自主学习和研究。

2. 资源支持

提供资金支持，设立创业基金或与投资机构合作，为有潜力的创业项目提供启动资金或风险投资。安排好场地支持，提供创业孵化空间，包括办公室、会议室、实验室等，为学生提供一个良好的工作环境。提供好技术支持，与技术服务提供商合作，为学生提供必要的技术支持和咨询服务，帮助他们解决技术难题。

3. 孵化平台

实施孵化计划。制定孵化计划，为入驻项目提供一系列的支持服务，包括法律咨询、市场推广、人才招聘等。建立导师网络，邀请行业专家和成功企业家作为导师，为学生提供定期的指导和反馈。整合网络资源，提供高速网络、打印服务、会议设施等基础设施，以及在线协作工具和资源库，支持学生的日常工作和项目管理。

---

① 黎博，黄毅，徐运保，等."卓越计划"视域下的管理人才创新创业能力培养路径探究——评《基于卓越计划的管理类专业人才培养模式改革研究》[J].管理世界，2021，37（2）：26.

② 谢品，谭文旭，韦铁.新商科背景下跨学科工商管理人才培养实践路径研究［J］.大学教育，2024（6）：92-96.

4. 实践机会

多渠道提供实践机会。一是校企合作，产学研联动，与企业建立合作关系，为学生提供实习和实践机会，让他们在真实的市场环境中测试和完善自己的创业想法。二是做好市场对接，帮助学生对接潜在的客户和合作伙伴，通过实际的市场反馈来调整和优化产品或服务。三是鼓励学生参加竞赛和展览，组织创业竞赛和展览，让学生有机会展示他们的项目，吸引潜在的投资者和客户。

五、国际视野与文化融合

在培养具有国际视野和文化融合能力的数智化管理人才时，国际课程和跨文化交流是两个关键的策略。以下是如何通过这两个方面来实现目标的具体方法。

（一）国际课程

国际课程是培养具有全球视野的数智化管理人才的重要途径。以下是如何通过全球商业视角、双语教学、国际认证和在线资源来实现这一目标的具体措施。

1. 全球商业视角

一是精选全球范围内的商业案例，实例应涵盖不同行业、地区和文化背景，让学生通过分析这些案例来理解国际商业运作的复杂性。二是完善理论框架，教授国际管理理论和模型，如跨文化管理、全球战略规划、国际市场营销等，帮助学生构建分析和解决国际商业问题的框架。三是组织专家讲座，邀请国际商业领域的专家和实践者来校举办讲座和研讨，分享他们的经验和见解，增强课程的实践性和前沿性[1]。

2. 双语教学

开设专门的语言课程，提高学生的英语或其他外语水平，为他们在国

---

[1]　谢品，谭文旭，韦铁.新商科背景下跨学科工商管理人才培养实践路径研究［J］.大学教育，2024（6）：92-96.

际环境中的学习和工作打下坚实的基础。选择双语教材或国际通用的教材，确保学生在学习专业知识的同时，也能够提升语言能力。采用互动式和沉浸式的教学方法，鼓励学生在课堂上使用外语进行讨论和表达，增强语言实践能力。

3. 国际认证

一是做好合作项目，与国际知名教育机构合作，引入其认证的课程和资格证书，如 AACSB、EQUIS 等，提升课程的国际认可度。二是学分互认，与合作机构建立学分互认机制，方便学生在国际上转移学分，促进国际教育资源的共享。三是提高质量保证，确保课程内容和教学质量符合国际标准，通过定期评估和反馈机制，不断提升课程的国际竞争力。

4. 在线资源

利用慕课平台，如 Coursera、edX 等，提供来自世界顶尖大学的课程，让学生有机会接触到最前沿的知识和理念。开展虚拟研讨会，组织或参与国际研讨会，通过视频会议等形式，让学生与全球学者和行业专家进行交流和学习。利用好数字图书馆，提供丰富的国际学术资源，包括电子书籍、期刊文章、研究报告等，支持学生的自主学习和研究。

（二）跨文化交流

跨文化交流是培养学生国际视野和文化融合能力的关键环节。以下是如何通过国际交流项目、海外实习、多元文化活动和虚拟交流平台来实现这一目标的具体方法。

1. 国际交流项目

寻求好的合作伙伴，与海外高校建立稳定的合作关系，确保学生交换项目的质量和连续性。做好交流项目设计，设计多样化的交换项目，包括短期访问、学期交换、双学位项目等，满足不同学生的需求。提升学生文化适应能力，在学生出发前提供文化适应培训，帮助他们了解目的地的文化习俗、社交礼仪和语言特点。

2. 海外实习

创造海外实习机会，与国际企业和组织合作，为学生提供海外实习岗位，特别是在跨国公司、国际组织和非政府组织中的实习机会。认真做好实习指导，为学生提供实习前的准备指导，包括简历撰写、面试技巧、工作文化适应等。建立实习反馈机制，让学生在实习结束后分享经验，为后续学生提供参考。

3. 多元文化活动

打造文化节，定期举办多元文化节，展示不同国家和地区的文化特色，如美食、服饰、音乐和艺术等。开展研讨会，组织国际研讨会，邀请来自不同文化背景的专家和学者，就跨文化交流和管理等主题进行深入探讨。充分利用学生社团活动，支持学生自发组织的国际文化社团，鼓励学生通过社团活动增进对不同文化的了解和兴趣。

4. 虚拟交流平台

构建在线会议，利用视频会议软件，如腾讯会议、钉钉等，组织学生与海外学生进行在线交流和讨论。利用好社交媒体，鼓励学生使用社交媒体平台，如微信、抖音等，与全球同龄人建立联系，分享学习和生活的经验。开展虚拟合作，通过虚拟合作平台，促进学生在全球范围内的团队合作项目。

第四节　新质数智化管理人才培养的
保障机制需更加健全

为了确保新质数智化管理人才的有效培养，必须建立健全的保障机制。这包括政策支持、资金投入、师资力量和实践基地等多个方面。

一、政策与环境支持

政府在推动高校与企业合作方面扮演着至关重要的角色。政府可以采取以下具体措施来鼓励和促进这种合作。

（一）政策制定

一是完善激励政策，制定税收优惠、资金补贴、研发支持等激励政策，鼓励企业参与高校的人才培养项目。二是提供法规保障，出台相关法规，明确高校与企业合作的权利和义务，保障合作双方的合法权益。三是出台指导意见，发布指导意见，引导高校和企业建立长期稳定的合作关系，共同制订人才培养计划[①]。

（二）资源配置

做好资金支持，通过政府资金支持，帮助高校和企业建立联合实验室、实习基地等合作平台。建立信息共享平台，促进高校和企业之间的信息交流，帮助双方更好地了解对方的需求和资源。鼓励人才在高校和企业之间的流动，如允许企业专家到高校授课、高校教师到企业实践等。

（三）项目推动

首先开展好示范项目，支持建立一批示范性的人才培养合作项目，对这些项目的成功经验进行推广和复制。二是完善评估机制，建立合作项目的评估和反馈机制，定期对合作效果进行评估，及时调整和优化合作模式。三是加强国际合作，鼓励高校与国际知名企业和机构合作，引进国际先进的人才培养理念和方法。

（四）环境营造

一是加强宣传推广，通过媒体和公共活动，宣传高校与企业合作的成功案例，提高社会对这种合作模式的认识。二是开展教育改革，推动教育体系改革，将实践教学和产学研合作纳入教育评估体系，提高其在教育质量评价中的权重。三是持续跟进，政府应持续跟进合作项目的进展，提供必要的支持和帮助，确保合作项目的顺利进行。

---

① 张海枝，熊卫.加速形成新质生产力背景下财经人才培养模式改革思考［J］.高等教育评论，2023，11（2）：76-87.

二、充足的经费保障

学校在培养数智化管理人才方面扮演着关键角色。学校可以通过增加资金投入来支持这一目标的具体措施。

（一）支持课程开发

为课程开发提供专项资金，支持开发与数智化管理相关的课程，如数据分析、人工智能、项目管理等。与企业合作，共同研发课程内容，确保课程与市场需求紧密结合，提高课程的实用性和前瞻性。做好更新迭代，定期对课程进行评估和更新，确保课程内容与行业发展同步，满足学生的学习需求。

（二）师资培训

设立师资培训项目，为教师提供数智化管理领域的专业培训，提高教师的专业能力和教学水平。实施交流访问，支持教师参加国内外学术交流和访问学者项目，拓宽教师的视野，引进先进的教学理念和方法。建立激励机制，鼓励教师参与课程开发和教学改革，提高教师的积极性和创新能力。

（三）实践基地建设

建立实践基地，为实践基地建设提供资金支持，建立模拟实验室、实训中心等，提供真实的实践环境。整合校内外资源，产教融合，建立跨学科的实践平台，支持学生进行跨领域的实践活动。

（四）教学设施改善

做好设施升级，投入资金改善教学设施，如更新计算机设备、建设高速网络、购置教学软件等。优化教学环境，提供舒适的学习空间，如图书馆、自习室、讨论区等，支持学生的自主学习和团队合作。加强技术支持，引入先进的教育技术，如虚拟现实（VR）、增强现实（AR）等，提高教学的互动性和趣味性。

三、高水平的师资保障

师资力量的建设是提升教育质量的核心环节。以下是学校在引进和培养具有实践经验的教师方面可以采取的具体措施。

（一）引进行业专家

一是制定专门的招聘策略，吸引具有丰富实践经验的行业专家加入教师队伍。二是聘请兼职教师，聘请行业专家作为兼职教师或客座教授，定期为学生授课或举办讲座。三是邀请企业高管和技术专家参与教学活动，分享行业经验[①]。

（二）教师培训与发展

一是实践培训，为现有教师提供实践培训机会，如企业实习、项目合作等，增强教师的实践能力。二是学术交流，鼓励教师参加行业会议、研讨会和学术交流活动，拓宽视野，更新知识。三是职业发展，建立教师职业发展计划，支持教师参与专业认证和继续教育，提升专业水平。

（三）教学方法创新

一是实施案例教学，推广案例教学法，使用真实的行业案例进行教学，帮助学生理解理论知识的实际应用。二是项目驱动，采用项目驱动的教学方法，让学生参与实际项目，锻炼解决实际问题的能力。三是互动教学，鼓励教师采用互动式和参与式的教学方法，提高学生的学习兴趣和参与度。

（四）教学资源整合

一是实施资源共享，建立教师资源共享平台，促进教师之间的经验交流和资源共享。二是加强技术支持，提供先进的教育技术支持，如在线教学平台、多媒体教学工具等，提升教学效果。三是做好评估反馈，建立教学评估和反馈机制，定期收集学生和同行的反馈，不断提升教学质量。

---

① 陈刚，王淑萍，丛明宇. 高校跨学科教学研究型团队组织建设探讨［J］. 中国成人教育，2016（14）：53-55.

四、高质量的实践教学保障

建立完善的实践基地是提升学生实践能力和职业素养的关键。以下是高校在建设和管理实践基地方面可以采取的具体措施。

（一）实践基地规划与建设

做好需求分析，根据行业需求和学生培养目标，进行实践基地的需求分析和规划设计。与企业合作共建实践基地，利用企业的资源和经验，提升基地的实用性和先进性。

（二）实习机会提供

制订详细的实习计划，包括实习时间、内容、目标和评估标准。岗位匹配，根据学生的专业背景和职业兴趣，为他们匹配适合的实习岗位。导师指导，为学生配备企业导师，提供专业的指导和反馈，帮助他们更好地融入工作环境。

（三）企业合作平台

与企业合作开展项目，如研发项目、市场调研、产品设计等，让学生参与实际工作。建立人才交流机制，鼓励企业专家到教育机构授课，同时支持教师到企业实践。实现教育机构与企业之间的资源共享，如技术、设备、信息等，提升合作效率。

五、完备且有效的质量保障

质量保障体系是确保教育质量持续提升的关键。以下是建立质量保障体系的具体措施。

（一）评估机制

多维度开展评估，采用多维度的评估方法，包括学生评价、同行评审、专家评估等，全面了解教学质量。定期评估，设定固定的评估周期，如每学期或每年进行一次全面的教学质量评估。建立有效的反馈机制，确保评估结果能够及时反馈给教师和管理层，用于教学改进。

（二）持续改进

加强数据分析，利用评估数据进行深入分析，识别教学中的弱项和改进点。促进教师发展，为教师提供持续的专业发展机会，如研讨会、工作坊、教学培训等。加强课程更新，根据评估结果和行业趋势，定期更新课程内容和教学方法，确保课程的时效性和相关性。

（三）认证体系

开展专业认证，与行业标准对接，建立专业认证体系，如国际认证、行业认证等。鼓励和支持学生参加专业认证考试，如 PMP（项目管理专业人士）、CFA（特许金融分析师）等。实施认证激励，为通过认证的学生提供奖励，如学分认可、奖学金、就业推荐等，增强学生的认证动力。

（四）质量文化建设

培养全体教职工和学生的质量意识，将质量视为教育的核心价值。明确学校对质量的承诺，并通过各种渠道向内外部利益相关者传达。持续做好质量改进，建立质量改进小组，负责监督和推动质量改进活动的实施。

（五）技术支持

完善在线评估，利用在线评估工具，提高评估的效率和准确性。加强数据平台建设，建立教育数据分析平台，支持教学质量的实时监控和分析。利用好智能辅助，采用智能辅助教学工具，如学习管理系统（LMS）、智能教学平台等，提升教学效果。

六、健全的学生服务支持体系

数智化管理人才培养的学生支持服务旨在为学生提供全方位的支持，帮助他们顺利完成学业并成功进入职场。以下是针对数智化管理人才培养的学生支持服务的具体措施[①]。

---

① 齐佳音，张国锋，吴联仁．人工智能背景下的商科教育变革［J］．中国大学教学，2019（Z1）：58—62.

（一）指导职业规划

开展个性化咨询，提供一对一的职业规划咨询，帮助学生根据自身兴趣和能力制订职业发展计划。提升行业洞察力，定期举办行业讲座和研讨会，让学生了解数智化管理领域的最新趋势和就业机会。开展实践导向，鼓励学生参与实际项目和案例研究，增强他们的实践经验和职业技能。

（二）做好心理辅导

配备专业的心理咨询师，为学生提供心理健康评估和咨询服务。开展压力管理和情绪调节工作坊，教授学生有效的应对策略。建立紧急心理援助机制，确保学生在遇到心理危机时能够得到及时的帮助。

（三）资源共享

建立数字化的资源共享平台，如在线论坛、知识库等，方便学生交流学习资料和经验。鼓励学生组建学习小组，通过协作学习共享资源，提高学习效率。利用校友资源，建立校友网络，为学生提供职业发展指导和行业联系。

（四）技术支持

提供数智化管理相关软件和工具的培训，如数据分析软件、项目管理工具等。开发在线课程和微课程，让学生随时随地学习数智化管理的核心知识和技能。设立技术支持中心，为学生在学习和研究中遇到的技术问题提供咨询和解决方案。

（五）学术支持

提供学术写作和研究方法的辅导，帮助学生提高学术水平。建立导师制度，让经验丰富的教师或行业专家指导学生的学习和职业发展。为学生提供参与数智化管理相关研究项目的机会，提升他们的研究能力和创新思维。

第六章

数智化管理人才培养的模式探索

第一节 确立人才培养理念

　　数智时代催生新质生产力战略，新质生产力发展急需新质人才，培养新质人才需要新质教育。新质教育正是数智时代下人才供给和需求达到新均衡的着力点。随着科技革命和产业升级的浪潮，教育领域的资源配置和互动模式正在经历一场深刻的转型。这种转变不仅提升了教育的质量和效率，而且为培养能够灵活适应全球化挑战、解决复杂问题以及满足多样化职业需求的"高素质创变型"人才提供了新的方向。首先，为了培养数智化管理人才，教育体系必须跨越传统学科界限，将人工智能技术融入不同学科的教学之中，以促进跨学科的深度融合和创新。其次，教育模式应将理论与实践相结合，通过项目导向和校企合作等途径，培养学生的跨界、创新和变革意识，帮助他们在解决实际问题的过程中，形成知识与能力相结合的"认知–心智"结构和实践智慧；最后，教育的创新也依赖于学习资源和平台的整合与创新，这有助于学生培养持续学习的能力，使他们能够在快速变化的世界中保持竞争力和创造力①。

西华大学的人才培养目标是"全面发展的高素质应用型人才"，应用型人才在数智化背景下也具有"创变"特征。要实现这一目标就需要确定"一中心、双发展"的教育理念。审视当前教育教学改革是否适应信息化与工业化深度融合需要，是否适应新产业、新业态、新技术和新模式需要，是否适应以学生为中心、以空间和时间双维度的持续改进。

一、学生为中心

"以学生为中心"的教育理念，明确了高等学校中学生的中心地位，围绕学生的利益和需求进行，尊重学生的个性、兴趣和特长，关注学生的独特性，提供多样化的学习路径和机会，"因材施教""因需施策"，鼓励学生根据自己的兴趣、特长和职业规划选择适合自己的课程和活动。

在教育改革的实践中，一些高校已经将"以学生为中心"的教学理念融入教学和教育改革中，重点培养学生的四个关键要素：一是主动参与意识。教育过程中，学生被视为核心，教育方案旨在促进学生的全面发展和个性塑造。学生也应积极参与教育活动，以主人翁精神投身于教学实践。二是整体发展视角。人才培养被视为一个全面的发展过程，与学生的生命成长紧密相连。三是协同创新能力。教育应将教学创新与学生学习创新紧密结合，实现教学与学习的创新互动。四是个性与共性并重。教育应尊重每个学生的兴趣、爱好和个性，培养他们适应职业和社会需求的能力，同时在推动岗位和社会知识经济创新中，培育出更多高素质应用型人才②。

二、全人发展

为了纠正教育过程中常见的"工具化"趋势，需要对教育与个人价值之间的联系进行深刻洞察，树立"全人发展"教育理念。这种理念不仅强

---

① 祝智庭，赵晓伟，沈书生．融创教育：数智技术赋能新质人才培养的实践路径［J］．中国远程教育，2024，44（5）：3-14

② 刘海明．高职院校新技术应用型人才培养研究［D］．武汉：华中师范大学，2023.

调知识和技能的培育，还注重个体性格的塑造和整体素质的提升，促进学生在智力、情感和社会层面的均衡成长，从而发挥其作为完整个体的潜能[1]。"全人发展"充分尊重人的主体性，重视人的全面发展，认为教育的终极目标是人潜能的发挥和人格的完善[2]。具体可以从以下几个方面着手：

一是优化课程体系和教学内容。根据人才培养需求，完善人才培养方案，构建跨学科的课程体系；利用现代信息技术及平台资源，促进优质教育资源的共享；创新教学方法，推广案例式、参与式和研讨式等教学，以促进学生的共性和个性化发展。二是推动产学研合作，强化实践教学。通过加强与产业界的合作，实施协同育人策略，增强学生的业务技能；探索专业教育与跨专业教育的融合，实施模块化的跨专业教育，促进不同学科知识的交叉融合；激励学生参与学科竞赛和科研项目，以培养其实践能力和创新精神。

三、持续发展

2017年联合国教科文组织发布《教育2030行动框架》，指出要让所有学习者通过教育获得促进可持续发展所需的知识和技能以及可持续的生活方式等。《国家中长期教育改革和发展规划纲要（2010—2020年）》指出要尊重教育规律，促进教育全面协调可持续发展，重视可持续发展教育。教育应该贯穿于人的生命始终，实现教育的全时空覆盖，并在其间不断推动学习者个体人格完善和终身化发展。《中国教育现代化2035》中明确指出，"要构建服务全民的终身学习体系，建立全民终身学习的制度环境、跨部门跨行业的工作机制、专业化支持体系。"从时间维度上，人的发展是终身过程，因此教育也应具备持续性，忽视教育的持续性，就可能导致个人发展的内驱力缺失。持续发展教育理念不仅仅是通过教

① 贺腾飞.改革开放40年我国高等教育人才培养理念的创新与问题［J］.河北师范大学学报（教育科学版），2018，20（5）：20-27.

② 胡卫东，徐英善.《香港高校"全人发展"教育理念刍议》［J］.思想教育研究，2000（4）：19.

育培养学生的持续学习能力，还要把"终身学习"的意识植入学生的人生观和价值观。

第二节 以数智化环境下的人才需求为导向，确定培养目标

基于前文的分析，本研究指出单一职能型培养目标、融合不足和挑战不够的培养模式，单一学科和学院的保障机制都无法培养数智化环境下的新质管理人才。只有在新培养理念的引领下，实现培养目标与市场需求高度契合、多学科融合的培养模式和跨学科的保障机制，才能真正实现新质数智化管理人才的培养。那数智化环境下对管理人才素养需求是什么？这是确定人才培养目标的关键。

一、人才培养的目标要满足个人和社会素养需求

数智时代的到来进一步推动了价值理性与工具理性在高等教育发展过程中的融合。高等教育的核心价值在于满足个人求知欲，助力个体实现自我目标。个体发展是高等教育存在的根本，也是其推动社会发展的关键；高等教育为学生提供必要的生存和发展技能，帮助他们更好地融入未来的生活与工作，为他们的长远发展打下坚实基础。与此同时，高等教育还要承担宏观的社会责任，在推动社会发展、社会转型和社会变革方面发挥积极作用。

高等教育的使命不仅仅是帮助个体和社会适应现有的需求，实现知识保护和传承，还涵盖了价值塑造、道德引领和精神提升等。一是主动引导价值观，解决质量效益等挑战；二是培养个体受教育者公共道德、职业操守和社会责任以及社会大众的理性精神、人文情怀；三是提升国家和民族的创造力和竞争力，构建人类的精神家园，并引领社会向未来发展。

二、人才培养目标要满足信息和数字素养需求

（一）信息素养

在数智化背景下，数据是信息的重要来源。数据要素是在特定生产需求下，通过汇聚、整理、加工等步骤形成的计算机数据及其衍生形态[①]。有学者提出了"数据＋意义＝信息"的观点，也有学者提出了"信息就是加工过的数据"的观点[②]。这些观点都指出数据不是信息却是信息的基础，并且能够通过一系列数据处理方式转化为信息。数据加工者需要利用专业检索工具及相关知识完成数据收集、数据分类工作。劳动者的信息素养恰好表示其检索、识别、获取以及加工处理数据的综合信息能力。

一是数据识别与评估能力。劳动者首先必须具备识别和获取符合需求的有效数据的能力，并对数据来源保持敏感性，确保所获数据的准确性和可靠性。二是数据分类与发掘能力。劳动者需要对数据进行精准分类，才能充分挖掘数据的潜在价值并将其转化为有效信息，唯有有效信息才能提升生产效率。

（二）数字素养

数字素养是指对于数据的"获取、制作、使用、交互、创新、安全、伦理等能力和素质"。由于收集到的原始数据往往存在缺失值、异常值、重复记录等，这些问题可能会导致分析结果的偏差。因此要对数据进行数据清洗、数据转换、数据集成、数据筛选、数据分析等步骤才能将其转化为有价值的信息和知识。为此，劳动者需要学习使用专业的数据处理工具，即使在管理人才等非数据分析岗位，熟练掌握数据分析软件也成为进入该岗位的加分条件。有研究发现，数字素养的提升会显著促进青年高质量充分就业[③]。全社会

---

① 中国信息通信研究院.数据要素白皮书［EB/OL］.［2024-06-25］.http://www.caict.ac.cn/kxyj/qwfb/bps/202309/t20230926_462892.htm.

② 郑彦宁，化柏林.数据、信息、知识与情报转化关系的探讨［J］.情报理论与实践，2011，34（7）：1-4.

③ 王海军，葛晨.数字素养促进了青年高质量充分就业吗？［J］.上海财经大学学报，2024，26（3）：49-64.

全领域对个体在数字环境中数据处理、使用的要求日益增高。数字素养，作为连接现实与未来的桥梁，已悄然跃升为新时代劳动者不可或缺的关键素养之一，也是塑造新质人才，确保其在未来产业中持续竞争力的核心要素[①]。

三、人才培养目标要满足创新素养需求

创新素养是个体在面对新情况、新问题时，能够运用创造性思维和方法，提出新颖解决方案的能力。这种素养不仅涉及技术创新，还包括管理创新、社会创新等多个领域。具体表现为：进行发散性思考，产生新想法的能力；使用创新的方法和策略，提出有效的解决方案的能力；质疑现有知识，从不同角度审视的能力；快速学习新知识、新技能，并将其应用于创新实践的能力；在快速变化的环境中，能够灵活调整自己的思维和行动的能力；在创新过程中，确保创新活动符合伦理和社会责任的能力。

当今社会对创新素养能力的需求日益增长，主要表现在以下几个方面。

（1）全球化和技术进步导致社会和经济环境快速变化，这要求个人和组织能够快速适应新情况，而创新成为适应和引领变化的关键。与此同时，局部竞争到跨区域竞争日益激烈，创新素养能提高竞争力，促进经济增长；劳动者具备快速学习和适应新技术的能力，可以保持技术变革的效率。

（2）面对气候变化、资源短缺、公共卫生危机、可持续发展等，创新素养有助于开发新的解决方案，实现经济、社会和环境的平衡发展，帮助个人和组织更好地预测和应对未来可能出现的挑战。

（3）创新是经济发展社会进步的原动力。创新可以提高产品和服务的质量，提高人们的生活水平，增加社会福祉；并能推动文化和社会的发展，促进新思想和新文化的产生。

---

① 赵腾，严俊，林成城，等.数据要素视角下新质人才培养的机理与路径［J］.情报理论与实践，2024，47（10）：10-19.

因此，人才培养目标中要加强学生的创新思维、创新精神及批判性精神培养，固化创新意识。

四、人才培养目标要满足跨学科素养需求

学校、社会、行业部门之间存在的壁垒给信息流通构成了阻碍，容易造成数据隔离。只有通过对受教育者进行跨学科培养才能跨越壁垒，打破数据隔离。

信息本身具有客观性，难以独立发挥作用①。只有培养具备跨学科知识架构的个体，才能实现数据和知识之间的互动与整合，进而推动知识的发展和科技进步。例如，在大数据背景下，以企业财务分析为例，信息挖掘者和分析者需要进一步融合，只有培养理解数据挖掘底层逻辑又掌握财务分析基本方法的跨学科人才，才能真正实现数据的价值创新。单一学科的知识架构很难解决现代社会错综复杂的问题，只有具备跨学科知识架构的主体才能将问题的解决与跨专业知识串联起来，催生创新理念，增强创新动力，解决各类综合性问题。

因此，培养目标中要加强学生跨学科的知识整合能力培养，以帮助学生解决复杂性和综合性的实际问题，切实推动新质生产力的形成。在数智时代的"数智化＋专业"融合驱动背景下，新质管理人才就是要掌握跨学科素养能力，从而打破学科界限对释放专业价值、推动创新驱动发展的桎梏②。

因此，结合前文分析，数智化管理人才培养目标要满足"个人和社会素养""信息和数字素养""创新和跨学科素养"需求，也就是不仅懂管理和业务，熟悉信息系统运行和数据算法逻辑还能立足国情，拥有良好职业道德和社会责任感，具备处理综合和复杂问题能力的个体。

① 谢康，夏正豪，肖静华.大数据成为现实生产要素的企业实现机制：产品创新视角［J］.中国工业经济，2020（5）：42-60.

② 赵腾，严俊，林成城，等.数据要素视角下新质人才培养的机理与路径［J］.情报理论与实践，2024，47（10）：10-19.

第三节　跨学科深度融合，定制培养方案

专业培养方案是专业人才培养的基本依据，是新时代高校对"培养什么人、怎样培养人、为谁培养人"问题最直接的应答，是人才培养目标、培养理念、培养全过程最具体的体现[①]。培养德才兼备的跨学科数智化人才，需要实现多学科深度融合的培养方案。在数智时代的背景下，高校的培养方案需要特别强调原有学科与其他学科的交叉融合，特别是与数智技术的整合。融合的目标是重组一个具有系统性、层次性和相互关联的跨学科知识体系，以建立从"单一学科知识传递"到"多学科知识构建"的学科复合型知识结构[②]。

一、人才培养方案的概念

《教育大辞典》对培养方案的解释是教育者通过采取措施使受教育者能够掌握系统的基本知识与技能，形成良好道德品质、树立正确价值观的过程[③]。《高等教育词典》从专业和培养机构要求的角度出发，认为培养方案又称专业培养计划、专业培养方案，是高等学校根据各层次各专业的培养目标与培养对象特点制订的实施培养的具体计划和方案，是学校指导、组织与管理教学工作的基本文件，包括课程结构、教学形式结构、学时分配等[④]。

从关注培养方案地位和作用出发，邓志辉认为培养方案是一种指导性文件，它对学校对学生的培养工作做出了规划，能够对学校的教育思想与

---

① 杨琳，李唐波，焦俊波.规范与创新：基于国家一流新闻学本科专业培养方案的分析与思考［J］.未来传播，2023，30（6）：101–113.

② 吉峰，张宏建，李新春，等.数智时代跨学科商科人才培养的内涵要求与实现路径［J］.高校教育管理，2023，17（6）：40–50.

③ 顾明远.教育大辞典：增订合编本［M］.上海：上海教育出版社，1998.

④ 朱九思，姚启和.高等教育辞典［M］.武汉：湖北教育出版社，1993.

理念有着集中反映的作用，主要是为了提高人才培养的质量而存在①。康翠萍认为它为该专业毕业生的终极考核提供了理论依据，它是考核该专业毕业生是否合格的指导性文件②。

曾冬梅等人基于培养方案内容构成的视角来解释，认为一个完整的专业培养方案应该包括的三个基本要素：一是要选择构建培养方案的主线；二是要根据不同的学科专业，选择课程体系的结构模式；三是选择适当的技术路线对教学计划进行具体的修订③。还有一些学者根据培养方案的内容和结构来做出界定，牛佳认为人才培养方案就是一份由宏观和微观要素组成的指导人才培养活动的纲领性文件。其中，宏观内容包括：人才培养目标、人才培养规格和课程体系（实践教学内容与体系、教师教育类课），微观内容则涉及学时学分比例、课程简介、教学计划说明等部分④。李桂霞和张一非则从培养方案所囊括的具体内容出发，指出培养方案就是由众多的教学活动要素组成的规范性文本，一份完整的培养方案主要包括：学制与招生对象、培养目标与培养规格、专业核心能力与就业岗位、课程体系与课程设置、专业核心课程、毕业标准、教学安排、实施建议和其他说明等九部分⑤。

本研究沿用在《高等教育词典》中的界定：根据教育部相关文件对专业学习要求的规定，以及个人的发展需要，编制的用于指导学校教育教学工作和培养人才的纲领性文件与活动过程。人才培养方案的内容不限于但包括以下几个部分：培养目标、毕业条件和要求、课程结构体系、实践教学环节安排等。

---

① 邓志辉,赵居礼,王津.校企合作工学结合重构人才培养方案[J].中国大学教学,2010（4）：81-83.

② 康翠萍.关于国家学位政策体系及其内容的思考[J].教育研究, 2005, 26（12）：56-61.

③ 曾冬梅,黄国勋.高校专业培养方案的结构模式[J].江苏高教, 2002（3）：89-91.

④ 牛佳.高等师范院校优化人才培养方案的几点思考[J].内蒙古师范大学学报（教育科学版）, 2011, 24（3）：45-47.

⑤ 李桂霞,张一非.从教学计划到人才培养方案转变的思考[J].广东教育:职教, 2012（7）：18-20.

二、跨学科融合人才培养方案的特点和标准

根据数智化人才培养目标定位，进一步细化"专业能力 + 数字技术"两个部分组成。专业能力包括：财务共享流程整合优化能力；管理工具方法应用能力；绩效评价与决策支持能力；战略、营运、风险管控服务能力。数字技术包括：主体信息系统整合应用能力；数据信息融合能力；机器自动化处理的设计与实施能力；数据挖掘、分析、可视化呈现的设计与实施能力。

跨学科深度融合应该是"主体专业＋跨界专业"融合培养数智化管理人才的培养体系，构建以多专业融合培养、跨专业交叉培养、创新创业引导、全程项目驱动等为特色的全新培养模式。跨学科专业课程以培养学生跨学科的基础知识为主，强调学科和专业的跨界思维融合。通过优化人才培养模式，制订了综合原学科专业专门知识及跨学科专业基础知识的数智化管理人才教学计划。促进复合型人才的培养，实现跨界人才培养[①]。跨学科融合培养的共同特点是一个主体专业（本专业）融合多个跨学科专业，学生分别在各自专业学习，接受本专业核心课程训练，掌握本专业基本思维方式和分析解决问题的方法，又通过融合课程，以项目驱动方式共同学习，掌握其他学科专业发现、分析、解决问题的方式方法，通过相互"碰撞交流"，潜移默化学习到不同专业思维方法，培养解决复杂工程问题的思维，培养变化和适应能力。

三、跨学科融合人才培养方案设计

（一）开设跨学科课程

跨学科课程是跨学科数智化管理人才培养的基础，学生要成为"主体专业＋跨界专业"的跨界人才需要接受跨学科知识体系教育。

首先要有一套以管理学科为基础的核心课程，如管理学、经济学、会

---

① 李丽娟，杨文斌，肖明，等. 跨学科多专业融合的新工科人才培养模式探索与实践［J］. 高等工程教育研究，2020（1）：25-30.

计学、金融学、统计学、组织行为学等，帮助学生对管理领域的全面理解，真正实现在单一学科领域的宽度学习，深度的问题由学生去自由探索。其次要培养学生管理相关的通用技能。包括团队合作与沟通、创新创业、领导力、商业策划等。可以通过单独开设相关课程，也可以开设综合性课程来实现这些技能的培养，更为重要的是，这些课程需要与业务端高度融合，通过创新教学方式帮助学生更好地理解现实中复杂的商业行为。最后要设置问题导向的跨学科管理课程。这种课程设计旨在通过将管理知识与其他学科进行整合，培养学生跨学科思维，提升学生解决综合性问题的能力。一方面，从系统性角度整合管理学、统计学、计算科学、数据科学、数学、哲学、法学、系统科学等学科知识体系，设置跨学科管理课程。另一方面，基于学科专业特色和热点领域开设本专业与热点领域融合课程，如节能减排、环境保护是特点领域，可以为会计学学生开设碳会计、环境会计等融合课程，可以由多学科背景的教师协同合作完成课程设计与讲授。

（二）设立跨学科项目

跨学科项目是跨学科数智化管理人才培养的核心载体，高校应通过组织学生参与跨学科项目，将管理学科与不同学科领域的学生聚集在一起，培养学生的团队协作能力和跨学科交流能力，引导他们共同解决现实问题[①]。根据项目需求和学生兴趣，选拔来自不同学科背景的学生组成跨学科团队。在团队内部，明确每个学生的角色和分工，如项目经理、技术专家、市场分析师等，确保团队能够高效协作。在项目实施过程中，引入真实的社会、经济、环境等案例，引导学生运用跨学科知识进行分析和解决问题。通过模拟实战环境，如企业咨询、政策研究等，让学生亲身体验跨学科知识在解决实际问题中的应用。为跨学科项目提供必要的资金、设备、场地等资源保障，确保项目能够顺利实施。为每个跨学科团队配备具有跨

---

① 吉峰，张宏建，李新春，等.数智时代跨学科商科人才培养的内涵要求与实现路径［J］.高校教育管理，2023，17（6）：40-50.

学科背景的导师，为学生提供专业指导和支持。

（三）开设跨学科微专业

现实世界的问题往往是复杂多维的，原有专业已经很难适应新问题的需求。开设一些跨学科的新专业是满足现实世界对人才需求的路径，也是推动学科融合的直接动力。例如，中山大学开设了"计算、数据与管理"跨学科微专业，《博弈与运筹》《大数据商业分析》等课程，帮助学生掌握数据分析和优化算法解决实际问题，培养学生对数字化运营与管理的兴趣。《数字化商业模式》《金融科技》等课程，通过案例教学帮助学生加深对于计算机与商业相结合的理解。

第四节　构建管工复合、进阶引领的课程体系

课程体系在人才培养目标达成中扮演着至关重要的角色。它不仅是知识传授和技能培养的框架，更是塑造学生综合素质、引导其适应并引领未来发展的重要途径。数智技术引领是课程体系的核心特色，必须聚焦数智化技术在工商管理教育中的深度应用与前沿探索。课程设计上，强调理论与实践相结合，引入最新的数智化工具平台。以数智化管理人才培养为目标的课程体系设置，需要从以下几面进行探索与不断优化。

一、构建跨学科融合课程体系

以数智化管理人才培养为目标的课程体系应打破传统学科壁垒，实现管理学、经济学、信息科学、计算机科学与技术等多学科的深度融合。通过设计跨学科的课程模块，培养学生跨学科的思维方式和解决问题的能力。

（一）核心课程与数字技术深度融合

在构建跨学科融合课程体系时，首先要确保学生具备坚实的理论基础。这包括但不限于管理学原理、经济学基础、统计学和信息技术等。这

些核心课程为后续深入学习提供必要的理论基础支撑。这些多是传统的理论课程，需要融入数字技术进行一定的改革探索。例如，管理学原理介绍组织行为、领导力、团队合作等基本概念，帮助学生理解商业环境中的运作机制；经济学基础课程让学生掌握微观经济学与宏观经济学的基本原理，学会从经济视角分析商业问题；统计学课程培养学生数据处理和分析的能力，为理解和运用大数据分析技术打下基础；信息技术类课程涵盖计算机科学基础知识、编程语言（如 Python）、数据库管理和软件工程等内容，帮助学生掌握相关专业软件的使用。

（二）跨学科选修课程设置

为了实现真正的跨学科融合，课程体系应包括一系列选修课程，让学生能够根据自己的兴趣和职业规划选择适合的方向进行深入学习，尤其是以大数据、人工智能、计算机技术等为基础的融合课程。如《数据驱动的决策分析》课程，该课程结合管理学决策理论与数据分析技术，教授学生如何运用大数据和机器学习算法进行市场预测、风险评估和策略优化；《智能供应链管理》课程，则融合了管理学中的供应链理论与信息技术中的物联网、区块链等技术，探讨如何构建高效、透明的智能供应链体系；人工智能与机器学习，教授学生算法开发、模型训练等关键技术，使学生能够应用人工智能解决实际问题；数字营销课程探讨社交媒体营销、搜索引擎优化等现代营销工具和技术。

（三）实践教学与案例研究课程

理论知识的学习需要与实践相结合，才能真正转化为解决问题的能力。为了使所学的理论知识和方法技能等得到应用，需要为学生提供一定的场景进行实践实训，包括企业实习项目、企业模拟经营实验及竞赛、企业案例研究等。

（1）企业实习项目，如认知实践、专业实习、社会调查等。与业界合作伙伴共同设计实习计划，让学生有机会在真实环境中应用所学知识。其优点如下：一是企业实习让学生置身于真实的职场环境中，面对实际工作中的挑战和问题，这种体验能够帮助学生快速理解行业运作流程、企业文化、团队协作等，从而培养解决实际问题的能力。二是在实习过程中，学生有机会运用并深化在学校学到的专业知识，如技术技能、管理理论、市场分析等，通过实际操作，学生能够更加熟练地掌握这些技能，并发现自身的不足，进而有针对性地提升。三是除专业技能外，实习还是提升软技能的绝佳机会，包括沟通能力、团队协作能力、时间管理、自我驱动能力等，这些技能对于未来的职业发展至关重要，而实习中的真实反馈和经历能够有效促进这些能力的提升。

（2）企业模拟经营实验及竞赛，如企业经营模拟实验、数智化企业沙盘模拟实验、商业模式创新实验等。其优点如下：首先，这类活动让学生亲身体验从市场调研、产品规划、财务管理到市场营销等企业经营的全过程，使理论知识得以在实践中深化和内化。其次，面对复杂多变的模拟市场环境，学生需要快速决策、灵活应变，这一过程极大地锻炼了他们的分析判断能力、问题解决能力和创新思维。再次，团队合作是模拟经营不可或缺的一部分，学生在共同目标下分工协作，不仅学会了有效沟通，还增强了团队协作精神和领导力。最后，竞赛的紧张氛围和竞争压力促使学生全力以赴，不断挑战自我，这种经历对于培养抗压能力、激发潜能同样至关重要。总之，企业模拟经营实验及竞赛为学生提供了一个接近真实的商业舞台，让学生在"做中学"，显著提升其实践能力，为未来职业生涯奠定坚实基础。

（3）企业案例研究分析课程，可以单设企业案例分析课程，也可在相关专业课中增加企业案例分析讨论。这类课程首先引导学生接触并理解企业运营的复杂性，通过细致分析市场环境、企业战略、管理决策等关键因素，使学生能够将理论知识与实际应用紧密结合。在案例讨论过程中，学生需要主动思考、提出见解，并学会从不同角度审视问题，这极大地促进了其批判性思维和问题解决能力的发展。此外，课程鼓励学生团队合作，共同研究案例，这不仅锻炼了学生的团队协作能力，还让他们学会了如何在团队中有效沟通、协调意见，并共同制定解决方案。这种团队协作的经验对于未来职场中处理复杂项目至关重要。更重要的是，通过模拟企业决策过程，学生能够在安全的环境中尝试不同的策略和方法，体验决策的后果，从而培养出更加谨慎和全面的决策能力。

二、持续优化与更新课程内容

内容不断进阶是课程体系持续优化的关键。随着数字化技术的快速发展和商业环境的不断变化，课程体系必须保持动态优化与更新。

首先，根据课程知识和能力培养的深度对课程进行分类，初阶课程注重基础理论与基本技能的培养，为后续学习奠定坚实基础；中阶课程则深化专业知识，引入更多综合性、应用性的案例和项目，强化学生解决实际问题的能力；高阶课程则聚焦于前沿理论与技术创新，鼓励学生参与科研项目、创新创业活动，培养其成为能够引领行业发展的领军人才。

其次，关注新兴技术，持续跟踪人工智能、大数据、云计算、区块链等前沿技术的发展，了解其在工商管理领域的应用潜力和前景；基于交叉融合的理念，将新技术及时融入课程体系，开发新的课程或专题讲座，以满足市场对复合型人才的需求。

最后，建立课程评估与反馈机制，定期收集学生、教师及企业反馈，及时调整课程内容与教学方法，形成良性循环，确保课程体系始终紧跟时代步伐，为培养高素质的数智化工商管理人才提供有力支撑。

三、教学模式数字化变革

教学模式的数字化改革是教育现代化的重要方向，它不仅改变了传统的教学方式，还促进了教育资源的优化配置和个性化学习的发展。

（一）基础设施建设和技术支持

数字化教学模式的实施首先需要强大的基础设施和技术支持作为保障。这包括但不限于硬件设备、网络设施以及相关的软件平台和服务。

1.基础设施建设

一是硬件设备升级。学校需要配备高性能的电脑、平板电脑等电子设备，以满足教师和学生日常教学活动的需求。此外，还需要配置投影仪、交互式白板等多媒体设备，增强课堂互动性和趣味性。

二是网络环境优化。确保校园内高速稳定的互联网连接，为在线教学资源访问和远程交流提供良好的网络环境。同时，考虑到网络安全问题，需建立完善的信息安全管理体系，保护师生隐私和个人信息安全。

三是数智平台建设。建立智能云平台，整合视频、动画、三维模型等多媒体资源，为学生创造沉浸式的学习体验。

2.技术支持与服务

一是教学软件与平台。选用功能齐全、易于操作的教学软件和在线学习平台，如虚拟实验室、在线作业提交系统等，以辅助课堂教学和自主学习。

二是技术支持团队。组建专门的技术支持团队，负责维护硬件设备、解决技术问题，并为教师提供必要的技术支持和培训服务，确保教学活动顺利进行。

三是数据管理与分析。建立统一的数据管理系统，收集和分析教学过程中产生的各类数据，为教学改进提供依据。同时，利用大数据技术对学生学习行为进行跟踪分析，以便推荐个性化学习资源。

（二）教学方法与手段创新

数字化教学模式要求教师不断创新教学内容和方法，采用更多样化的形式激发学生的学习兴趣，提高教学效果。

1.教学资源创新

一是多媒体教材开发。制作高质量的多媒体教学资源，如视频、动画、3D 模型等，使抽象的概念变得生动直观。

二是在线课程资源。开发和整合优质的在线课程资源，包括慕课、微课等，并构建包含电子备课库、课件库、题库、案例库等在内的数字化教学资源库，并不断丰富和优化资源内容。

三是项目驱动学习。设计基于项目的实践活动，鼓励学生通过解决实际问题来深化对知识的理解和应用。

2. 教学方法创新

一是翻转课堂模式。将传统课堂教学过程"翻转"，让学生在课前通过观看视频教程等方式预习新知识，在课堂上则着重于讨论、实验和问题解决。

二是混合式学习。结合线上线下的教学方式，灵活调整教学进度和内容，满足不同学生的学习需求。

三是个性化学习路径。利用学习管理系统（LMS）和智能算法为每个学生制订个性化的学习计划，帮助其高效达成学习目标。

（三）师资培训与发展

教师是教学模式数字化改革成功的关键因素之一，加强教师培训和发展是非常重要的。

一是定期举办培训工作坊。邀请专家和技术人员为教师提供有关最新教育技术的培训，帮助他们掌握使用各种教学软件和平台的使用方法。

二是实践交流平台搭建。建立教师之间的交流平台，鼓励分享教学经验和成果，促进相互学习和启发。

三是激励机制建立。设立相应的奖励制度，表彰在数字化教学方面表现突出的教师，激发他们的积极性和创造力。

第五节　推进产教融合科教融汇，打造支撑平台

产教融合、科教融汇是满足学科教育与产业需求、与科技创新深度融合、协同发展的重要手段，是整体推进教育、科技、人才协同发展的重要抓手。

一、全面构建产教协同育人模式

在培养数智化管理人才的过程中，推进产教融合科教融汇是提升教育质量和满足行业需求的关键。全面构建产教协同育人模式可从专业共建、

方案共制、教材共建、师资共培、基地共建五个方面进行。

（一）专业共建

专业共建是产教融合的基础。高校与企业应共同研究制定数智化管理专业的培养目标和课程设置，确保专业方向与企业需求高度契合。通过设立联合培养项目、共建专业实验室等方式，将企业的实际需求和行业标准融入教学体系。此外，双方还可以共同举办学术研讨会、技能竞赛等活动，促进学术交流与技能提升，为学生搭建理论与实践相结合的学习平台。

（二）方案共制

方案共制是产教融合的核心环节。高校应与企业紧密合作，共同制订人才培养方案和教学计划。在制订方案时，应充分考虑企业的用人需求和行业发展趋势，确保教学内容的前沿性和实用性。同时，双方还可以共同探索创新教学模式，如项目式学习、案例教学等，让学生在解决实际问题的过程中提升能力。此外，还应建立定期评估机制，对人才培养方案进行动态调整和优化。

（三）教材共建

教材是教学的重要载体。高校与企业应携手共建数智化管理专业的教材体系。教材内容应紧密围绕企业实际需求和技术发展趋势，注重理论与实践的结合。在编写教材时，可以邀请企业专家参与，将企业的真实案例和技术经验融入教材中。同时，还可以利用数字化手段，开发多媒体教材、在线课程等教学资源，为学生提供更加丰富、便捷的学习途径。

（四）师资共培

师资是教学质量的重要保障。高校与企业应共同加强师资队伍建设，提升教师的专业水平和教学能力。一方面，可以通过互派教师交流、共同承担科研项目等方式，促进教师之间的学术交流和经验分享；另一方面，可以邀请企业专家来校授课或担任兼职教师，将企业的最新技术和实践经验传授给学生。此外，还可以建立教师培训机制，定期为教师提供培训机会，帮助他们掌握最新的教学理念和教学方法。

（五）基地共建

实训基地是提升学生实践能力的重要平台。高校与企业应共同建设数智化管理专业的实训基地，为学生提供真实的工作环境和实操机会。实训基地可以包括实验室、模拟车间、企业实训基地等多种形式。在基地建设过程中，应注重设备的先进性和实用性，确保学生能够接触到最新的技术和设备。同时，还应建立完善的实训管理制度和考核机制，确保实训教学的质量和效果。

二、以科教融合培养科研创新能力

科教融合强调通过"科"与"教"的协同，促进人才培养和科学研究的双向提升。科教融合的本质在于实现科研资源与教学资源的优化配置和深度融合，使科学研究的前沿成果能够及时转化为教学内容，同时，教学过程也能为科学研究提供新的思路和方向。这种融合不仅仅限于高校内部，还涉及科研机构、企业等多方主体的紧密合作。

（一）树立科教融合教育理念

科教融合在人才培养中的重要性体现在技术创新能力的培养上。一方面，高校需深刻领会科教融合的本质，精确把握其与人才培养之间的内在联系，将科教融合视为人才培养的新路径，并提高对科学素养与创新能力培养的重视程度，将其作为人才培养的核心任务。在实施科教融合的过程中，高校应清晰界定人才培养的目标，持续强化科技创新、技术研发与教育教学之间的深度融合，确保科学研究、技术开发及创新活动成为专业教育不可或缺的一环。另一方面，高校在教学体系构建上需强化科技化与现代化转型，充分认识到科学技术应用与教学相结合的重要性。为此，应积极促进前沿科学技术在教学实践中的广泛应用，将其融入学校、课堂及教材之中。高校可携手科研机构及行业企业，共同研发数字化教学管理系统，并推进智慧校园建设，借助科技手段推动"教师、教材、教法"的革新，以期有效提升学生的科学素养与创新能力。

（二）搭建区域科教融合平台

从中观层面来看，科教融合是指高校和科研院所、行业企业之间的融合，是各类机构之间的一体化发展。构建区域科教融合平台的工作涵盖组织管理与功能强化两大维度。在组织管理方面，我们可采取"政府引领、四方联动"的策略，成立科教融合平台建设指导委员会。该委员会由地方政府牵头设立，其核心职责是联合高校、科研机构及行业企业领袖，组建实体机构，并定期组织联席会议，旨在应对平台构建及运营中的关键难题。地方政府、高校、科研机构与行业企业应携手合作，共同规划区域科教融合平台的发展蓝图与工作部署，确保平台的持续稳健发展。在功能提升层面，地方政府需与高校、科研机构及企业紧密合作，整合各方资源，紧密围绕国家重大需求及学科前沿，协同打造综合性科教平台。该平台将涵盖科学研究、技术开发与推广、科技成果转化、人才培养、科技创新决策支持、科学普及与传播六大核心领域。在科教融合平台内部，我们将努力推动各类信息、技术、人才及项目的共建共享，旨在不断推动区域科技创新与人才培养的全面提升。

（三）加强科研与教学互动

在传统的教育模式中，科研与教学往往被视为两个独立的部分，然而，随着教育理念的发展，越来越多的研究表明，科研与教学之间的深度融合不仅能促进科学研究的进步，也能显著提高教学质量，培养出更具创新能力和实践能力的人才。

首先，科研活动能够为教学提供最新的研究成果和前沿知识，使教学内容更加丰富、实用。当教师将自己的科研成果融入课程当中时，学生不仅可以学到书本上的理论知识，还能接触到该领域的最新进展和发展趋势。这种做法有助于激发学生的学习兴趣，让他们了解到自己所学的知识是有实际应用价值的，从而增强学习的动力。

其次，通过参与教师的科研项目，学生可以获得宝贵的实践经验。在实践中学习是一种非常有效的学习方式，它能够帮助学生将抽象的理论知识转化为具体的技能。参与科研项目可以让学生在解决实际问题的过程中，学会如何运用所学知识，培养发现问题、分析问题和解决问题的能力，这对于他们未来的职业生涯来说是非常重要的。

最后，科研与教学的互动还有助于营造一种积极向上的学术氛围。在一个鼓励创新、追求卓越的环境中，学生更容易受到鼓舞，积极参与到学习和研究活动中来。同时，这种氛围也能够吸引更多优秀的学者加入教学队伍中，形成良性循环。

（四）将科教融合绩效纳入教学评价体系

人才培养被视为科教融合的核心要素之一，在科教融合工作中占据举足轻重的地位。为了确保科教融合在教育实践中得以充分展现，并为培育具备创新能力的数智化人才提供切实有效的支撑，高校需对教学评价体系进行完善。首要任务是改革教师教学评价机制，将专业教师投身科研活动及技术创新实践的成果纳入其工作绩效考评体系，使之成为教师评优评先及职称晋升的重要参考。此举旨在激发教师提升科研实力，更加主动地参与到科教融合中来。其次，高校需优化学生学业评价机制，将学生的科研能力、创新思维及科学素养纳入能力评价体系之中。在评价学生的学业成绩时，不仅要考量其在科学知识学习方面的表现，还要对学生在科研项目参与、科技创新及技术研发等方面的行为与成果进行全面评估。此举意在激励学生充分利用专业学习及课余时间，积极参与各类科研实践活动，持续提升自身的科研素养。

三、深化完善校企合作机制与平台

深化校企合作机制是提升高等教育质量、增强毕业生就业竞争力，促进产教融合科教融合得以实现的有效途径之一。通过构建紧密的校企合作关系，可以实现教育资源与市场需求的无缝对接，促进理论与实践的深度融合。

（一）构建多元化的合作模式

为了深化校企合作，首先需要创新合作模式，探索多种形式的合作途径。传统上，校企合作多以实习实训为主，但随着社会经济的发展和技术进步，单一的合作形式已不能完全满足现代教育的需求。因此，需要构建多元化的合作模式，以适应不同企业和学校的实际情况。

一方面，可以通过共建产业学院的方式，将企业的实际需求直接融入人才培养过程。产业学院由企业和高校共同管理，根据行业发展的最新趋势来制订教学计划和设置课程，确保学生所学知识与技能能够紧跟市场步伐。这种方式不仅有利于学生掌握前沿技术，还能为企业输送符合需求的人才。

另一方面，设立专项奖学金或竞赛基金也是激励学生积极参与校企合作的有效手段。企业可以根据自身发展战略，资助高校开展相关领域的研究或举办技能大赛等活动，以此来发现和培养潜在的人才。此外，还可以通过设立企业导师制度，让具有丰富实践经验的企业专家走进校园，为学生提供专业指导，解决传统教育中实践环节不足的问题。

（二）完善合作管理机制

深化校企合作需要一套完善的管理机制作为保障，这样才能确保合作的效果得到充分发挥。

首先，应该建立健全的合作管理机构，比如成立专门的校企合作办公室，负责协调双方资源，监督合作项目的执行情况，并及时解决合作过程中出现的问题。这样的机构能够为校企合作提供组织上的支持，保证各项合作事宜得以顺利推进。

其次，制定明确的合作规则和利益分配机制，确保双方权责分明，利益共享。在合作初期，双方应就合作期限、投入产出比、知识产权归属等问题达成一致意见，并签订正式的合作协议。这样既可以保护双方的合法权益，又能减少后期可能出现的纠纷。此外，还应当建立一套科学的评价体系，定期评估合作成果，根据评估结果调整合作策略，以期达到最佳的合作效果。

最后，构建长效沟通机制，确保信息畅通无阻。校企之间应该定期举行联席会议，及时交流合作进展情况，共同探讨合作中存在的问题及解决方案。同时，利用信息化手段，如建立专门的合作平台或微信群组等，方便双方随时沟通交流，增进彼此了解，促进合作更加紧密。

（三）促进资源共享与互利共赢

深化校企合作的一个重要目标是实现资源共享与互利共赢。这意味着不仅要让企业在合作中获得所需的人才和技术支持，也要使高校从中受益，提升自身的教学科研水平。为此，可以从以下几个方面着手：

首先，推动校企之间的资源共享。高校拥有丰富的教育资源，包括先进的实验室设备、图书资料以及优秀师资力量；而企业则掌握了大量的市场信息和技术需求。通过资源共享，高校可以为学生提供更多的实践机会，企业则可以获得高校的技术支持，与高校共同推动技术创新和产业升级。

其次，鼓励师生参与企业研发项目。高校可以鼓励教师带领学生参与到企业的研发活动中去，利用自身专业知识帮助企业解决实际问题。这种做法不仅能够提高学生的动手能力和解决实际问题的能力，还能促进教师科研成果的转化应用。

最后，建立成果共享机制。对于合作过程中产生的科研成果，双方应协商确定合理的分享方式，确保所有参与者都能从中获益。比如，可以约定专利申请权归哪一方所有，另一方是否享有使用权等。这样一来，既能调动各方的积极性，又能避免因利益分配不均而引发的矛盾。

第六节　强化师资、资源建设，完善全方位教学保障

教学保障机制是指为确保教育教学活动顺利进行、提高教学质量而建立的一系列规章制度、组织结构和具体措施。一个健全的教学保障机制通常涵盖了多个方面，以确保教学活动的有效性、连续性和可持续性。

一、复合型师资队伍建设和提升

复合型师资队伍建设与提升是一个系统工程，旨在通过多方位的努力，打造一支既能胜任理论教学又能指导实践创新的高素质教师队伍。以

下从引进与培养复合型教师、建立教师持续学习与发展机制、促进教师与产业界的互动交流三个方面进行详细分析。

（一）引进与培养复合型教师

在高等教育领域，复合型教师是指那些不仅拥有扎实的专业理论知识，而且具备较强实践能力和跨学科研究能力的教师。引进与培养这类教师是提升教学质量、促进学术创新的关键。在复合型师资队伍的建设中，首要任务是引进与培养具备跨学科知识和实践经验的教师。高校应拓宽招聘渠道，不仅关注学术背景深厚的学者，还应积极吸纳来自产业界、科研机构等具有丰富实践经验的专家。通过设立专项基金和优惠政策，吸引这些复合型人才加入教学队伍。高校应明确岗位职责，在招聘过程中，清晰界定复合型教师的岗位职责，既包括常规的教学任务，也包含参与科研项目、指导学生实践等方面的工作。同时，为吸引高层次复合型人才，高校应提供具有竞争力的薪酬福利、科研启动经费以及宽松的工作环境，为他们创造良好的发展平台。

（二）建立教师持续学习与发展机制

在快速变化的知识经济时代，教师必须保持终身学习的态度，不断更新自己的知识结构和教学方法，以适应新的教育需求。为了保持教师队伍的活力和竞争力，必须建立教师持续学习与发展机制。这包括定期组织教师参加国内外学术交流、研讨会和培训班，以更新教育理念、掌握最新教学方法和技术。同时，鼓励教师参与科研项目和产学研合作，将科研成果转化为教学资源，提升教学质量。此外，还应建立教师个人发展规划制度，帮助教师明确职业发展方向和目标，制定个性化的学习计划和发展路径。通过持续地学习和发展，不断提升教师的专业素养和综合能力，为培养高素质复合型人才提供有力保障。为此还需完善激励政策，如完善奖励机制、设立专项基金，奖励在教学科研上有突出贡献的教师，激发其持续学习和创新的动力；丰富晋升通道，明确教师晋升的标准和程序，将终身学习成果纳入考核指标，为教师的成长提供明确的导向。

（三）促进教师跨界互动交流

教师跨界互动交流包括以下两方面：一方面是与不同学科的教师进行跨界交流。在高等教育领域，促进教师与不同学科的跨界交流是激发创新思维、拓宽教学视野的重要途径。首先，学校应鼓励教师参与跨学科的研究项目和课程开发，打破学科壁垒，促进知识融合。通过组织定期的跨学科研讨会、工作坊和学术沙龙，为教师提供交流思想、分享经验的平台。这种交流不仅有助于教师了解其他学科的前沿动态和研究方法，还能激发其新的教学灵感和研究方向。同时，学校可以设立跨学科研究基金，支持教师开展跨学科合作项目，促进学术成果的交叉融合。此外，建立跨学科的教学团队，共同设计课程内容和教学方法，也是提升教学质量、培养复合型人才的有效手段。

另一方面是与不同行业的专业人员进行跨界交流。除了与不同学科的教师交流外，促进教师与不同行业人才的跨界互动同样重要。这种交流有助于教师将理论知识与实际应用相结合，提升教学的实践性和针对性。学校可以积极与企业、政府机构、非营利组织等建立合作关系，为教师提供参与行业实践、咨询服务的机会。通过实地考察、项目合作、案例研究等方式，教师可以深入了解行业发展趋势、技术革新和市场需求，从而调整教学内容和方法，使之更加贴近实际。同时，学校还可以邀请行业专家来校讲座、授课或担任兼职教师，为学生带来最新的行业信息和实战经验。这种双向互动不仅有助于提升教师的专业素养和实践能力，还能增强学生的就业竞争力和社会适应能力。

二、教学资源与教学条件完善

（一）教学设施的升级与优化

学校推进教学设施的升级与优化是提升教育质量、满足现代教学需求的关键举措。随着科技的发展和社会的进步，传统的教学模式已经难以适应当前学生的学习习惯和未来社会对人才的需求。因此，学校需要采取一系列措施，不断改进和完善教学设施，为师生创造更加高效、舒适的学习环境。

首先，学校应加大投资力度，引入现代化的教学设备。这包括但不限于高清投影仪、交互式电子白板、智能黑板等多媒体教学工具，以增强课堂互动性和教学效果。同时，学校还应重视实验室和工作室的建设，配备先进的实验仪器和专业设备，为学生提供动手实践的机会，培养其实际操作能力和创新能力。此外，图书馆和资料室也需要配备充足的电子资源，如电子图书、期刊数据库等，方便学生随时随地查阅资料。

其次，学校需要充分利用信息技术，打造智慧校园。这涉及利用物联网技术，实现教室环境的智能化管理，如自动调节灯光、温度等，为师生创造舒适的上课环境。通过部署学习管理系统，集成课程资料、作业提交、在线测试等功能，便于师生之间的互动交流。此外，学校还应积极探索虚拟现实、增强现实等新兴技术在教学中的应用，开发虚拟实验室软件，让学生在安全可控的环境下进行模拟实验操作，提高学习效率。

再次，学校应注重运动与休闲设施的建设，促进学生全面发展。建设体育场馆、游泳池等运动场所，鼓励学生积极参与体育活动，增强体质。同时，设置咖啡厅、休息室等休闲区域，为师生提供放松的空间，促进交流与合作。良好的休闲环境不仅能够缓解学习压力，还能增强团队凝聚力，营造积极向上的校园文化氛围。

最后，学校还需建立一套完善的维护保养机制，确保所有教学设施能够长期稳定运行。这包括定期检查设备状态、及时维修更换损坏部件，以及培训专业技术人员进行日常管理。只有这样，才能保证教学设施始终处于最佳状态，为教学活动提供强有力的支持。

（二）教学资源的丰富与共享

优质的教学资源能够极大地丰富教学内容，教学资源的丰富性和可及性是保障教学质量的关键。学校应积极拓宽教学资源渠道。

首先，学校可以充分利用互联网的优势，引入国内外优秀的在线教育资源。通过与知名在线教育平台合作，如 Coursera、edX 等，引入高质量的课程资源，为学生提供更加广泛的学习机会。此外，学校还可以鼓励教师开设网络公开课，利用直播、录播等技术手段，突破时间和空间限制，让更多学生受益。

其次，加强与企业的合作是拓宽教学资源渠道的有效手段之一。学校可以通过与企业共建实习基地、产学研结合项目等方式，让学生有机会参与到真实的工作环境中，获得宝贵的第一手经验。同时，学校还可以寻求企业的赞助与捐赠，用于购置先进的教学设备或资助学术活动，为学生创造更好的学习条件。

再次，学校还应当鼓励师生参与创作，将教师的科研成果转化为教学资源，让学生在学习过程中接触到最新的研究成果。同时，举办各类竞赛、展览等活动，展示学生的作品和创意，激发学生的创新意识。与企业合作开发实训课程、模拟软件等，也是丰富教学资源的有效方式。

最后，学校不应忽视校友资源的重要性。定期邀请杰出校友回校做讲座，分享职场经验和个人成长故事，不仅能够激励在校生，还能增强学校的凝聚力。建立校友导师制，让校友成为在校生的职业发展顾问，为学生提供求职指导和行业信息，也是一个双赢的选择。

（三）跨学院协同机制的建立与加强

推进跨学院协同机制，旨在打破学科壁垒，促进知识交叉融合，提高教学与科研的整体水平。这一机制的建立不仅有助于培养学生的综合素质和创新能力，还能促进教师之间的交流与合作，推动学科发展。

第一，学校管理层应当树立跨学科合作的理念，并将其作为学校发展的战略目标之一。这意味着需要从顶层设计出发，制定明确的政策支持跨学院合作项目，为跨学院课程开发、科研合作、资源共享等提供制度保障。例如，可以设立专门的跨学院合作委员会，负责协调各个学院之间的合作事宜，制定合作指南和流程，确保合作项目的顺利实施。

第二，鼓励教师之间的交流与合作是推进跨学院协同机制的关键。学校可以通过组织定期的学术研讨会、工作坊等，为教师提供交流平台，促进不同学科背景的教师之间的思想碰撞。同时，鼓励教师跨学院担任课程讲师或参与科研项目，以实际行动促进学科间的交叉融合。此外，学校还可以设立专项基金，资助跨学院合作项目，激发教师参与的积极性。

第三，课程体系的设计应体现跨学科的特点。学校应鼓励和支持各学院共同开发跨学科课程，将不同领域的知识有机结合起来，让学生能够从多角度理解问题。例如，可以开设"科技伦理"和"可持续发展"等跨学科课程，让学生在学习过程中学会综合运用不同学科的知识解决问题。同时，实施学分互认制度，允许学生在不同学院选修课程，并将学分计入毕业要求，进一步鼓励学生跨学院学习。

第四，实验室和研究平台的共享也是推进跨学院协同的重要方面。学校应建立统一的资源调度平台，整合各学院的实验室资源，为跨学科研究提供便利。通过共建联合实验室或研究中心，鼓励教师和学生开展跨学科科研项目，共同解决复杂问题。同时，加强与企业及其他研究机构的合作，引入外部资源，为跨学院合作提供更广阔的空间。

第五，学校还应重视学生在跨学院协同机制中的作用。鼓励学生跨学院组队参加学科竞赛、跨学院选课或参与科研项目等，培养其跨学科思考和解决问题的能力。此外，鼓励学生参与跨学院的学生组织和社团活动，促进不同专业学生之间的交流与合作，形成良好的校园文化氛围。

三、强化过程监控与质量保障

（一）强化教学过程监控

强化教学过程监控是提高教学质量、确保教学目标得以实现的重要手段。在教学过程中，通过对教学各个环节的有效监控，可以及时发现和解决存在的问题，保证教学活动的顺利进行，最终达到预期的教学效果。

第一，学校应建立一套科学合理的教学评价体系。这一体系应当包括对教师教学质量、学生学习效果以及教学资源使用情况的全面评估。具体而言，可以通过定期开展学生满意度调查、同行评议、专家评估等，收集多方意见，全面了解教学状况。同时，制定明确的教学质量标准和评价指标，为教师提供明确的教学指导，也为学生的评价提供客观依据。

第二，加强日常教学管理，确保教学活动按计划进行。学校设立专门的教学督导小组，负责日常教学活动的监督工作。督导小组应定期深入课堂，观察教师的教学行为和学生的学习状态，及时记录和反馈发现的问题。此外，利用现代信息技术手段，如在线教学管理系统，实时监控教学进度和质量，提高管理效率。

第三，利用现代信息技术手段提升监控效率。随着信息技术的发展，许多智能化工具可以应用于教学监控，如在线学习平台、教学管理系统等。通过这些平台，教师可以上传教学资源、布置作业、进行在线测试、收集学生的学习数据，从而更准确地把握学生的学习情况。同时，学校也可以利用大数据分析技术，对教学数据进行深度挖掘，发现潜在问题，提出改进建议。

第四，建立教师自我反思机制同样重要。鼓励教师在每次授课后进行自我评价，反思教学过程中的得失，并记录下来。这种自我反思不仅能帮助教师不断改进教学方法，提高教学质量，还能促进教师之间的经验交流。学校可以定期组织教学经验分享会，邀请优秀教师分享自己的教学心得，共同探讨教学中存在的问题及解决策略。

第五，加强学生参与教学监控的力度。学生作为教学活动的直接受益者，他们的意见和建议对于提高教学质量具有重要意义。因此，学校应建立畅通的学生反馈渠道，完善学生评教机制，鼓励学生积极表达自己的看法。可以通过设立匿名意见箱、在线问卷调查等方式，收集学生的反馈信息，并及时回应学生关心的问题，调整教学计划。

（二）完善教学质量保障体系

完善教学质量保障体系是确保教育质量、提升教学效果的重要举措。一个健全的教学质量保障体系不仅能够帮助学校及时发现并解决教学过程中存在的问题，还能促进教师专业发展，提高学生的学习成效。

首先，建立科学的教学质量标准和评价体系是基础。这一体系应当涵盖教学准备、课堂教学、作业布置与批改、考试与评价等多个环节，并制定明确的质量标准制度体系。例如，教学准备阶段应注重教案的设计与编写，确保内容充实、结构合理；课堂教学环节则要关注教师的教学方法、课堂管理能力以及与学生的互动情况；作业与考试环节则需考查题目的难易程度、覆盖面以及评分的公平性等。通过细化评价指标，可以为教学质量的提升提供具体的方向。

其次，重视教师专业发展是提升教学质量的关键。学校应为教师提供持续的学习与培训机会，鼓励教师参加学术会议、进修课程，不断提升自身的专业素养。此外，建立教师评价与激励机制，将教学质量作为教师职称评定、岗位晋升的重要依据之一，激发教师提高教学质量的积极性。同时，通过开展教学研讨活动、设立教学创新项目等方式，促进教师之间交流、合作，共同探讨教学方法的改进。

最后，强化教学资源与条件保障是提高教学质量的物质基础。学校应不断完善教学设施，提供先进的教学设备和丰富的教学资源，为教师和学生创造良好的教学环境。此外，通过与企业合作共建实习实训基地等方式，增强学生的实践能力，提升其就业竞争力。

（三）推进质量改进机制闭环运行

强化反馈整改，推动过程改进。持续推进校院两级教学质量管理体制改革，逐步形成"及时反馈、动态管理、持续改进"的质量改进模式。通过校内督导、教学信息员等形式强化信息反馈，对日常教学、专项检查等日常质量监控工作中发现的问题进行整改，将整改成效作为监测重点，不留问题隐患，确保整改实效。

首先，完善评价机制，推进体系改进。学校重视两方评价，根据毕业生和用人单位反馈等外部驱动因素，提升人才培养定位与外部发展需求的匹配度，促进培养目标与毕业要求的持续完善。着力推进"评教"向"评学"转变，保障学生在教学活动中的主体地位，加强课堂教学效果评价，注重课程目标达成度的稳步提升。常态化开展校院两级督导听课评课，督查与指导并重，反馈与整改齐行，建立教师教育教学水平提升长效机制。评教、评学、评管方面，引入多样性评价指标，完善评价机制。构建从人才培养到课堂教学环环相扣，从招生、培养过程到毕业就业层层推进的持续改进闭环系统。

其次，注重激励约束，保障改进效果。严格执行教师管理办法、教学管理办法等制度文件，将教学质量评价位次比纳入职称晋升前置条件，通过正向激励和反向约束措施，引导教师自觉树立敬畏教学、崇尚质量的意识。

第七章

西华大学数智化管理人才培养的实践

第一节　人才培养的顶层设计

数智化管理人才培养的顶层设计是一个全方位、系统化的战略规划，其核心目标在于确保所构建的培养体系能够紧密贴合当前数字经济时代的迫切需求，致力于培养出一批既精通数智化技术应用、能够有效助力组织决策，又能够深度融合信息技术、数据科学与管理学等多学科知识的卓越管理人才。这一顶层设计过程，不仅着眼于技术能力的提升，更强调跨学科知识的整合与创新思维的培养，以期打造出适应未来社会发展需求的高素质复合型人才。

鉴于不同学校在发展战略规划、人才培养的层级与定位、服务地方经济社会发展的宗旨以及学科发展的方向与结构等方面均展现出显著的多样性，数智化管理人才培养的顶层设计应当充分尊重并深刻体现这些独特的差异性。为此，顶层设计需采取高度差异化与个性化的策略路径，旨在促进人才培养的多元化发展，增强其适应性，确保所制订的培养方案能够精准对接各学校及所在地区的教育资源优势、紧密贴合区域经济发展的实际需求以及准确响应行业企业的特定要求。这一系列精心设计，旨在培养出既深度契合学校特色，又能全面满足社会多元化需求的高素质数智化管理人才。在此基础上，顶层设计需明确以下几大关键点：数智化管理人才培养的总体目标与任务、紧贴时代脉搏的培养要求、全面而具体的总体培养标准、清晰界定的服务对象、鲜明的办学特色，以及明确的人才培养出口与职业发展方向。

西华大学的数智化管理人才培养顶层设计有着明显的 T 型人才培养特色。这里的 T 型人才是指具有某一专业领域的深厚知识（即 T 字的一竖），同时具备跨学科的技能（即 T 字的一横）的复合型人才。这种人才的特点是既有专业学习深度，又有知识广度，能够适应多变的工作环境和跨领域的合作，能够实现自我突破。在支撑西华大学的数智化管理人才培养顶层设计的课程体系（见本章第三节）中所强调的数智技术和面向不同学科领域的管理思维就是 T 型人才的一横，而专业知识就是 T 型人才的一竖。

一、数智化管理人才培养总体任务

西华大学将"为党育人、为国育才"确立为兴校办学的核心使命，致力于强化通识教育与专业教育的有机结合，全面推进德智体美劳五育并举，旨在培养能够担负起民族复兴重任的新时代人才。学校的服务定位明确为"立足四川、面向西部、辐射全国"，这一战略定位决定了西华大学在数智化管理人才培养方面的总体任务必须全面贯彻党的教育方针，坚定不移地走社会主义办学道路，以立德树人为根本任务。

具体而言，西华大学数智化管理人才培养总体任务坚持以习近平新时代中国特色社会主义思想为指导，将社会主义核心价值观融入数智化管理人才教育教学全过程，培养学生的社会责任感和历史使命感。立德树人理念要体现在以市场需求为导向的数智化管理人才培养体系中，注重理论与实践相结合，提升学生的创新意识和实际操作能力。

为了达成这一理念，首先要进一步细化数智化管理人才的培养目标，重构课程设置，强化跨学科交叉融合特色，拓宽学生知识视野。其次要加强师资队伍建设，引进和培养一批具有数智化背景的高水平教师，提升教育教学质量。最后要深化产学研合作，搭建面向数智化运作的实习实训平台，为学生提供实践锻炼和就业创业的机会。数智化管理人才培养总体任务根本目的是强化学生综合素质教育，注重培养学生的领导力、沟通能力和团队协作精神，全面提升学生数字化、智能化能力。

二、数智化管理人才培养的时代要求

随着数字技术、智能决策技术、人工智能大语言模型的飞速发展和深度应用，企业管理数智化趋势越发清晰。尤其以人工智能大语言为代表的新质生产力催生了企业数智化运营环境下的管理人才新时代要求——具备跨学科知识体系、数字化技能、创新思维与能力、国际化视野、品德修养、实践能力、战略眼光等。以下从新文科、新工科建设的角度，探讨数智化管理人才的时代要求。

（一）跨学科知识体系

新文科、新工科建设的核心在于交叉融合，数智化管理人才须具备跨学科的知识体系。具体而言，数智化管理人才应掌握管理学、计算机科学、数据分析、人工智能等核心知识，理解数智化管理的理论基础和技术要求。此外，还应关注经济学、心理学、社会学等相关学科，以提升综合素质和解决问题的能力。

（二）数字化技能

数智化管理人才需熟练掌握各类数字化工具和技术，如大数据分析、人工智能、云计算等。通过这些技术，数智化管理人才可以有效地进行数据挖掘、分析和管理，为企业提供决策支持。同时，数智化管理人才还需具备一定的编程能力，以便于与技术团队进行有效沟通。

（三）创新思维与能力

创新是企业发展的原动力，数智化管理人才须具备创新思维和能力。在数智化管理过程中，人才应具备独立思考、敢于尝试的精神，通过创新方法和技术，提高管理效率和效果。此外，数智化管理人才还须具备较强的学习能力，以适应快速变化的市场环境和技术发展。

（四）国际化视野

随着全球经济一体化的发展，数智化管理人才须具备国际化视野。数智化管理人才应了解全球数字发展的趋势和前沿，关注国际市场的动态，为企业制定全球化战略提供支持。同时，数智化管理人才还须具备较强的跨文化沟通能力，以适应不同国家和地区的管理环境。

（五）品德修养

立德树人是教育的根本任务，数智化管理人才须具备良好的品德修养。数智化管理人才应具有良好的职业道德和个人品质，以确保在数智化管理实践中能够公正、诚信、专业。此外，数智化管理人才还须具备较高的社会责任感和使命感，关注企业与社会的关系，积极参与社会公益活动。

（六）实践能力

数智化管理人才须具备较强的实践能力，能够将理论知识应用于实际工作中。采用实训、实习以及融入项目实践等方式，提升数智化管理人才实际工作经验，有助于提高其解决实际问题的能力。另外，团队合作精神也是数智化管理人才需要具备的，数智化管理人才通过与他人协作解决问题，实现企业目标。

（七）战略眼光

数智化管理人才须具备战略眼光，能够从宏观的角度分析问题和制定战略。在数智化管理过程中，数智化管理人才应关注企业长远发展，制订符合企业战略发展的数智化管理方案。同时，数智化管理人才还须具备较强的风险意识，能够预见和应对潜在风险，确保企业稳健发展。

综上所述，数智化管理人才须具备跨学科知识体系、数字化技能、创新思维与能力、国际化视野、品德修养、实践能力和战略眼光等时代要求。新文科、新工科建设为数智化管理人才培养提供了良好的契机，通过优化课程设置、加强师资队伍建设、深化产学研合作等方式，可以全面提升数智化管理人才的综合素质，满足数字中国建设的战略需求。

三、数智化管理人才培养总体要求

为了实现上述西华大学数智化管理人才培养总体任务，提出以下五点数智化管理人才培养总体要求。

（一）知识结构合理

数智化管理人才应具备跨学科的知识体系，不仅要深入掌握管理学、计算机科学、数据分析等核心知识，还要了解经济学、心理学、社会学等相关学科，以提升综合素质和解决问题的能力。

（二）专业基础扎实

数智化管理人才需要有扎实的专业基础，包括对数智化管理理论的深入理解和实践能力。通过案例启发、实验实操、实习实训等方式，让学生在实践中灵活运用专业知识，提高解决实际问题的能力。

（三）实践能力强

数智化管理人才需要具备较强的实践能力，能够将理论知识应用于实际工作中。通过实习实训、项目实践等方式，让学生积累实际工作经验，提高解决实际问题的能力。

（四）富有创新精神

数智化管理人才需要具备创新思维和能力，能够在管理实践中提出新的观点、方法和解决方案。通过培养学生的创新意识、创新思维和创新方法，提高他们在数智化管理中的创新能力。

（五）社会责任感

数智化管理人才需要具备良好的职业道德和个人品质，以确保在数智化管理实践中能够公正、诚信、专业。通过德育教育和社会实践，培养学生的社会责任感和使命感，让他们在数智化管理中能够关注企业与社会的关系，积极参与社会公益活动。

四、数智化管理人才的服务对象

根据西华大学"立足四川、面向西部、辐射全国"的服务定位，西华大学数智化管理人才培养的服务对象应面向地方经济社会发展，培养出的数智化管理人才要能够适应和推动地方经济发展的需求。因此，西华大学数智化管理人才要紧密结合四川省及西部地区特色产业，包括农业、制造业、旅游业等，以及这些产业发展的新趋势和新要求，结合专业知识和掌握的数智化技能服务于地方产业。在地方经济发展中，数智化管理人才应具备创新意识，能够运用创新思维解决企业管理中的问题，推动企业转型升级。

五、数智化管理人才培养的办学特色

西华大学数智化管理人才培养以西华大学管理学院新时期数智化育人理念为基础，强调"管理＋数字技术""管理与工学深入融合"办学特色。西华大学管理学院办学定位为以习近平新时代中国特色社会主义思想为指导，坚持立德树人，坚持价值引领、守正创新、交叉融合，致力于培养具有政治认同、家国情怀、文化素养、法治意识和道德修养的数智化管理人才，以建成以管理＋数字技术为主要特色、管理与工学深度融合的教学研究型学院，为将学校建设成为特色鲜明、国内知名的高水平综合性大学提供重要支撑。

利用数字技术和智能方法来改进和优化管理实践，实现管理的现代化和智能化，在当今社会是一种发展趋势。因此在管理人才培养中体现"管理＋数字技术"特色正是考虑了这一发展趋势，旨在满足社会对管理人才在数字技术方面的需求。另外，强调管理与工学深入融合能够提升管理人才的数字技术应用能力，还能提升其创新思维，能够培养出既懂得管理理论，又具备工程背景的复合型人才，从而更好地适应社会和企业的需求。

六、数智化管理人才培养的出口

西华大学数智化管理人才培养有三大出口，分别是就业应用型、研究预备型、创业准备型。就业应用型旨在培养学生能够迅速适应各种工

作环境和任务，能够胜任企业数智化运营环境中的管理岗位，能够结合企业的数智化平台或技术开展相关工作，提高企业管理效率、助力组织决策和企业战略目标达成。研究预备型侧重于数智化管理学术人才培养，旨在培养学生具备探究学术问题、进行科学研究的基本能力，能够完成本科学业后进一步深造。创业准备型则旨在帮助具有创业意向的学生奠定坚实的创业技能基础，使学生在毕业后能够迅速投身创业实践，实现自主创业的梦想。

第二节　人才培养目标及素质要求

一、培养目标

西华大学数智化管理人才的培养目标为利用数字技术和数字化手段，着力培养具有出色数据处理能力、智能优化分析能力以及智能协同决策能力等，能够助力组织决策的管理人才。

二、主要概念解释

数智化管理人才培养目标中的数据处理能力、智能优化分析能力以及智能协同决策能力统称为数智能力。

（一）数据处理能力

数据处理能力是指数智化管理人才能够运用数字化技术和智能决策相关工具收集数据，并对数据进行采集、存储、清洗、转换、分析和展示的能力。这包括对数据的结构化和非结构化处理，以及通过数据分析技术提取有用信息，为决策提供支持的能力。具体来说，数据处理能力涵盖以下几个方面：

（1）数据采集与整合：能够从不同来源收集数据，并进行有效的数据整合。

（2）数据清洗与预处理：能够识别和纠正数据中的错误，保证数据的质量和准确性。

（3）数据分析与挖掘：应用数理统计方法、数据挖掘、大数据分析等技术，从数据中发现规律和趋势。

（4）数据可视化：将数据以图表、报告等形式直观展示，便于理解和交流。

（二）智能优化分析能力

智能优化分析能力是指数智化管理人才能够利用人工智能、运筹学等算法和技术，对企业的运营流程、资源配置、生产计划等进行优化分析的能力。这包括：

（1）算法应用：掌握并应用各种优化算法，如线性规划、整数规划、遗传算法等。

（2）模型构建：能够构建数学模型来模拟现实问题，并进行求解。

（3）决策支持：通过分析模型输出，为组织管理层提供科学的决策建议。

（三）智能协同决策能力

智能协同决策能力是指数智化管理人才在网络化和数字化环境下，应用智能化决策平台或技术工具，实现多部门、多角色之间的高效协作和决策的能力。这包括：

（1）协同工作：利用数字化工具，促进团队成员之间的信息共享和协同工作。

（2）决策支持系统：运用智能决策支持系统，提高决策的速度和质量。

（3）沟通与协调：在组织内部建立有效的沟通机制，确保决策的透明度和一致性。

三、数智化管理人才的素养（数智素养）要求

素养是指通过个体自身的认识、学习和社会实践，形成的比较稳定的基本品质，以及获得的特定领域的知识、技能和修养。素养通常决定

着人的基本决策行为。例如：会不会做，即是否具备相应的科学技术知识；能不能做，即是否符合法律法规、职业道德和社会责任的要求；值不值得做，即是否经济合理；应不应该做，即是否对社会、环境产生不良影响。

鉴于此，我们提出的数智化管理人才的素养要求包括以下几种。

（一）技术素养

掌握基本的计算机操作和信息技术知识；熟悉大数据分析、云计算、人工智能等前沿技术；能够运用数字化工具进行数据收集、处理和分析。

（二）信息素养

具备较强的数据敏感性，能够从大量数据中提取有价值的信息；熟练使用数据分析软件，进行数据挖掘和统计分析；能够基于数据分析结果做出合理的业务决策。

（三）创新思维

具有创新意识，能够提出新的想法和解决方案；能够在数字化环境中推动业务流程和管理的创新。

（四）战略规划能力

能够结合企业目标和市场趋势，制定数字化发展战略。具备长远规划的能力，能够预见行业发展的趋势。

（五）沟通协调能力

能够有效地与团队成员、上级、下属以及外部合作伙伴沟通；在跨部门、跨职能的工作中，能够协调资源，推动项目进展。

（六）学习能力

具有持续学习的热情，能够快速适应新技术和新知识；能够通过自我学习不断提升自身的专业能力和管理技能。

（七）领导力

具备领导团队的能力，能够激励团队成员并引导他们达成目标；能够在变化多端的环境中保持冷静，做出正确的决策。

（八）伦理道德

遵守职业道德，对工作认真负责，对企业忠诚；在处理数据和进行决策时，能够考虑伦理和道德因素。

（九）国际视野

具备国际化视野，了解全球市场动态和国际规则；能够在多元文化背景下进行有效的管理和沟通。

（十）思政要求

在培养数智素养的过程中，强调社会主义核心价值观的引导作用，确保数智技术的应用和发展符合社会主义的发展方向，促进公平、正义、诚信等价值观念的实现。数智素养不仅仅是技术素养的培养，还包括人文素养、批判性思维、沟通协调能力等多方面的全面发展，这些都是思政教育的重要内容。

这些要求是数智化管理人才在当今快速变化的市场环境中具有适应能力的关键。随着技术的发展和市场的变化，这些要求可能会进一步发展和完善。

第三节　课程体系

一、课程体系框架

为了确保西华大学数智化管理人才培养目标的达成，需要建设与之相匹配的课程体系，以全面支撑数智化管理人才培养的各项要求。本节提出"数智技术＋管理思维＋专业知识"的西华大学数智化管理人才培养课程体系，该课程体系聚焦数智能力这一人才培养目标，结合了不同专业特点和专业学生的认知特点，同时强调了管理学科的思维特点（图7-1）。

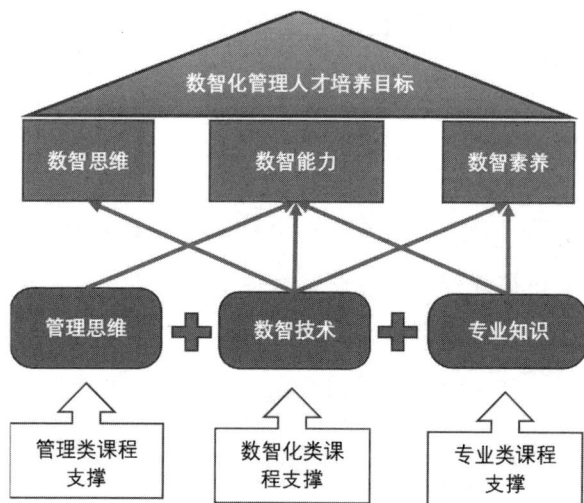

图 7-1　数智化管理人才课程体系框架

图 7-1 中管理思维指的是能够运用管理学的原则、理论和方法来分析问题、领导团队、辅助组织决策的能力，它包括战略规划、组织协调、领导力、创新思维、决策制定等方面的技能。这主要由管理学原理、管理经济学、组织行为学、人力资源管理、项目管理、财务管理、战略管理、运营管理等管理类课程支撑。这些课程不仅提供了管理思维所需的理论基础，还通过案例研究、模拟练习、团队项目等方式，培养学生的实际应用能力。通过这些课程的学习，学生能够更好地理解管理的复杂性，并在实际工作中运用管理思维来解决问题。

数智技术指的是能够运用数字化技术和智能决策相关工具收集数据，并对数据进行采集、存储、清洗、转换、分析和展示，能够利用人工智能、运筹学等算法和技术，对企业的运营流程、资源配置、生产计划等进行优化分析，以及应用智能化决策平台或技术工具，实现多部门、多角色之间的高效协作和决策。这主要由数据挖掘、大数据分析、机器学习与人工智能、统计学与概率论、信息管理系统、Python 语言与应用、数字化技术基础、智能决策优化方法等数智化类课程支撑。这些课程不仅提供了数智技术所需的理论基础，还通过实验室实践、项目案例、软件工具操作等方式，培养学生的实际应用能力。通过这些课程的学习，学生能够掌握利用数智技术进行数据分析和智能决策的技能，以适应数字化时代的企业需求。

专业知识指的是在特定专业领域内所具备的知识、技能和经验。它涉及对专业知识的深入理解、对专业技能的熟练掌握以及对专业伦理和标准的遵守。相应的支撑课程由各专业特点决定。例如：工商管理专业课、会计专业课、财务管理专业课、人力资源管理专业课、物流工程专业课、工业工程专业课。这些课程能赋予数智化管理人才解决特定领域的专业知识技能。

在数智化管理人才培养课程体系内部，嵌入工商管理、会计、财务管理、人力资源管理、物流工程、工业工程等专业课程和专业培养要求，从而培养数智化经营运营工商管理人才、应用型数智化会计人才、应用型数智化财务管理人才、数智化人力资源管理人才、数智化物流工程师和数智化产线工程师，以助力专业人才高质量就业。

二、数智化管理人才课程体系中的数智思维

在数智化管理人才课程体系中，将管理思维与数智技术相结合，可以形成一种新的思维方式，即"数智思维"。数智思维是一种在数字化和智能化背景下，融合了传统管理理念与现代数字技术手段和智能优化方法的思考模式。数智化管理人才拥有数智思维，能够在实践活动中利用数智化的技术手段解决管理实践中的复杂问题。

具体而言，拥有数智思维的管理人才思考问题通常具有以下特点。

（一）数据驱动的决策

数智思维强调基于数据分析来做出更加精准和科学的决策，而不是仅凭直觉或经验。

（二）智能化的问题解决

运用人工智能、机器学习等先进技术来识别和解决管理中的复杂问题，提高效率和效果。

（三）系统化与集成化

将管理流程与数智技术相结合，实现组织内外部资源的有效整合和优化配置。

（四）创新导向

在管理实践中不断寻求创新，利用数智化工具和策略来发现新的商业模式、提高服务质量或创造新的产品。

（五）人机协同

认识到人与技术之间的互补关系，推动人与智能系统的有效协作，实现管理活动的自动化和智能化。

（六）战略规划与执行

结合数智技术进行战略规划，并通过实时数据分析来监控和调整执行过程，确保战略目标的实现。

总的来说，数智思维体现了在当前和未来的数智化环境中，需要管理者更好地利用数智化工具和资源，推动组织的数字化转型和持续创新。数智思维是数字化时代管理者的核心竞争力之一。

三、数智化管理人才课程体系中的数智能力

在数智化管理人才课程体系中，将管理思维与数智技术相结合，可以形成一种新的决策优化能力，即数智能力。数智能力是一种在特定专业领域内，能够运用管理学的原则、理论和方法，并结合数字化技术和智能工具来分析问题、制定决策和优化业务流程的能力。这主要表现在以下方面。

（一）提升分析和解决问题的能力

能够运用专业知识和管理理论，结合数智技术，对复杂问题进行深入分析并提出有效的解决方案。

（二）提高决策效率

利用数据分析和管理策略，做出更加科学和合理的决策。

（三）开展业务流程创新

在专业领域内，运用数智技术对业务流程进行创新和优化，提高效率

和效果。

（四）领导与协作

在团队或组织中发挥领导作用，利用数智技术提升团队协作效率和执行力。

（五）持续学习和适应能力

在快速变化的技术和商业环境中，不断学习新知识、新技能，以适应数智化时代的要求。

总的来说，数智能力是现代企业管理者和专业人士必须具备的能力，它有助于组织在数字化转型的浪潮中保持竞争力，推动组织的发展和进步。

四、数智化管理人才课程体系中的数智素养

在数智化管理人才课程体系中，将数智技术与专业知识相结合，可以在特定专业领域内形成专业素养拓展的元素，即数智素养。这对于数智化管理人才在数智化环境中的专业能力表现十分重要。这主要体现在以下方面。

（一）专业技术的应用能力表现

能够将数智技术应用于专业领域，解决实际问题，更好地提高工作效率。

（二）数据驱动的决策能力表现

在专业决策过程中，利用数据分析来支持决策，更好地提高决策的科学性和准确性。

（三）创新和解决问题的表现

结合专业知识和数智技术，进行创新思维，解决传统方法难以应对的问题。

（四）信息素养表现

能够更有效地获取、评估、应用和传播专业相关信息，利用数智技术进行知识管理和分享。

（五）适应性和学习能力表现

在专业领域内，能够适应数智化的发展趋势，持续学习新技术，更新专业知识。

总的来说，数智素养是现代社会对专业人才的新要求，它强调了专业人才在专业能力的基础上，还需要具备适应数字化时代的能力。拥有数智素养的专业人才能够在工作中更好地利用技术工具，提升个人和组织的竞争力。

第四节　培养方式

西华大学数智化管理人才培养方案采用"管工结合、学科交叉、产教融合"多途径培养，并结合行业专家指导、学科竞赛激励、产教融合实践、案例项目驱动、跨学科综合实训和思政教育保障的培养方式（图7-2），促进学生的数智化管理能力形成，从而适应数智化社会对管理人才的需求。

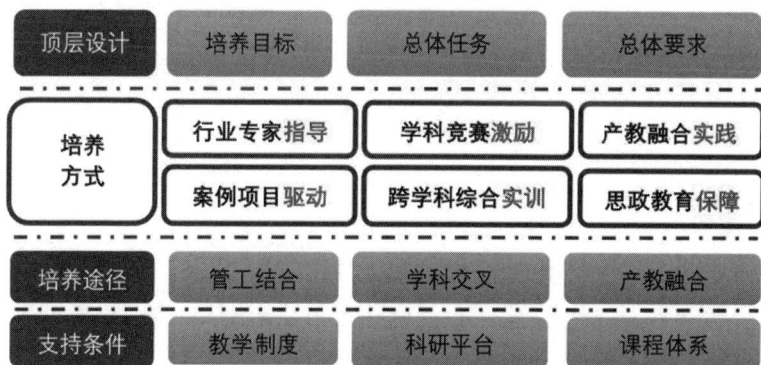

图7-2　西华大学数智化管理人才培养方式

通过管工结合，管理类专业学生的管理决策能力和工程技术应用能力得到强化。这种结合并非简单地在管理类课程内容中扩展相应工程技术知识点，而是强调通过与工程学、计算机科学、数据分析等多学科知识的交叉融合，使学生能够深入理解和熟练运用现代技术工具，如人工智能、大数据分析、云计算等，来解决实际的管理问题。此外，基于产教融合的途径，学生能够更加深入地了解行业需求和职业发展方向，从而更好地规划自己的职业发展。这种实践经验不仅提升了学生的职业技能，也帮助他们建立了行业联系，为其未来的职业发展奠定了基础。这些途径相互补充，共同推动数智化管理人才培养方案的实施，有助于学生形成更全面的思维方式，在管理决策中兼顾技术和业务的双重因素，实现更高效的管理。通过这种多途径的培养方式，西华大学致力于培养出具备数智化管理能力、创新思维和跨学科能力的高素质专业人才，以满足未来社会对数智化管理人才的需求。

一、行业专家指导

通过邀请行业内的专家举办讲座和指导，分享行业前沿动态和实际应用案例，引导学生对行业形成全面的认识。专家讲座内容可以涵盖数智化管理技术的最新发展、行业应用案例、职业发展路径等。学生通过与专家的互动，可以获得行业内的第一手信息和经验分享。学生能够了解行业内的最新趋势和挑战，拓宽视野，激发创新思维，为未来的职业发展奠定基础。

二、学科竞赛激励

鼓励学生参加数智化管理相关的学科竞赛，通过竞赛锻炼学生的创新思维、团队合作能力和解决实际问题的能力。组织学生参加国内外数智化管理相关的学科竞赛，如数据分析大赛、智能算法竞赛等。在竞赛中需要运用所学知识解决实际问题，并与其他参赛队伍竞争。学生通过竞赛可以锻炼团队合作能力、解决问题能力和创新思维，同时可以提高自信心和竞争意识。

三、产教融合实践

积极建设与企业和行业机构的合作平台，为学生提供深入数智化管理领域前沿的机会，使学生了解企业对于数智化管理人才的实际需求，包括数智化技术的应用、数据分析能力、智能化决策支持等方面的要求。同时，学生可以参与到企业的数智化决策过程中，了解数智化技术在企业运营、市场营销、财务管理、工程优化等方面的实际应用场景，从而提升解决问题的能力。此外，通过与企业和行业机构的合作，学生还可以建立起与企业的联系，为未来的职业发展奠定基础。在实际工作环境中参与数智化决策相关任务，学生可以了解企业的运营模式、数智化管理技术的应用等，从而拓宽视野，激发创新思维。

四、案例项目驱动

案例项目驱动培养方式围绕学生理论学习中对于抽象概念和复杂理论不易理解的问题，通过具体、生动的案例项目来帮助学生提高学习兴趣和深化理解。这种方式能够将抽象的理论知识转化为具体的项目情境，使得学生能够在实践中理解和掌握这些知识。例如，在学习人工智能在决策支持中的应用时，学生可能难以理解算法和模型的具体操作过程。但在一个案例项目中，学生可能会被要求使用某个决策支持系统来解决一个实际的管理问题。通过实际操作和解决问题，学生不仅能够直观地看到算法和模型的应用效果，还能够亲身体验到这些工具如何帮助管理者做出更明智的决策。

五、跨学科综合实训

在实践类课程教学设计中体现跨学科综合实训特色，给学生提供一个全面、综合的学习环境，有意识地训练学生在数智化管理领域的专业知识和实践技能综合应用能力。例如，在数智化营销实验设计环节，学生不仅需要学习市场营销的基本理论，还需要掌握如何利用大数据分析工具来分析消费者行为，预测市场趋势，制定更精准的营销策略；在数据分析课程设计中，学生可以围绕真实商业背景课题，使用数据分析软件对真实数据进行处理和分析，以解决实际问题。

六、思政教育保障

思政教育在数智化管理人才培养中发挥着重要的保障作用，对学生数智素养的形成具有深远的影响。思政教育不仅仅是知识的传授，更是价值观的塑造和道德品质的培养。在数智化管理人才培养过程中，思政教育能够帮助学生树立正确的世界观、人生观和价值观，培养他们的人文素养和社会责任感。尤其能够帮助学生理解数智化管理中的伦理问题，如数据隐私、信息安全等。在数智化管理领域，伦理问题日益凸显，思政教育能够帮助学生树立正确的伦理观念，遵守法律法规，保护个人和公共利益。

第五节　教学制度

为了确保数智化管理人才培养方案的有效实施，西华大学制定了一套相应的数智化管理人才培养教学制度。这套教学制度用于指导和管理教学活动，确保数智化管理人才培养目标的实现和教育质量的保证。这套教学制度分别从课程设置、教学方法、教学质量监控、教师发展、校企合作五个方面做出了针对性的要求和管理规定，旨在为学生提供一个规范、有序、高效的学习环境。

一、课程设置要求

根据社会需求和行业发展趋势，定期评估和调整课程设置，具体要求为：

（1）课程设置应紧密围绕数智化管理的核心知识体系，包括数智技术基础、数据科学与分析、智能决策支持、管理信息系统等。

（2）课程内容应与时俱进，不断更新，确保学生掌握最新的数智化管理理论和实践技能。

（3）建立跨学科的课程体系，融合管理学、计算机科学、数据分析、工程学等多学科知识，形成完整的知识体系。

（4）定期邀请企业或行业技术专家对课程设置进行评审，保证设置的课程具有一定的前瞻性和较强的实用性。

（5）开设创新实验和创业综合实践类课程，鼓励学生将数智化管理知识应用于创新和创业实践中。

二、教学方法的要求

（1）教师应采用多元化的教学方法，如案例教学、翻转课堂、小组讨论等，激发学生的学习兴趣和参与度。

（2）充分利用在线学习平台，提供实时互动和个性化学习体验。

（3）建立教学方法的培训和交流机制，鼓励教师参加教学工作坊、研讨会等，提升教学创新能力。

（4）引入虚拟实验、数字化教材，增强教学的沉浸感和互动性。

三、教学质量监控制度

（1）建立教学质量监督与评价机制，包括教学督导、学生评教、同行评教等。

（2）定期收集教学质量数据，分析并发现教学过程中的问题，及时予以解决。

（3）建立教学质量反馈和改进机制，确保教学质量的持续提升。

（4）开展教学满意度调查，了解学生对教学方法的反馈和期望。

四、教师发展规定

（1）定期组织教师培训，提高教师的教学能力和数智化管理专业水平。

（2）鼓励教师参与科研项目，提升教师的研究能力。

（3）建立教师绩效评价体系，激励教师的教学和科研工作。

（4）提供国际交流和合作机会，拓宽教师的全球视野。

五、校企合作制度

（1）加强与企业和行业机构的合作，共同制订人才培养方案。

（2）鼓励教师和企业专家共同授课，分享行业经验和前沿技术。

（3）提供实习、实训、项目合作等机会，增强学生的实践能力和职业素养。

（4）建立企业导师制度，为学生提供职业指导和行业内的实践机会。

第六节　文化环境

西华大学致力于营造一个积极向上的文化环境，以此支撑数智化管理人才的培养。该环境以数据驱动、技术应用和创新为核心，为学生提供了一个能够将理论知识与实践操作相结合的平台。在这个平台上，学生不仅能够学习数智化管理的基础知识和技能，还能够通过实际案例分析、模拟项目操作、实习实训等方式，将所学知识应用于解决实际管理问题。西华大学数智化管理人才培养所构建的文化环境特点具体如下。

一、强调数据驱动决策

在西华大学的数智化管理人才培养中，数据驱动决策被视为核心教学理念之一。学生不仅学习如何收集、处理和分析大量数据，还学习如何将这些数据转化为有价值的见解，以支持管理决策。通过案例研究、实际项目操作和实习实训，学生能够在实际情境中应用数据驱动决策的方法，从而提高他们解决复杂管理问题的能力。此外，西华大学还鼓励学生参加相关的数据科学竞赛，以锻炼他们的数据分析和决策能力。

二、突出技术应用实践

西华大学的数智化管理人才培养强调技术应用实践的重要性。学生通过参与实际案例分析、模拟项目操作和实习实训，能够将所学知识应用于解决实际管理问题。例如，在市场营销课程中，学生可以利用大数据分析工具来分析消费者行为，预测市场趋势，并制定更精准的营销策略。此外，西华大学还与企业和行业机构合作，为学生提供实习实训和项目合作的机会，以增强学生的实践能力和职业素养。

三、鼓励创新思维

在西华大学的数智化管理人才培养中，创新思维被视为数智思维的关键构成之一。学生不仅学习传统的管理理论，还学习如何借助数智能力进行管理思维创新。通过案例研究、模拟项目操作和实习实训，学生能在实际情境中运用创新思维，提出新的解决方案。此外，西华大学还鼓励学生参加相关的创新竞赛，以锻炼他们的创新能力和创业精神。

四、注重跨学科知识融合

西华大学的数智化管理人才培养尤其注重学生通过学习管理学、计算机科学、数据分析、工程学等多学科知识，形成完整的知识体系。这种跨学科的学习方式有助于学生从多个角度分析和解决问题，培养他们的跨学科思维。此外，西华大学还鼓励学生参加相关的跨学科竞赛，以锻炼他们的跨学科能力。

五、培养国际化视野

在西华大学的数智化管理人才培养中，国际化视野被视为重要的数智化管理人才的素养要求之一。学生通过了解国际趋势和标准，提高全球竞争力和国际交流能力。通过国际交流项目、外语教学等方式，学生能够拓宽国际视野，更好地适应国际化的商业环境。此外，西华大学还鼓励学生参加相关的国际竞赛，以提高他们的国际竞争力。

六、构建领导力和团队氛围

在西华大学的数智化管理人才培养中，领导力和团队建设氛围营造被认为是现代数智化管理人才需要具备的素质。西华大学通过开设多种领导力训练课程和团队活动，提升学生的领导能力和团队协作精神。通过团队协作，学生能够学会沟通、协调和领导，提高组织协调能力。此外，西华大学还鼓励学生参加相关的领导力竞赛，以锻炼他们的领导能力。

七、宣传社会责任感

在西华大学的数智化管理人才培养中，重视宣传社会责任感，并通过组织学生参与"三下乡"服务和公益活动，培养他们的社会责任感和公民意识。通过参与社会服务，学生能够学会关心他人，提高他们的社会责任感。此外，西华大学还鼓励学生参加相关的公益活动，以培养他们的社会责任感。

八、重视伦理和道德意识

西华大学的数智化管理人才培养重视伦理和道德意识。在各种学术组织、校园团体组织中重视伦理规范和道德教育宣传，能够促进学生在数智化管理实践活动中形成良好的道德意识，让学生学会尊重他人，保护数据隐私，确保技术应用不会产生伦理和道德问题。

九、树立终身学习理念

在西华大学的数智化管理人才培养中，树立终身学习理念被视为大学生应具备的毕业目标。学生通过学习新的知识和技能，来适应不断发展的数智化管理领域。通过终身学习，学生能够保持竞争力，不断进步。

参考文献

1.DEWEY J. Experience and Education [M].London：Macmillan，1938.

2.DEWEY J. Democracy and Education [M].London：Macmillan，1916.

3.DWECK C S，YEAGER D S. Mindsets：A view from two eras [J]. Perspectives on Psychological Science，2019，14（3）：481–496.

4.DWECK C S. Brainology：Transforming students'motivation to learn [J].Independent School，2008，67（2）：110–119.

5.GORDON J，HALÁSZ G，KRAWCZYK M，et al. Key competences in Europe：Opening doors for lifelong learners across the school curriculum and teacher education [J].CASE network Reports，2009：87.

6.HAVRILOVA，L H. Digital Culture，Digital Literacy，Digital Competence as the Modern Education Phenomena [J]. Information Technologies and Learning Tools，2017（61）：1–14.

7.JONES R S. Education Reform in Korea [J]. Oecd Economics Department Working Papers，2013.

8.MAYHEW K C，EDWARDS A C，MCCLUSKY H Y. The Dewey School：The Laboratory School of the University of Chicago 1896–1903 [J]. Elementary School Journal，2007，16（1）：22–23.

9.PEPPER，D. Assessing key competences across the curriculum—and Europe [J]. European Journal of Education，2011，46（3）：335–353.

10.SCHOTTER A P J，MUDAMBI R，DOZ Y L，et al. Boundary spanning in global organizations [J]. Journal of Management Studies，2017，

54（4）：403-421.

11.SEARSON M，HANCOCK M，SOHEIL N，et al. Digital citizenship within global contexts［J］. Education and Information Technologies，2015（20）：729-741.

12. TANNER，D. Curriculum Development：Theory into Practice［M］. City of Kent：Prentice Hall，2007.

13.WALTON G. "Digital literacy"（DL）：establishing the boundaries and identifying the partners［J］. New Review of Academic Librarianship，2016，22（1）：1-4.

14.ZIMMERMAN B J. Attaining self-regulation：A social cognitive perspective［M］//Handbook of self-regulation. New York：Academic press，2000.

15. 巴赫金 . 诗学与访谈［M］. 石家庄：河北教育出版社，1998：114.

16. 弗莱雷 . 被压迫者的教育学［M］. 顾建新，赵友华，向曙荣，译 . 上海：华东师范大学出版社，2001.

17. 曾冬梅，黄国勋 . 高校专业培养方案的结构模式［J］. 江苏高教，2002（3）：89-91.

18. 曾益新 . 如何养成创新思维——学习习近平总书记关于创新思维的重要论述［N］. 学习时报，2023.

19. 陈刚，王淑萍，丛明宇 . 高校跨学科教学研究型团队组织建设探讨［J］. 中国成人教育，2016（14）：53-55.

20. 陈明凡，张学森 . 当好新时代大学生理想信念的"筑梦人"和"引路人"［J］. 高校马克思主义理论研究，2021，7（3）：131-139.

21. 陈芹，郑月龙 . 数智化时代"思政引领 + 数智赋能"人才培养路径探究［J］. 黑龙江教育（高教研究与评估），2023（7）：78-81.

22. 陈秋生，赵磊，郑钦月 . 数智化时代"新财经"人才培养的现实问题及其路径突破［J］. 成都师范学院学报，2024，40（2）：28-36.

23. 陈向明. 从实践到文本：对话教育法的本土化探索［J］. 教育研究与实验，2013（3）：45-50.

24. 陈旭，雷东，刘蕾. 数智化环境下领军型管理人才培养模式的创建与实践［J］. 中国大学教学，2023（12）：32-37，62.

25. 陈哲，蔡彬清. 基于 AGIL 理论的数智化工程管理人才培养体系构建及策略［J］. 海峡科学，2024（4）：126-131.

26. 程良龙. 中国近代高等教育人才培养观的演变与启示［J］. 现代教育管理，2011（11）：15-18.

27. 崔君平，赵敬文，盛美琦. CDIO 模式下审计专业数智化、创新型人才培养路径研究［J］. 营销界，2021（33）：191-192.

28. 康翠萍. 关于国家学位政策体系及其内容的思考［J］. 教育研究，2005，26（12）：56-61.

29. 代彬，聂军. "国际化 + 数智化"背景下高校审计学专业人才培养模式重构路径［J］. 西部素质教育，2022，8（20）：98-101.

30. 单建新. 论"四农教育"——从"柯桥实验"谈起［J］. 绍兴师专学报（哲学社会科学版），1995（1）：100-106.

31. 邓志辉，赵居礼，王津. 校企合作工学结合重构人才培养方案［J］. 中国大学教学，2010（4）：81-83.

32. 翟睿. 自主学习的理论与实施策略研究［D］. 长春：东北师范大学，2006.

33. 董南雁，张俊瑞，郭慧婷. 面向数智时代的会计范式探索与高端人才培养［J］. 会计研究，2023（1）：179-189.

34. 董泽芳. 高校人才培养模式的概念界定与要素解析［J］. 大学教育科学，2012（3）：30-36.

35. 杜静. 数字经济时代独立学院会计专业人才培养模式研究［J］. 中国管理信息化，2022，25（18）：236-238.

36. 方菲. 数智化物流人才培养助力金华高水平建设内陆开放枢纽中心城市［J］. 物流科技，2023，46（4）：68-70.

37. 封杰，郭文斌. 核心素养视角下本科人才培养路径研究［J］. 江苏高教，2024（7）：82-87.

38. 符丽美，许峰. 数智化时代职业本科院校财会专业人才培养模式改革研究［J］. 科技经济市场，2023（1）：146-148.

39. 高帆. "新质生产力"的提出逻辑、多维内涵及时代意义［J］. 政治经济学评论，2023，14（6）：127-145.

40. 新华社. 高举中国特色社会主义伟大旗帜为全面建设社会主义现代化国家而团结奋斗——在中国共产党第二十次全国代表大会上的报告［J］. 党史博采，2023（22）：46.

41. 龚世琳. "实用主义"如何成为一种"国家哲学"——论杜威《德国的哲学与政治》［J］. 政治思想史，2021，12（3）：143-162.

42. 顾明远. 中国高等教育传统的演变和形成［J］. 高等教育研究，2001（1）：9-16.

43. 郭广生，董庆华. 高校人才培养工作的数字化转型路径［J］. 中国高等教育，2024（5）：57-60

44. 郭菊娥，陈辰. 数字科技何以驱动新质生产力发展——以专精特新企业为实现主体［J］. 西安交通大学学报（社会科学版），2024，44（4）：20-28.

45. 郭文娟，刘洁玲. 核心素养框架构建：自主学习能力的视角［J］. 全球教育展望，2017，46（3）：16-28.

46. 韩景旺，刘濛，张静. 新文科背景下地方本科院校财经类专业人才培养"数智化"转型［J］. 河北农业大学学报（社会科学版），2023，25（2）：124-130.

47. 韩婧怡. 数智化时代新商科人才培养模式研究［J］. 现代商贸工业，2023，44（10）：102-104.

48. 韩岚岚，仲伟奇. 数智化时代高等院校管理会计人才培养路径研究［J］. 齐鲁珠坛，2023（4）：1-5.

49. 郝祥军，顾小清. AI重塑知识观：数据科学影响下的知识创造与教育发展［J］.中国远程教育，2023，43（5）：13-23.

50.何自力，新质生产力理论的科学内涵和时代意义［J］.中国高校社会科学，2024（3）：4-14，157.

51.贺腾飞.改革开放40年我国高等教育人才培养理念的创新与问题［J］.河北师范大学学报（教育科学版），2018，20（5）：20-27.

52.胡卫东，徐英善.《香港高校"全人发展"教育理念刍议》［J］.思想教育研究，2000（4）：19.

53.黄琳.数智化背景下应用型本科院校人才培养模式研究［J］.行政事业资产与财务，2023（14）：121-123.

54.霍宝锋，张逸婷，姚佩佩.基于扎根理论的新商科人才培养［J］.中国大学教学，2023（4）：4-10.

55.吉峰，张宏建，李新春，等.数智时代跨学科商科人才培养的内涵要求与实现路径［J］.高校教育管理，2023，17（6）：40-50.

56.加快数字人才培育支撑数字经济发展行动方案（2024—2026年）［J］.工业信息安全，2024（3）：84-85.

57.姜锋.培养具有全球视野和世界眼光的高层次国际化人才［J］.中国高等教育，2020（21）：26-28.

58.蒋颖丽，徐京耀.数智化背景下会计实践教学创新研究——以电子商务专业为例［J］.现代商贸工业，2024，45（15）：185-187.

59.蒋永穆，乔张媛.新质生产力发展评价指标体系构建［J］.经济体制改革，2024（3）：5-15.

60.赖红梅.浅论杜威"从做中学"的理论内涵及对我国基础教育的启示［J］.当代教育论坛（宏观教育研究），2008（8）：32-34.

61.黎博，黄毅，徐运保，等."卓越计划"视域下的管理人才创新创业能力培养路径探究——评《基于卓越计划的管理类专业人才培养模式改革研究》［J］.管理世界，2021，37（2）：26.

62.黎国丹.大学生自主学习的相关理论与策略研究［J］.教育进展，2023，13（9）：6964-6969.

63. 李傲霜. 数智化＋专业集群下电子商务人才培养模式重构［J］. 黑龙江教育（高教研究与评估），2022（10）：61-64.

64. 李翠，赵紫茹，杨蕾. 数智化背景下应用创新型物流人才培养模式研究［J］. 物流工程与管理，2023，45（7）：183-185.

65. 李桂霞，张一非. 从教学计划到人才培养方案转变的思考［J］. 广东教育：职教，2012（7）：18-20.

66. 李华. 数智化时代应用型本科智能财务课程体系建设思路探究［J］. 中国总会计师，2024（6）：142-144.

67. 李欢，李建新，刘楠. 数智时代高校会计创新人才培养的路径研究［J］. 商业会计，2023（13）：112-114.

68. 李家黎. 对话教学的理论思考［J］. 现代中小学教育，2008（6）：20-22.

69. 李金莹. 数智化转型背景下应用型本科会计人才培养探索［J］. 活力，2022（24）：169-171.

70. 李丽娟，杨文斌，肖明，等. 跨学科多专业融合的新工科人才培养模式探索与实践［J］. 高等工程教育研究，2020（1）：25-30.

71. 李琦喆，梁泳诗. 数智化背景下应用型人力资源专业培养模式思考［J］. 现代企业，2022（1）：151-152.

72. 李倩，王杨. 数智化财经技能人才培养模式分析——基于河北县域特色产业集群视角［J］. 石家庄职业技术学院学报，2022，34（5）：41-45.

73. 李双寿，李乐飞，孙宏斌，等. "三位一体、三创融合"的高校创新创业训练体系构建［J］. 清华大学教育研究，2017，38（2）：111-116.

74. 李小龙. 数字经济时代会计专业人才培养模式改革研究［J］. 辽宁科技学院学报，2023，25（2）：40-43.

75. 李勇，李超，孙畅. "变"与"不变"：数智化时代会计人才培养的变革与坚守［J］. 财务管理研究，2023（9）：107-111.

76. 李志远. 数智化时代会计学专业人才培养模式研究［J］. 上海商

业，2023（8）：166-168.

77. 梁毕明. 数智时代下财会类专业人才培养模式创新研究［J］. 中国管理信息化，2023，26（15）：202-205.

78. 梁纯雪，眭依凡. 课程体系重构：基于增强思政理论课针对性和亲和力的调查和思考［J］. 中国高教研究，2018（11）：63-70，77.

79. 林崇德. 21世纪学生发展核心素养研究［M］. 北京：北京师范大学出版社，2021.

80. 林琳. 从数字化到数智化：智能技术赋能高校智慧教育高质量发展路径研究［J］. 林业科技情报，2024，56（4）：236-238.

81. 刘宝存，岑宇. 以数字素养框架推动数字化人才培养［N］. 中国教育报，2023-02-27.

82. 刘海明. 高职院校新技术应用型人才培养研究［D］. 武汉：华中师范大学，2023.

83. 刘慧哲，钱盈裕，赵燚. 数智化背景下财务管理专业人才培养与课程体系改革［J］. 营销界，2023（17）：122-124.

84. 刘佳莉. 数智化背景下"1+X"证书与高职会计人才培养的融合研究［J］. 现代商贸工业，2022，43（13）：182-184.

85. 刘如意，王龙，李旭东. 数智化物流趋势下职业教育迁移能力的培养［J］. 物流技术，2022，41（4）：146-151.

86. 刘胜，郭蓉，吴亮. 新质生产力赋能现代化产业体系建设：内在逻辑、关键问题与实践路径［J］. 新疆社会科学，2024（3）：20-33，176.

87. 刘衍峰. 数字化转型背景下新质生产力的内涵特质、现实挑战与实践培育［J］. 北方民族大学学报，2024（3）：168-176.

88. 刘洋. 数智化时代下的企业财务管理新趋势［J］. 现代企业文化，2023（17）：49-52.

89. 刘盈楠. 我国高等教育人才培养模式演进研究（1978—2020)［D］. 长春：东北师范大学，2021.

90. 鲁海波，马玉花. 基于数字人才培养的项目式教学研究——以"应用线性模型"课程为例［J］.教育进展，2024，14（7）：517-522.

91.鲁子箫.从建构到发现：重申一种"旧的"知识获得观——面向智能时代的思考［J］.中国电化教育，2023（5）：24-33.

92.陆晓婷.数智化背景下"1+X"证书与高职会计人才培养的融合研究［J］.中国管理信息化，2023，26（9）：229-232.

93.罗娟娟，许仲生.职业本科教育背景下数智化赋能现代物流管理专业人才培养模式研究［J］.广西广播电视大学学报，2023，34（1）：89-92.

94.安德森.布卢姆教育目标分类学［M］.北京：外语教学与研究出版社，2009.

95.吕晓慧.数智化时代管理会计人才培养路径探索［J］.财讯，2024（10）：38-40.

96.布伯.我与你［M］.陈维纲，译.北京：三联书店出版社，1986.

97.格尔森.如何在课堂中使用布卢姆教育目标分类法［M］.北京：中国青年出版社，2019.

98.聂军，代彬，吴霞."国际化＋数智化"背景下高校财务管理专业人才培养模式探究与实践［J］.职业，2022（20）：49-51.

99.牛佳.高等师范院校优化人才培养方案的几点思考［J］.内蒙古师范大学学报（教育科学版），2011，24（3）：45-47.

100.潘洪建.知识观的概念、特征及教育学意义［J］.江苏大学学报（高教研究版），2005（4）：1-5.

101.潘懋元.新编高等教育学［M］.北京：北京师范大学出版社，1996.

102.潘鹏.数智化物流背景下人才培养模式创新［J］.中国商论，2021（2）：174-175，177.

103.戚聿东，肖旭.数字经济时代的企业管理变革［J］.管理世界，2020，36（6）：135-152，250.

104.齐佳音，张国锋，吴联仁.人工智能背景下的商科教育变革［J］.中国大学教学，2019（Z1）：58-62.

105.强静波.财务数智化背景下职业院校会计人才培养路径探究［J］.

机械职业教育，2022（11）：40-45.

106. 邱均平，付裕添，张蕊，等. 数智时代管理科学与工程的发展特点及趋势分析——基于科研、教育与技术应用视角［J］. 中国科技论坛，2023（6）：130-141.

107. 阮磊，董坤洋，蒋若菲. 数智时代会计专业人才培养的传承与变革［J］. 商业会计，2022（8）：116-119.

108. 沈波，朱琳. 应用型本科院校数智化财务人才培养模式探究［J］. 科教导刊，2023（7）：37-39.

109. 盛群力，褚献华. 布卢姆认知目标分类修订的二维框架［J］. 课程·教材·教法，2004（9）：90-96.

110. 施向峰. 公民素养：精神文明的主体境界［J］. 道德与文明，2017（6）：14-19.

111. 石中英. 教育哲学［M］. 北京：北京师范大学出版社，2007.

112. 史琪. 数智化会计专业人才培养研究——基于 OBE 教育理念［J］. 新会计，2022（12）：9-12.

113. 史圣朋，韦格里夫，袁莉. 人工智能时代的对话式教育技术理论［J］. 开放教育研究，2024（1）：24-33.

114. 世界高等教育数字化发展报告课题组，王烽，王繁. 无限的可能——世界高等教育数字化发展报告（2023）［J］. 中国高等教育，2024（Z1）：13-18.

115. 宋虹桥，张夏恒. 数字化赋能新质生产力的内在逻辑与实现路径［J］. 湖湘论坛，2024，37（3）：48-63.

116. 宋佩华，刘新全，汪德荣，等. "一带一路"与数智化双重背景下物流管理专业本科人才培养路径探究［J］. 中阿科技论坛（中英文），2023（6）：16-20.

117. 宋义秀，俞梅，张熙妍，等. 数智化时代的高职大数据与会计专业人才培养——基于"互联网+课堂"背景［J］. 财会研究，2023（2）：51-57.

118. 苏文岚. 数智化背景下 ERP 沙盘模拟实训课程在应用型本科院校财会专业人才培养中的运用分析［J］. 老字号品牌营销，2024（15）：217-220.

119. 眭依凡. 素质教育：高校人才培养体系的重构［J］. 中国高等教育，2010（9）：10-13.

120. 孙彬，胡翔，孙俊，等. 企业高层领导跨界学习能力的结构维度与影响作用——基于中国情境的扎根理论研究［J］. 科技进步与对策，2022，39（19）：141-151.

121. 孙佳林，郑长龙. 自主学习能力评价的国际研究：现状、趋势与启示［J］. 比较教育学报，2021（1）：67-84.

122. 汤敬安，吴玲英. "自主学习"的定义与理论研究［J］. 湖南医科大学学报（社会科学版），2007，9（2）：198-201.

123. 汤美娟. 从代言到行动：教育底层研究的跃迁——弗莱雷对话教学思想的方法论启示［J］. 南京师大学报（社会科学版），2019（6）：51-61.

124. 唐夏芹. 数智化时代高职院校"互联网＋课堂"的会计专业人才培养路径研究［J］. 互联网周刊，2023（19）：54-56.

125. 陶海萍. 论"从做中学"学习理论对我国基础教育改革的启示［J］. 科技视界，2014（16）：150，261.

126. 陶红. "数智化"新财会特色人才培养探索与实践——以无锡城市职业技术学院为例［J］. 中国农业会计，2021（10）：49-52.

127. 田冬雨. 数智化时代应用型本科旅游管理专业人才培养改革探究［J］. 西部旅游，2023（12）：76-78.

128. 田力丹，王志扬. 数智背景下艺术传播人才培养路径刍议［J］. 中国报业，2024（6）：82-83.

129. 涂诗万，朱凯. 作为社会理论的"做中学"——深化杜威研究的一个新尝试［J］. 华东师范大学学报（教育科学版），2023，41（6）：14-25.

130. 王晨曦，黄彦萍，叶盈吟．数字化转型背景下数智化财会人才培养体系创新研究［J］．华东科技，2024（5）：141-144.

131. 王海军，葛晨．数字素养促进了青年高质量充分就业吗？［J］．上海财经大学学报，2024，26（3）：49-64.

132. 王汉松．布卢姆认知领域教育目标分类理论评析［J］．南京师大学报（社会科学版），2000（3）：65-71.

133. 王怀禹，罗通彪，刘强，等．养殖业数智化转型升级背景下的畜牧人才培养探索实践案例［J］．猪业科学，2023，40（9）：46-49.

134. 王晖．数智化转型升级下智能物流技术新专业人才培养路径研究［J］．物流科技，2023，46（18）：167-170.

135. 王磊，苗春雨．数字经济背景下高校数字人才培养的路径探究［J］．中国大学教学，2023（7）：25-33.

136. 王蕊．数智化背景下审计人才培养路径研究［J］．中国市场，2023（17）：156-159.

137. 王树斌，侯博文，李彦昭．新质生产力要素机制、创新逻辑与路径突破——基于系统论视角［J/OL］．当代经济科学，1-14［2024-08-18］.

138. 王伟．数智时代财务管理专业人才培养探析［J］．商业2.0，2024（17）：106-108.

139. 王雅琦，刘文丽．数智时代下复合型会计人才转型路径探索［J］．经济师，2023（6）：69-70，72.

140. 王颖．基于人工智能的高校财务管理专业人才培养的新模式研究［J］．江苏科技信息，2023，40（26）：57-60.

141. 王竹立，吴彦茹，王云．数智时代的育人理念与人才培养模式［J］．电化教育研究，2024，45（2）：13-19

142. 王竹立．面向智能时代的知识观与学习观新论［J］．远程教育杂志，2017，35（3）：3-10.

143. 王竹立．新建构主义的理论体系和创新实践［J］．远程教育杂志，

2012，30（6）：3-10.

144.王竹立.再论面向智能时代的新知识观——与何克抗教授商榷〔J〕.远程教育杂志，2019，37（2）：45-54.

145.危英.业财资税一体化数智财务人才培养模式创新研究〔J〕.商业会计，2023（11）：118-122.

146.魏瑞华.新质生产力背景下财务数智化转型升级研究〔J〕.会计之友，2024（16）：21-26.

147.魏欣.跨界学习：复制美第奇效应〔J〕.中国人力资源开发，2013（6）：99-100.

148.文辅相，赵月怀.教育目标是教育思想的核心——兼析我国社会主义的高等教育目标〔J〕.高等教育研究，1990（2）：20-26.

149.我院本科培养供给侧改革："数智型管理2.0版"〔DB/OL〕.〔2022-05-13〕.https://info.shisu.edu.cn/96/2d/c531a38445/page.htm.

150.武婷，薛保菊，杨洋.数智化时代大数据与会计专业创新型人才培养SWOT分析与路径研究〔J〕.吕梁教育学院学报，2022，39（3）：113-120.

151.武文，张晓莉，段洪成.基于成果导向理念的数智化复合型会计人才培养研究〔J〕.中国农业会计，2023，33（6）：103-105.

152.习近平：扎实推动教育强国建设〔J〕.中国人才，2023（10）：5.

153.习近平在参加江苏代表团审议时强调：因地制宜发展新质生产力〔J〕.协商论坛，2024（4）：9-10.

154.新华社.习近平在中共中央政治局第十一次集体学习时强调加快发展新质生产力扎实推进高质量发展〔J〕.支部建设，2024（8）：4-5.

155.新华社.习近平主持召开新时代推动东北全面振兴座谈会强调牢牢把握东北的重要使命奋力谱写东北全面振兴新篇章〔J〕.新青年（珍情），2023（10）：14-17.

156.夏剑.从人文主义到后人文主义：后人类时代的教育学之思〔J〕.当代教育科学，2022（1）：3-12.

157. 夏青. 苏格拉底的"问答法"及其教育启示——以苏格拉底与格劳孔关于"美"的讨论为例〔J〕. 武汉纺织大学学报，2014，27（2）：62-64.

158. 项亚平. 职业院校数智化人才培养现状及存在的问题和实现路径〔J〕. 中国管理信息化，2023，26（13）：212-215.

159. 谢康，夏正豪，肖静华. 大数据成为现实生产要素的企业实现机制：产品创新视角〔J〕. 中国工业经济，2020（5）：42-60.

160. 谢品，谭文旭，韦铁. 新商科背景下跨学科工商管理人才培养实践路径研究〔J〕. 大学教育，2024（6）：92-96.

161. 辛涛，姜宇，刘霞. 我国义务教育阶段学生核心素养模型的构建〔J〕. 北京师范大学学报（社会科学版），2013（1）：5-11.

162. 徐锐，吴晶，全佳瑛. 产教协同育人模式下数智化财会人才培养的探索〔J〕. 财会学习，2023（26）：161-163.

163. 徐晓丽. 财务数智化下贵州高职财会人才培养探究〔J〕. 营销界，2021（25）：137-138.

164. 许慧，李欣萌，汪鼎洋. 数智化时代会计本科人才培养模式探讨〔J〕. 科技创业月刊，2022，35（8）：107-109.

165. 许立志. 数智化环境下财会人才培养模式研究〔J〕. 财讯，2023（15）：180-182.

166. 薛璟. 数智化背景下现代物流管理专业育人模式探索研究〔J〕. 云南开放大学学报，2023，25（2）：70-76.

167. 阎光才. 学校教育与创新人才培养——基于心智结构的视角〔J〕. 教育研究，2024，45（1）：52-66.

168. 杨德广. 努力培养与新质生产力相适应的新质人才〔J〕. 教育发展研究，2024，44（8）：3.

169. 杨浩，徐娟，郑旭东. 信息时代的数字公民教育〔J〕. 中国电化教育，2016（1）：9-16.

170. 杨琳，李唐波，焦俊波. 规范与创新：基于国家一流新闻学本科专业培养方案的分析与思考［J］.未来传播，2023，30（6）：101-113.

171.杨志坚.中国本科教育培养目标研究（之一）——导论［J］.辽宁教育研究，2004，（5）：10-15.

172.姚丽琼，楼继承，林灵，等.数智化时代管理会计人才培养路径探索［J］.宁波工程学院学报，2023，35（3）：101-108.

173.幼儿园幼师园长联盟.蒙特梭利教育的六大理论［DB/OL］.［2017-09-12］https：//www.sohu.com/a/193884777_377359.

174.于慧，张丽莉.新质生产力条件下高校拔尖创新人才培养研究［J］.教育理论与实践，2024，44（27）：3-8.

175.余小波，张欢欢.人工智能时代的高等教育人才培养观探析［J］.大学教育科学，2019（1）：75-81.

176.袁佳慧.执业导向的民办高校数智化会计人才培养模式探究［J］.财讯，2023（18）：165-167.

177.苑海燕.蒙台梭利教育理论及方法［M］.北京：清华大学出版社，2017.

178.张翱，孙久文.数字经济发展与新质生产力的生成逻辑［J］.学术研究，2024（5）：87-95.

179.张海枝，熊卫.加速形成新质生产力背景下财经人才培养模式改革思考［J］.高等教育评论，2023，11（2）：76-87.

180.张华.论核心素养的内涵［J］.全球教育展望，2016，45（4）：10-24.

181.张卉.数字经济背景下数智化财经人才需求分析与培养目标探究［J］.中国管理信息化，2023，26（13）：222-225.

182.张丽，何焱.数智化背景下高校财会专业人才培养改革研究［J］.河北大学成人教育学院学报，2021，23（4）：107-111.

183.张龙天，王珮，赵小钥.数智化背景下财务管理专业培养计划的改革与探索［J］.河南教育（高等教育），2023（6）：59-61.

184.张璐，杨锦绣.新文科背景下本科院校工商管理专业数智化改革路径探索与实践［J］.吉林农业科技学院学报，2024，33（3）：91-94.

185.张萌，侯普恩.“数智化”背景下新媒体艺术人才培养路径［J］.人才资源开发，2023（15）：56-58.

186.张敏，吴亭，史春玲，等.智能财务人才类型与培养模式：一个初步框架［J］.会计研究，2022（11）：14-26.

187.张娜.DeSeCo项目关于核心素养的研究及启示［J］.教育科学研究，2013（10）：39-45.

188.张文静.数智化时代财务管理专业应用型人才培养研究［J］.财讯，2023（16）：171-173.

189.张雯琰，郭红.应用型本科院校数智化融入会计人才培养体系探索研究［J］.科技风，2023（2）：46-50.

190.张夏恒，马妍.生成式人工智能技术赋能新质生产力涌现：价值意蕴、运行机理与实践路径［J］.电子政务，2024（4）：17-25.

191.张烨，刘媛媛.数智化时代应用型本科院校财务管理人才培养改革研究［J］.中国农业会计，2023，33（9）：53-55.

192.张应强，王平祥.“双一流”建设背景下我国本科教育人才培养目标的思考［J］.湖南科技大学学报（社会科学版），2019（6）：148-154.

193.赵斌，陈鸿宇，高源.师范类专业认证背景下我国特殊教育师范专业本科人才培养方案的文本分析［J］.中国特殊教育，2024（6）：3-9.

194.赵敬文，王旸.会计类专业人才培养数智化转型分析——基于36所本科院校的网络调查数据［J］.新会计，2022（7）：20-24.

195.赵普光.关于确立“以人为本”高校管理理念的思考［J］.黑龙江高教研究，1999（4）：27-30.

196.赵腾，严俊，林成城，等.数据要素视角下新质人才培养的机理与路径［J］.情报理论与实践，2024，47（10）：10-19.

197.郑彦宁，化柏林.数据、信息、知识与情报转化关系的探讨［J］.情报理论与实践，2011，34（7）：1-4.

198.郑昱，蔡颖蔚，徐骏.跨学科教育与拔尖创新人才培养［J］.中国大学教学，2019（Z1）：36-40.

199.郑云翔，钟金萍，黄柳慧，等.数字公民素养的理论基础与培养体系［J］.中国电化教育，2020（5）：69-79.

200.中共中央文献研究室.习近平关于社会主义经济建设论述摘编［M］.北京：中央文献出版社，2017.

201.钟秉林，尚俊杰，王建华，等.ChatGPT对教育的挑战（笔谈）［J］.重庆高教研究，2023，11（3）：10-14.

202.钟启泉.教学心理十讲［M］.上海：华东师范大学出版社.2020.

203.周建军，杜艳红.新专标下中高职贯通培养数智化物流人才思考［J］.中国物流与采购，2024（12）：52-53.

204.周炎根，桑青松.国内外自主学习理论研究综述［J］.安徽教育学院学报，2007（1）：100-104.

205.朱九思，姚启和.高等教育辞典［M］.武汉：湖北教育出版社，1993.

206.朱琳，沈波.应用型本科院校数智化财务管理专业人才培养模式探索［J］.中国乡镇企业会计，2022（9）：196-198.

207.朱中月.数智化时代应用型本科会计学专业改造提升研究——以AHSL学院为例［J］.华东科技，2024（6）：95-97.

208.祝智庭，戴岭，赵晓伟，等.新质人才培养：数智时代教育的新使命［J］.电化教育研究，2024，45（1）：52-60.

209.祝智庭，胡姣.教育数字化转型的理论框架［J］.中国教育学刊，2022（4）：41-49.

210.祝智庭，赵晓伟，沈书生.融创教育：数智技术赋能新质人才培养的实践路径［J］.中国远程教育，2024，44（5）：3-14.

211.宗文娟.产教融合背景下区域经济数智化财经人才培育策略研究［J］.烟台职业学院学报，2024，19（2）：64-68.

后　记

　　《新质人才培养：数智化管理人才培养的思考与实践》一书总结了西华大学管理学院近年来在人才培养方面的思考和措施。本书得以顺利出版，要对所有为这本书付出心血的人表示最衷心的感谢。感谢学校的支持和信任，使我们能够在数智化管理人才培养的探索中不断前行；感谢丁灿、王翊、黄国栋、刘丹萍、谢寒、肖金岑、饶芳等人在资料收集、意见提供、观点梳理等方面所做的努力；也感谢"人力资源管理专业数智化课程群建设推动专业高质量发展的探索与实践（xjjg2023009）"等项目对本书的支持；还要感谢西华大学管理学院全体师生在践行数智化管理人才培养过程中的辛勤付出，你们的智慧和努力是本书得以成功完成的重要基础。

　　本书中提到的各项实践案例和理论探讨，凝聚了我们在实际工作中的经验。每一个观点背后都蕴含着我们团队的共同智慧和对教育事业的无限热情。在与学生的互动中，我们不断思考、调整和优化人才培养方案，以确保培养出既具备扎实专业知识，又能适应快速变化环境的数智化管理人才。

　　在这个快速变化的时代，人才培养是一个不断探索的过程。尽管本书尽力呈现了我们的见解与思考，但仍有许多空白值得我们去深入探索。在未来的研究中，期待着能与更多的同行交流，共同推动高等院校新质人才培养的发展。

　　最后，希望本书能够对同行有所启发和帮助。无论是在学术研究还是实践应用中，愿我们能够共同为高等院校高质量人才培养贡献力量。